世界关公文化研究丛书

关公文化 1800年

康宇 著

西南交通大学出版社
·成都·

图书在版编目（CIP）数据

关公文化 1800 年 / 康宇著. —成都：西南交通大学出版社，2020.11
ISBN 978-7-5643-7772-4

Ⅰ.①关… Ⅱ.①康… Ⅲ.①关羽（160-219）–文化研究 Ⅳ.①K825.2

中国版本图书馆 CIP 数据核字（2020）第 220990 号

Guangong Wenhua 1800 Nian

关公文化 1800 年

康 宇 著

责 任 编 辑	吴　迪
助 理 编 辑	梁霄雲
封 面 设 计	原谋书装
出 版 发 行	西南交通大学出版社 （四川省成都市金牛区二环路北一段 111 号 西南交通大学创新大厦 21 楼）
发行部电话	028-87600564　028-87600533
邮 政 编 码	610031
网　　　址	http://www.xnjdcbs.com
印　　　刷	四川煤田地质制图印刷厂
成 品 尺 寸	170 mm × 230 mm
印　　　张	16.75
字　　　数	198 千
版　　　次	2020 年 11 月第 1 版
印　　　次	2020 年 11 月第 1 次
书　　　号	ISBN 978-7-5643-7772-4
定　　　价	49.80 元

图书如有印装质量问题　本社负责退换
版权所有　盗版必究　举报电话：028-87600562

世界关公文化研究丛书
编委会

主　任：马忠学

副主任：吕　莹　薛仁杰　康　宇　苏渝杭

委　员：夏宇阳　李宝宽　王海平　徐庆伟

　　　　　马伟杰　黄　涛　许正东

目录

绪　章 ………………………………………………………… 001

第一章　大事年表 …………………………………………… 008

第二章　文化考辨 …………………………………………… 073
　一、北京关公文化考 ……………………………………… 073
　二、关濑惊湍考 …………………………………………… 078
　三、关帝祭日考 …………………………………………… 082
　四、关帝形象考 …………………………………………… 090
　五、关羽傩神考 …………………………………………… 095
　六、关平周仓考 …………………………………………… 099
　七、关索考 ………………………………………………… 110
　八、关羽荆州筑城考 ……………………………………… 116
　九、"嘉靖倭乱"与明军中的关公文化 ………………… 121
　十、清代满族人的关帝信仰 ……………………………… 129
　十一、清代、民国关帝祭祀制度考 ……………………… 140
　十二、关帝信仰与财神崇拜 ……………………………… 154
　十三、关公文化对海外非华人群体的影响 ……………… 171
　十四、关公文化的时代价值 ……………………………… 204

第三章　历代艺文 ································· 213

　　一、唐 ····································· 213

　　二、宋、金 ································· 216

　　三、元 ····································· 228

　　四、明 ····································· 234

　　五、清 ····································· 246

参考资料 ··· 253

后　　记 ··· 260

绪　章

汉末名将关羽一生忠肝义胆，在治理州郡时恩信大行，深得民心，而且武功高强，曾在万军之中匹马刺颜良，还曾单刀赴会、刮骨疗毒、水淹七军，威震华夏。曹操欲避其锋，孔明谓之绝伦，尽显英雄本色。《三国志》称他有"国士之风"。东汉建安二十四年[①]岁末，关羽死于江东孙权之手。与此同时，一种与之相关的文化现象却在民间悄然产生，这就是关公文化。

关公文化产生于三国，完善于唐宋，成熟于元明，大兴于清代，民国以后成为中国民俗文化的一部分。它是以历史人物关羽为原型，以忠、义、仁、勇等传统伦理观念为内在核心，以祠庙、民俗、戏曲、影视、文学、制度以及相关文创产品为外在表现的文化系统，其本质是一种英雄主义文化[②]。

---

① 据《三国志·吴主传》记载："（建安）二十四年，关羽围曹仁于襄阳……十二月，璋司马马忠获羽及其子平、都督赵累等于章乡，遂定荆州。"建安二十四年按简单算法应是公元 219 年，但这一年有闰十月，关羽死时又值年末，所以按阳历换算，应该是 220 年，距今 1800 年。

② 英雄主义是人类不断由野蛮向文明演进过程中逐渐形成的一种具有集体意识的精神价值观，是属于社会意识形态方面的价值判断。它以社会群体中具有崇高、悲壮、不屈和进取品格的具体人物为摹本或榜样，旨在弘扬这一群体所追寻的最完美、最高尚、最能代表整体利益的宏大目标，并以此号召、鼓励和激励社会所有人模仿这一人物，以达到或完成这一事业的最终目的。见潘天强《论英雄主义——历史观中的光环和阴影》，载于《人文杂志》2007 年第 3 期，第 20 页。

早期的关公文化主要流行于荆楚地区，这里在三国时代已经有纪念关羽的地名出现。隋朝初年，荆南本土佛教开始借取关羽为伽蓝神。唐代，关羽在德宗皇帝的认可下，配享武成王庙。北宋末年，关羽被封为"武安王"，正式进入国家信仰体系，并一度激励包括岳飞在内的爱国将士们奋勇抗金。南宋以后，关羽被加封为"壮缪义勇武安英济王"。在这段时间里，与关羽相关的民间传说开始增多，其中最著名的是道教故事"盐池降妖"。

元世祖至元七年（1270年），国师八思巴进言元世祖忽必烈奉关羽为宫廷法事监坛，以五百人抬关羽神像"游皇城"。此后，这个仪式又在上京举办，并成为两京制度。天历元年（1328年），关羽又被元文宗封为"显灵义勇武安英济王"。

元代是中国戏剧艺术的兴盛期。通过艺人们不断的演绎，关公文化产生了巨大的影响力。据《元曲选》等资料，元代的三国戏共有六十余种，其中有十七种是关公戏，可见其受欢迎的程度。此后，小说《三国演义》的面世也为关公文化的普及起到了推动作用。

明代初期，明太祖朱元璋在南京鸡鸣山为关羽建庙。嘉靖、万历年间，关公文化曾激励着唐顺之、戚继光、刘显、刘綎、李如松等爱国将领荡平我国沿海地区及朝鲜半岛的倭乱。万历四十二年（1614年），关羽被加封为"三界伏魔大帝神威远震天尊关圣帝君"。至此，关羽已成为明王朝的最高信仰对象，与孔丘并称为"文武二圣"。

清代，因为满族人在入关前就信奉关帝，所以此后关公的地位被推到了极致。顺治九年（1652年），朝廷敕封关羽为"忠义神武关圣大帝"。此后，历代皇帝对关羽都有加封。到了光绪五年（1879年），关羽的封号已经是"忠义神武灵佑仁勇威显护国保民精诚绥靖翊赞宣德关圣大帝"，共二十六个字，这在清廷对古人的追赐封号中绝无仅有。

随着中国古代国际贸易、海外移民、宗教交流等文化传播通道的不断拓宽，关公这个中华民族的精神符号也已经被带到了世界各地。如今，北至蒙古国乌兰巴托，南至越南河内、印度尼西亚爪哇群岛、澳大利亚墨尔本、毛里求斯路易港、留尼汪圣但尼，东至韩国首尔、日本横滨，西至美国纽约、加利福尼亚、得克萨斯州以及加拿大维多利亚、本拿比，都有关帝庙和关公信众，堪称是人类文化史上的奇迹。

今天，人们保留下来的关公文化遗产极为丰富。比如北京的香山关帝庙、车耳营关帝庙、花盆村关帝庙，福建东山铜陵关帝庙，湖北的古卓刀泉关帝庙、当阳关陵、荆州关帝庙，湖南永州关帝庙，山西解州关帝庙，河南洛阳关林，陕西榆林老爷庙，广西恭城关帝庙，内蒙古萨拉齐关帝庙，黑龙江虎林关帝庙，西藏拉萨关帝拉康，新疆天山关帝庙，香港文武庙，澳门三街会馆关帝庙，台湾花莲协天宫、日月潭文武庙、台南后甲关帝殿，美国得克萨斯州关帝庙，日本横滨关帝庙，韩国首尔东庙、南庙，越南会安男人寺，缅甸果敢大庙，以及世界各地众多的其他关帝庙都是不可移动文物。那些大量年代久远的碑刻、绘画、书法、塑像等（包括今存俄罗斯冬宫博物馆的最早的武安王画像、湖北荆州近年发现的最早的关帝塑像、山西沁县发现的最早的关侯庙碑）都是重要的物质文化遗产。中国武术中的春秋大刀，杂技中的关王重刀以及关帝信俗本身则都属于关公文化的非物质文化遗产。有关关公文化的文创产品更可谓琳琅满目。如关公酒、关帝手表、关帝像，还有关公茶、关公烟、关公玩具、关公服装，以及以关公为主题的书籍、歌曲、电影、戏曲、网络游戏、文化产业园区等，都属于关公物质消费文化的产物。

由此可见，关公文化本身就是一种比较复杂的文化系统，涉及多个领域。人们要想真正地了解关公文化，必须要经过全面的分析、合理的判断和科学的溯源，否则就会对这个传统文化产生误读。

比如现代人对关公的了解主要来自小说《三国演义》，其中许多情节可谓脍炙人口、妇孺皆知，所以有学者就认为关公能够被后世所崇拜，完全是因为《三国演义》的作者罗贯中美化蜀汉政权所致。但是，事实却并非如此。关羽自唐代就已经配享武庙；宋代已被朝廷封为八字王，单独受享于重大祭祀活动之中；元代初期更是成为皇家祀典中的主神，而此时《三国演义》却还未面世。由此可见，小说也许对关公文化的发展起到过一定作用，但并不是主要作用。

正史《三国志》中《关羽传》的记载不过千余字，虽没有《三国演义》中所写的桃园三结义、温酒斩华雄、三英战吕布、千里走单骑、华容道之事，但关羽的人格魅力已足以令后人敬仰。现将《三国志·关羽传》全录如下：

关羽字云长，本字长生，河东解人也①。亡命奔涿郡。先主于乡里合徒众，而羽与张飞为之御侮。先主为平原相，以羽、飞为别部司马，分统部曲。先主与二人寝则同床，恩若兄弟。而稠人广坐，侍立终日，随先主周旋，不避艰险。先主之袭杀徐州刺史车胄，使羽守下邳城，行太守事，而身还小沛。

建安五年，曹公东征，先主奔袁绍。曹公禽羽以归，拜为偏将军，礼之甚厚。绍遣大将颜良攻东郡太守刘延于白马，曹公使张辽及羽为先锋击之。羽望见良麾盖，策马刺良于万众之

---

① 河东郡在两汉时期是京畿七郡之一，归司隶校尉直接管辖。京畿七郡是：京兆尹、左冯翊、右扶风、河南郡、河内郡、河东郡、弘农郡。

中，斩其首还，绍诸将莫能当者，遂解白马围。曹公即表封羽为汉寿亭侯。初，曹公壮羽为人，而察其心神无久留之意，谓张辽曰："卿试以情问之。"既而辽以问羽，羽叹曰："吾极知曹公待我厚，然吾受刘将军厚恩，誓以共死，不可背之。吾终不留，吾要当立效以报曹公乃去。"辽以羽言报曹公，曹公义之。及羽杀颜良，曹公知其必去，重加赏赐。羽尽封其所赐，拜书告辞，而奔先主于袁军。左右欲追之，曹公曰："彼各为其主，勿追也。"

从先主就刘表。表卒，曹公定荆州，先主自樊将南渡江，别遣羽乘船数百艘会江陵。曹公追至当阳长阪，先主斜趣汉津，适与羽船相值，共至夏口。

孙权遣兵佐先主拒曹公，曹公引军退归。先主收江南诸郡，乃封拜元勋，以羽为襄阳太守、荡寇将军，驻江北。先主西定益州，拜羽董督荆州事。羽闻马超来降，旧非故人，羽书与诸葛亮，问超人才可谁比类。亮知羽护前，乃答之曰："孟起兼资文武，雄烈过人，一世之杰，黥、彭之徒，当与益德并驱争先，犹未及髯之绝伦逸群也。"羽美须髯，故亮谓之髯。羽省书大悦，以示宾客。

羽尝为流矢所中，贯其左臂，后创虽愈，每至阴雨，骨常疼痛，医曰："矢镞有毒，毒入于骨，当破臂作创，刮骨去毒，然后此患乃除耳。"羽便伸臂令医劈之。时羽适请诸将饮食相对，臂血流离，盈于盘器，而羽割炙引酒，言笑自若。

二十四年，先主为汉中王，拜羽为前将军，假节钺。是岁，羽率众攻曹仁于樊。曹公遣于禁助仁。秋，大霖雨，汉水汜溢，禁所督七军皆没。禁降羽，羽又斩将军庞德。梁、郏、陆浑群盗或遥受羽印号，为之支党，羽威震华夏。曹公议徙许都以避其锐，司马宣王、蒋济以为关羽得志，孙权必不愿也。可遣人劝权蹑其后，许割江南以封权，则樊围自解。曹公从之。

先是，权遣使为子索羽女，羽骂辱其使，不许婚，权大怒。又南郡太守麋芳在江陵，将军士仁屯公安，素皆嫌羽轻己。自羽之出军，芳、仁供给军资，不悉相救。羽言"还当治之"，芳、仁咸怀惧不安。于是权阴诱芳、仁，芳、仁使人迎权。而曹公遣徐晃救曹仁，羽不能克，引军退还。权已据江陵，尽虏羽士众妻子，羽军遂散。权遣将逆击羽，斩羽及子平于临沮。

从这些记录中可知，正史中关羽的人生脉络是：亡命涿郡、追随刘备、守备下邳、委寄曹操、白马解围、辞曹归刘、南下荆州、赤壁抗曹、镇守荆州、单刀赴会、挥军北伐、刮骨疗毒、水淹七军、威震华夏、兵败荆州、身死临沮。他的主要事迹就是这十几件，其他的故事都是演义和传说。

正是这真实的历史，才让关羽的形象更显伟大。试想一下，在那"出门无所见，白骨蔽平原"的年月里，能够不改初衷，并为此而战斗到生命的最后一刻的人难道不该得到赞美和钦佩吗？况且，这个人还曾在单刀赴会、利刃横于前时面不改色，在刮骨疗毒、鲜血盈于盘器时谈笑自若？他曾放弃强大的曹操封赏给他的高官厚禄，而去寻找当时非常弱小的刘备，这不就是古之大丈夫"富贵不能淫，贫贱不能移，威武不能屈"的真实写照吗？他曾以匹马之力在敌方数万军中取得主将首级后全身而退，敌军竟无人可挡！这种勇猛的气概和骄人的战绩不仅在他所处的时代绝无仅有，甚至在整个二十五史中都极其罕见。最终，一心复兴汉室的关羽挥军北伐，围攻襄樊，水淹七军，威震华夏，致使许昌人人胆寒，江东个个心惊……这一件件至阳至刚、充满雄浑之气的事情，都曾经真实地发生过。

因此，后人崇拜关羽是有合理的理由的。也正因为如此，关羽在中国传统文化领域成了许多的唯一。例如：

中国古代圣人的墓地称为林，帝王的墓地称为陵，而关羽既是圣又是帝，所以在洛阳的埋首处被称为关林，在当阳的葬身地被称为关陵，他是唯一一个既有林、又有陵的人。

中国的儒释道三教虽然已逐渐融合，但各自皆有不同的信仰体系，而关羽在儒家为圣，在释门为菩萨，在道教为天尊，他是唯一一个三教同尊的人。

中国自古部族众多，且"神不歆非类，民不祀非族"，但关羽却被汉人奉为关公、关夫子、恩主公、帝祖，被满族人称为"关玛法"，被彝族人民称为伧司颇"，被藏族人称为"真日杰布"……他是唯一一个被几十个民族共同敬奉的人。

中国古代的神仙虽多，但大部分各司其职，像城隍管官、土地管民、灶王管家，就算身兼多职也是在有限范围内，而关羽则既是军神、战神，又是财神、漕运神、江湖神，还是考试神、乡里神、胥吏神、送子神，所谓"日赴五千坛"，忙得不亦乐乎。

其实，关公文化能够历经千年长盛不衰的主要原因，是它具有强大的道德魅力，它所代表的忠、义、仁、勇等伦理价值观是中国传统文化的核心精神所在，至今依然充满着正能量。

凡属过往，皆为绪章。在1800年后的今天，我们有必要去回顾一下关公文化的发展之路。笔者深信，关公文化将对中华民族伟大复兴起到应有的作用。

第一章 大事年表

【东汉】

时间：建安二十四年十二月（220年初）

地点：当阳

大事：汉中王刘备麾下董督荆州的前将军、假节钺、汉寿亭侯关羽挥军北伐，一路上斩庞德、擒于禁，水淹七军，威震华夏，梁、郏、陆浑等地豪杰皆相呼应。羽继而围攻襄樊，兵锋直指许昌。曹操被迫与幕僚商议迁都之事，以避其锐。孙权在此时派都督吕蒙"白衣渡江"，偷袭荆州，尽虏羽士众妻子。关羽退守麦城，兵败被擒，与子关平在当阳被杀。

解读：

关羽之死，是东汉末年发生的最悲壮[1]的事。

经过多年的内战，到了建安二十四年，天下心怀"复兴汉室"之人已无多，只有关羽还在为当年的誓言努力。因此，他的结局注定是个悲剧。

当北伐不断胜利的时候，曾经的盟友却与敌人暗中勾结，两方尽出股肱之力，对关羽进行轮番攻击。如曹仁、于禁、

---

[1] "悲壮"是英雄主义文化产生的基本要素之一，在各人类文明的古老史诗中普遍存在。如《伊利亚特》中的阿喀琉斯，《旧约》中的参孙，《山海经》中的蚩尤、共工、刑天。在这些英雄的故事里都有一个共同的要素，那就是"悲壮"。

庞德、徐晃、满宠、吕蒙、陆逊、潘璋、蒋钦、朱然等，一时之名将尽皆出阵，还有刘烨、司马懿、虞翻等一众谋臣竞相献计，可见孙曹两方都拼上了全部家底。关羽在腹背受敌的情况下，未见一兵一卒之援军，率麾下残兵与孙曹联军鏖战数月，最终被擒，殒命当阳。

以一人之力对抗天下大势，也许有人会觉得不智。但"士不可以不弘毅，任重而道远"，对于真正的士来说，为了春秋大义、江山一统，必须要义无反顾，死而后已。多年以后，蜀汉丞相诸葛亮也是在这种精神的引领下在《出师表》中写出了"汉贼不两立，王业不偏安"的经典语句。从这个角度来说，关羽之死虽可悲，又何其壮哉！

【蜀汉】

时间：章武元年（221年）七月

地点：成都

大事：刘备为了给关羽报仇，自成都起兵讨伐孙吴①，"武陵蛮""长沙蛮""零陵蛮"等荆州地区的少数民族群起响应。最终战争失败，张飞、刘备接连殒命。孙权改武陵郡治所"汉寿"为"吴寿"，延熙十一年（248年）又改"吴寿"为"龙阳"。

解读：

此战之后，吴主将"汉寿"改为"吴寿"，这体现了孙吴方面深层次的用心。

---

① 自关羽挥兵北伐到兵败被擒有数月之久，在此期间，刘备却没有派一兵一卒增援。但一年后，刘备为了给关羽报仇，尽出倾国之力，甚至最终战败身死。这是令人费解的。此段历史谜案中的是非曲直，今人已经无法说清，仅能仰天叹息罢了。

关羽是受汉天子封赐的汉寿亭侯，他的食邑汉寿就在荆州，是武陵郡的治所。武陵郡是少数民族聚居区，经常发生暴动，在东汉历史上有多次"武陵蛮"袭击治所的记录。据《后汉书·南蛮列传》载，从建武二十三年（47年）到中平三年（186年）这140年的时间里，荆州的"蛮族"平均每十几年就发生一次暴动，这还是上千人的大规模动乱。至于百十来人的小股反抗，也许从来就没有停止过。但是，自建安六年（201年）关羽随刘备入荆以后，直到北伐以前的这段时间里，荆州却没有发生过一次民族冲突，可知关羽与这些少数民族的关系是非常融洽的。关羽逝世以后，"武陵蛮""长沙蛮""零陵蛮"则再次暴动，他们在刘备起兵时遥相呼应，在刘备失败后仍然继续抗争，令东吴统治者不得不多次派兵镇压。这说明他们不愿意听从东吴号令，并且愿意为关羽复仇。因此，孙权将"汉寿"改为"吴寿"，后又改"龙阳"，也是希望包括这些"蛮族"在内的荆州民众能对"汉寿亭侯"这个精神符号逐渐失忆。

不过，汉寿虽然改名了，但汉寿亭侯却一直存在于西南少数民族的信仰之中，并通过迁徙传播到更多的地区。今天遍布在云南、广西、广东、贵州、江西、湖南、福建以及海外的苗、壮、彝、侗、瑶、土家等少数民族都保留着关公信俗，他们很多都和"荆州蛮"在族源上有密切的关系。

时间：景耀三年（260年）
地点：成都
大事：秋九月，蜀汉追谥故前将军关羽为壮缪侯。
解读：
后世有人认为"壮缪"并非嘉名，有贬低之意，因为蔡邕《独断》云："名实过爽曰缪。"可见蜀汉后主的态度。也有人考证说"缪"通"穆",有"布德执义"的意思,是个美谥。但是,刘备的吴皇后就被谥为穆,说明"缪"与"穆"两个谥号在同一时期是并存的,所以不太可能互通。

【西晋】

时间:太康元年(280年)

地点:洛阳

大事:陈寿历经十年艰辛,编成史学巨著《三国志》。此书完整地展现了自汉末至晋初近百年间中国由统一到分裂,再由分裂走向统一的历史全貌,其中描写关羽的内容是历史上最早的关公文化信息。

解读:

在陈寿看来,汉寿亭侯并非毫无缺点,他认为关羽最大的缺点就是刚而自矜,这也是有的后世学者将荆州之败完全归咎于关羽的原因。不过,自《三国志》面世以后,关羽、张飞一直是勇者的象征,清人赵翼就曾在《廿二史札记》中说:"汉以后称勇者,必推关、张。"

在《三国志》以后的二十一部官修正史中,除《北齐书》《周书》《隋书》《旧唐书》《旧五代史》《新五代史》《辽史》《金史》不直接涉及关羽以外,其他十三部正史均有内容直接涉及关羽。特别从《晋书》《南齐书》等早期记录来看,刘遐、王飞、邓羌、梁崧、赵昌、李庠、檀道济、薛安都、垣历生、杨大眼、崔延伯、萧摩诃等两晋南北朝时的名将,都被时人以关、张相誉,而且这些名将的阵前杀敌行为也多被人与"关羽斩颜良"相提并论。这说明,关羽在中国官方传播系统中始终有重要的地位和广泛的影响。溯其根源,这都是陈寿的功劳,如果没有他的记载,也许关羽的形象将在正史中淡化,甚至消失。

另外，《三国志·吴书》中提到的"关羽濑"，是最早的关公文化地名，也是关公文化形成的标志。

【南北朝】

时间：北魏太和二十一年（497年）

地点：樊城

大事：北魏孝文帝元宏给南齐将领曹虎的《皇帝谢伪雍州刺史书》中提到"卿进无陈平归汉之智，退阙关羽殉节之忠"，这是正史中第一次有人提到关羽具有忠的精神品格。

解读：

此事载于《南齐书·曹虎传》[①]。当时，元宏正率兵攻打南齐，南齐守将曹虎在襄阳樊城等地坚壁清野，不和元宏正面交战。元宏最终只得撤军，并留给曹虎一封书信，嘲笑他"机勇两缺，何其嗟哉！"信中提及了关羽的殉节之忠。

北魏孝文帝元宏原名拓跋宏，是一位有雄才大略的政治家，也是大力推行汉化改革的鲜卑族君主，对汉文化青睐有加。

汉文化形成于汉代，而汉代又是个大一统的朝代，其主流思想强调"忠"的唯一性。如《春秋繁露》中说："心止于一中者，谓之忠；持二中者，谓之患。"[②]人只能忠于一个对象，也只有在忠于一个对象的时候被称为"忠"，同时忠于两个对象就是"患"。这曾经是汉代臣民的普遍信念，因此才会有卫青、霍去病、班超、陈汤等一众忠臣良将的事迹彪炳史册。关羽也是如此。

需要说明的是，现代人大多受小说、影视作品的影响，以为关羽所忠的自然是刘备，其实并非如此。关羽虽然随刘备一

[①]（南梁）萧子显：《南齐书》，中华书局，1972年版，562页。

[②]（西汉）董仲舒：《春秋繁露》，中华书局，1975年版，427页。

同起义，但他们当时的目的是"勤王"，他的一生都在为这个目标而努力。最后，关羽死于刘备称帝以前，他所效忠的对象是唯一的，那就是汉室。一直以来，关羽对于刘备是"誓同生死"的义，而不是忠，这和当时孙、曹等军阀势力中家臣对于主公的"忠"是有很大区别的。因此，北魏孝文帝才会称赞关羽具有"殉节之忠"。

时间：梁大宝二年（551年）

地点：江陵

大事：侯景攻击荆州，派大将任约率精兵数千至赤亭（今湖南华容南）。六月，梁将胡僧祐、信州刺史陆法和纵兵迎战，侯景军溃败，被杀及溺死者众多，任约被擒送至江陵。后世有人认为此战之胜有赖关羽的神灵相助。

解读：

《北齐书·陆法和传》载此事曰："江陵多神祠，人俗恒所祈祷，自法和军出，无复一验，人以为神皆从行故也……约众皆见梁兵步于水上，于是大溃，皆投水而死。"①唐代董侹在所撰的《荆南节度使江陵尹裴公重修玉泉关庙记》中则认为此战是因关羽显灵助战而获胜，且"聆其故实，安可诬也"。

关羽死于荆州，这提高了他在当地成神的可能性，因为荆楚之地向来有崇拜英雄的传统。《九歌·国殇》曰："诚既勇兮又以武，终刚强兮不可凌。身既死兮神以灵，魂魄毅兮为鬼雄。"这首产生于关羽之前几百年的楚国诗歌就像是关羽父子的真实写照。而且关羽死后，仇人吕蒙竟然离奇毙命，紧接而来的是席卷荆州的瘟疫。这必然会让人们在这种崇拜中掺进大量的神

---

① （唐）李百药：《北齐书》，中华书局，1992年版，407页。

秘和畏惧色彩。长期以来，这种复杂的感觉一直在影响着人们，以致遇到比较灵异的事情时就会与之联系。就像在陆法和大战任约一役中，任约军猛然间看到对方士兵竟然在江面上踏水而来，必然会受到惊吓，乱作一团。对于江陵守军一方来说，这种场景又和数百年前的"水淹七军"有几分相似之处。

南北朝时期的地理文献《水经注》中说："（江陵）旧城，关羽所筑。羽北围曹仁，吕蒙袭而据之。羽曰：'此城吾所筑，不可攻也。'乃引而退。"①关羽因江陵城是自己筑就，所以没有强攻，这件事已经有护佑江陵的文化因子。另据《北齐书·慕容俨传》载："（江陵）城中先有神祠一所，俗号城隍神，公私每有祈祷。于是顺士卒之心，乃相率祈请，冀获冥佑。"②或许可以认为，这位城隍神便是曾经修筑江陵城的关羽。

陆法和本就是个神秘人物，他的事迹仅见于《北齐书》，该书就是把他当作得道高人来写的。比如说他隐居百里洲，自称"荆山居士"，衣食与僧侣相同，"容色常不定，人莫能测也"。侯景在未反之时，陆法和就曾预测到了要和侯景开战，曾对南郡朱元英说："贫道共檀越击侯景去。"还有他让渔民放生，渔民就打不到鱼；他劝人杀牛之后要做功德事，人不听的话就会死；他精于医疗之术，凡有恶疾之人，吃了他的药，一般不过三副即能好转；他还曾令人在江陵城下挖出了当年诸葛亮埋下的弓弩箭镞，如此等等，神乎其神。陆法和大战任约之事为关公文化增添了更多的神秘色彩。

---

① （北魏）郦道元著，陈桥驿校证：《水经注校证》，中华书局，2007年版，797页。
② （唐）李百药：《北齐书》，中华书局，1992年版，281页。

【隋】

时间：开皇十二年（592 年）

地点：当阳

大事：天台宗创始人智顗往荆楚传法，创建玉泉寺。后世以关羽皈依佛法事，即附于此①。

解读：

智者大师（538—597 年），法名智顗，俗姓陈，字德安，是佛教天台宗的创建者。智顗的父亲陈起祖曾在梁元帝萧绎身边做过散骑常侍。《续高僧传》中说他"颍川（今河南许昌）人也，有晋迁都，寓居荆州之华容焉"②，可知他自小生长在荆州。当时关公信仰在荆州范围内已经形成，智顗对此应该并不陌生，特别是关公助战陆法和一事。另外，智顗的弟子灌顶曾在《隋天台智者大师别传》中提到，智顗刚开始在玉泉山传法之时，正赶上旱灾，荆州官民皆以为这是神灵发怒的表现，因此并不支持智顗传法。这位神灵是谁，灌顶并未说明，但后世普遍认为就是关羽。

天台宗是中国第一个本土化的佛教宗派，在教义中借取了许多中华本地文化元素，荆南一脉在这方面体现得尤为明显，关羽神就是其中比较重要的文化元素。从历史发展来看，关羽皈依佛法之事也是佛教中国化的重要标志之一。

【唐】

时间：仪凤年间（676—679 年）

地点：当阳

---

① 明确记载关羽皈依佛法之事始于唐代董侹所撰的《荆南节度使江陵尹裴公重修玉泉关庙记》。

②（唐）道宣：《续高僧传》，中华书局，2014 年版，623 页。

大事：北宗禅创始人神秀依附玉泉寺创建度门寺，后世以关羽为护佛伽蓝事，即附于此。

解读：

明嘉靖壬午（1522年）本《三国志通俗演义》卷十六《玉泉山关公显圣》中说道："且说关公一魂不散，悠悠荡荡，乘云而飞。忽至一处，地名荆门州当阳县，一座山名为玉泉山。山上一僧，法名普净，原是汜水关镇国寺长老。是时云游天下，来到此山，见山明水秀，就此结草为庵，每日坐禅参道。止有一小行者，时常下山化饭度日。当夜月白风清，正值三更时分，净禅师在庵中坐禅，忽闻空中有人大呼：'主人何在？'禅师命行者观之，见空中一人，骑赤兔马，提青龙刀，左右随从二将，口中但呼如前言不息。行者回报禅师，禅师知是关公与关平、周仓也。待云头飞至庵前，禅师以手中麈尾击其座曰：'颜良安在？'关公闻言，英魂顿悟，即落云下马，叉手立于庵前曰：'吾师何人？愿求清号。'禅师曰：'昔日汜水关前镇国寺中，曾与君侯相会，今日何不识普净也？'公曰：'某虽愚鲁，愿听清诲。'禅师曰：'昔非今是，一切休论，只以公所行言之：向日白马隘口，颜良并不待与公相斗，忽然刺之，此人于九泉之下，安得而不恨乎？今日吕蒙以诡计害公，安足较也？公何必疑惑于是？'公遂从其言，入庵讲佛法，即拜普净禅师为师。后往往显圣，乡人累感其应，因此就于山顶上建庙，四时致祭。"

"后《传灯录》记云：'大唐高宗仪凤年间，开封府尉氏县有一秀才，累举不第，三上万言策，皆不中选，遂乃出家，法名神秀，拜蕲州黄梅山黄梅寺五祖弘恩禅师为师，学大小乘之法。后云游至玉泉山，坐于怪树之下，见一大蟒，风簇而至。神秀端然不动。次日，于树下得金一藏，就于玉泉山创建道场。因问乡人："此何庙宇？"乡人答曰："乃三分时，关公显圣之祠也。"神秀拆毁其祠，忽然阴云四合，见关公提刀跃马于云雾之中，往来驰骤。神秀仰面问之，公具言前事。神秀即破土建寺，遂安享关公为本寺伽蓝。至今古迹尚在。神秀即六祖也。'"

神秀是唐代著名高僧，曾在黄梅东山寺向禅宗五祖弘忍求法，深得器重，有神秀上座之称。弘忍圆寂后，神秀去江陵当阳山玉泉寺，大开禅法，声名远扬。武则天听到他的盛名后，派人迎请至洛阳，奉为长安、洛阳的两京法主，受极高礼遇。虽然他与关羽显圣的渊源目前最早见于明嘉靖壬午本《三国志通俗演义》和明末清初出版的《历代神仙通鉴》等晚近书籍，但玉泉山曾是神秀早期传法的基地，这就让他们之间在文化上产生了比较密切的联系。而且，神秀有一位弟子名为普寂，人称法山净，应该就是普净禅师的原型。

时间： 建中三年（782 年）

地点： 长安

大事： 礼仪使颜真卿奏请武成王庙配祀增加关羽等共 64 人。

解读：

事见《新唐书》卷十五《礼乐五》①。武庙祭祀制度，起始于唐朝玄宗时期。在唐代以前，虽然有帝王祭祀"兵主"（如秦始皇、汉高祖），但都没有建庙，而且那时祭祀的是蚩尤。自唐代建庙以后，祭祀对象即被定为太公尚父吕望（即姜子牙）。

唐开元十九年（731 年），唐玄宗置太公尚父庙，以张良为配，以历代良将为十哲侍于两旁，除祭典规模外，祭品、礼乐都和文宣王庙（即孔庙）一样。朝廷规定，每逢朝廷发动战争，将士们在出征前都要到太公庙辞行。天宝六年（747 年），朝廷

---

① （北宋）欧阳修等：《新唐书》，中华书局，1975 年版，377 页。

再次规定，参加武举科考的举子，在考试之前也先要拜太公庙。上元元年（764年），唐肃宗尊太公吕尚为武成王，其祭典规模从此和祭祀孔子完全一样，并确定了配享的十哲为秦武安君白起、汉淮阴侯韩信、蜀丞相诸葛亮、唐尚书右仆射卫国公李靖、司空英国公李勣、汉太子少傅张良、齐大司马田穰苴、吴将军孙武、魏西河守吴起、燕昌国君乐毅，朝廷每年于中春、中秋两次祭奠，但这时武庙的名字依然为太公尚父庙。

建中三年（782年），当时身为礼仪使的颜真卿上疏唐德宗，奏请将太公尚父庙更名为武成王庙，并"宜用诸侯之数，乐奏轩县"。唐德宗准奏，遂后诏谕史官考订出古今名将，将他们画成神像，供奉在武成庙之中配享。这样做是要和孔子的文宣王庙对等，因为在文庙中除供奉孔子、颜回、十哲外，还供奉着孔子的七十门生。

此时正是唐德宗与颜真卿君臣立志削藩、整顿朝纲之际。朝廷所选出的古今武将都要有两个特点，那就是"忠"和"勇"。史官们通过考证，定出了六十四员武将，其中就有关羽。这是关羽第一次进入国家信仰体系。

时间：贞元二年（786年）

地点：长安

大事：刑部尚书关播奏请裁撤武成王庙配祀之"异时名将"，即和吕望不在同一时代的名将。自此，唐代武庙只祭武成王姜子牙及留侯张良，包括关羽在内的诸将不再祭祀。

解读：

中国唐代谱牒姓氏之学的专著《元和姓纂》提到过关播其人，并认为关播就是关羽的后代。作为后代子孙为何提议裁撤包括自己先辈在内的武庙配祀？此中缘由，耐人寻味。

不过,《元和姓纂》认为关播为关羽后人,或为时人共识。裴松之《三国志注》曾引《蜀记》曰:"庞德子会,随钟、邓伐蜀,蜀破,尽灭关氏家。"[1]可知不正确。

时间:贞元十八年(802年)
地点:当阳
大事:董侹撰《荆南节度使江陵尹裴公重修玉泉关庙记》
解读:
此篇文章辑录于《全唐文》[2],为现存关羽成神之最早记载,是今人研究关公文化的重要资料。裴公即江陵尹裴均,裴氏一门乃河东望族,在关公文化发展史上起到了重要作用。

【五代】

时间:后唐明宗年间(926—936年)
地点:洛阳
大事:《晋故陇西郡夫人关氏墓志铭并序》称唐明宗皇妃之母关氏为"蜀将镇国大将军、荆州都督(关)羽之后也"。
解读:
此文见《千唐志斋藏志》,其中说道:

陇西郡夫人关氏,即同州冯翊县人也。其先春秋时,未详所出,蜀将镇国大将军、荆州都督羽之后也。因徙陇西,乃郡焉。则龙逢逆鳞,次则云长战勇,其后代生俊哲,世不乏贤。[3]

---

[1]（晋）陈寿撰,（刘宋）裴松之注:《三国志》,中华书局,2006年版,562页。
[2]（清）董诰等:《全唐文》,中华书局,1983年版,7001页。
[3] 洛阳市新安县千唐志斋管理所:《千唐志斋藏志》,转引自胡小伟《关公信仰研究系列》,香港科华图书出版公司,2005年版,第2册,85页。

这是关氏一脉在唐代已经子孙繁盛的一个证据。

另外，文中的"龙逢"，当指夏代名臣关龙逢。

【北宋】

时间：乾德元年（963年）

地点：汴梁

大事：太祖"幸武成王庙，历观两廊所画名将"，诏"取功业始终无瑕者"。配祀晋升灌婴等23将，黜退关羽等22将。

解读：

事见《宋史·礼八》，另《宋会要辑稿·礼一六》"幸武学"条也有记载。

在结束了纷乱而又血腥的五代十国之后，宋太祖赵匡胤上承唐统郊祀天下，并在建隆三年（962年）重建武成王庙。

第二年（963年）四月，赵匡胤临幸武庙，在参观配祀图像时，他觉得白起"杀已降，不武之甚，何受享于此？"[①]命令去除，并命吏部尚书张昭等人对配享武将再次裁定。不久，张昭拿出方案，史称"建隆议"，请升二十三人，退二十二人，在黜退的名单里就有关羽。

这个方案让朝中很多人大为不满，秘书郎、直史馆梁周翰就为此上书直言："关羽则为仇国所禽，张飞则遭帐下所害。凡此名将，悉皆人雄，苟欲指瑕，谁当无累？"[②]但赵匡胤却支持了张昭的方案。

时间：开宝三年（970年）

地点：汴梁

---

① （元）脱脱等：《宋史》，中华书局，1977年版，2556页。

② （元）脱脱等：《宋史》，中华书局，1977年版，13001页。

大事：诏给包括蜀昭烈帝、关羽、张飞、诸葛亮等历代"功臣烈士"各置守冢三户。

解读：

此事见马端临《文献通考》卷一百三《宗庙十三》①。

这个时候距"建隆议"不过七年，关羽在赵匡胤心里却已经一改从前，成为"勋德高迈，为当时之冠"的"功臣烈士"了。

其实，当年赵匡胤在配享名单中撤去关羽，还有一个心理上的原因，这就是那时后蜀政权依然存在，关羽生前就是蜀汉政权的开国元勋。虽然已经时过境迁，但从心理上来说，还是很难被赵匡胤接受，因为赵匡胤下一步的战略目标就是要消灭后蜀。但现在就不一样了，此事后蜀已灭，西南再无烦扰，"前代功臣烈士"自当再次提及。

时间：大中祥符七年（1014年）

地点：解州

大事：始建关羽祠庙于其故里。

解读：

此事始见于明人韩文撰写的《正德修庙记》："距解城址西百余步，旧有关王祠，乃宋祥符甲寅敕建，元祐壬申重建。"②另有宋人郑咸所撰的《元祐重修关庙记》，是至今发现的最早的解州关庙碑文，文中称："侯本解人，庙于郡城之西。庙久不治，里中父老相与经营，加完新焉。"③

---

① （元）马瑞临：《文献通考》，中华书局，1986年版，941页。
② （清）张镇：《解梁关帝志》，山西人民出版社，1992年版，205页。按：韩文为明朝正德年间户部尚书，山西洪洞人，《明史》有传。
③ （清）张镇：《解梁关帝志》，山西人民出版社，1992年版，167页。

"宋祥符甲寅"即为宋大中祥符七年。据马端临《文献通考·郊社十六》记载，宋真宗曾在三年前（1011年）亲临汾阴祭祀后土神。汾阴在今万荣县，离解州极近。

时间：庆历三年（1043年）
地点：汴梁
大事：用范仲淹议，武成王庙"自张良、管仲而下依旧配享，不用建隆升降之次"①，关羽等将复入武庙。
解读：
自此，关羽在宋代的国家信仰体系中的地位逐步上升，开始逐渐在武庙系统之外受到世人崇拜。

时间：皇祐五年（1053年）
地点：广西荔浦
大事：狄青重建关羽庙，宋仁宗御赐庙额。
解读：
此事见宋人李汉杰所撰《威胜军关帝侯新庙记》。文中写道："皇祐中，侬贼陷邕州，祷是庙，妄求福助，掷杯不应，怒而焚之。狄丞相破智高，乞再完。仁宗赐额，以旌灵贶。"②这里的"侬贼"指的是壮族英雄侬智高。

20世纪80年代，考古工作者在广西靖西安德地区（地处中

---

① （元）脱脱等：《宋史》，中华书局，1977年版，2556页。
② 冯俊杰：《山西戏曲碑刻辑考》，中华书局，2002版，18页。按：威胜军即今沁县，春秋时为铜鞮县，宋太平兴国四年（979年），于铜鞮县之乱柳石围中建威胜军，金时升为沁州，至清亦然。民国初改为沁县。另：军在唐代是一种军区，只管兵戎，五代以后，逐渐与行政区的差别缩小，至宋代则成为兵、民、军、政合一的行政区域。

越边境）发现了一尊宋代的关公铜像。1982年的《史学情报》刊登了这则消息，文中写道："据研究，它是宋代当地壮族人民供奉的关公像，这对壮族崇拜关帝提供了凭据。"这说明至晚在宋代，壮族已经普遍具有关羽神的信仰习俗。

狄青与侬智高之间的战争是北宋仁宗时期的大事，但由于当时历史背景比较复杂，交战各参与方的记述也并不一致，学界关于此战的性质和产生的原因一直存有争论。

这场战争到今天还留下了许多历史痕迹，其中非常值得注意的是文化认同方面，广西地区现存有两种截然不同的关公文化。

一种关公文化类似于中国其他地区，比如在昆仑关上有一座关帝庙，据说此庙已有近千年历史。每年农历五月十三日，昆仑关关帝庙就会举行"关公磨刀诞"，届时人潮涌动、热闹非凡。又如，每年的农历五月十二日，广西桂林市恭城瑶族自治县都会举行盛大的"关公巡游活动"，届时全城百姓竞相出动，和慕名而来的外地游客共同经历关帝盛典，已成为当地最有特色的人文景观。

另一种关公文化叫作"关朗灵崇拜"，是关公文化的一个分支。"朗灵"就是"朗州之灵"的意思，而朗州是隋代以后的建制称谓，在三国时期是荆州武陵郡，即汉寿亭侯之"汉寿"的所在地。元明时期的道教书籍《太上大圣朗灵上将护国关王妙经》和《酆都朗灵关元帅秘法》，都是有关关羽的经书，可知"关朗灵"其实就是关羽。

但在壮族人的记忆里，关朗灵在狄青南征中所帮助的对象是壮族的先民，今广西南宁、桂林一带广泛流传着关朗灵协助侬智高大战宋军的故事，只不过因为岁月变迁，故事的情节已经变异。在这些故事中，关朗灵已经变身为侬智高的"二弟"。

据说，当时的侬智高是和宋军联合一起攻击入侵的交趾军队。这位关朗灵能征善战，勇冠三军，好几次大破交趾军队，而最终却死于宋将狄青的阴谋暗算。此后，他魂灵不散，飘回到石香炉山（现南宁市横县香炉山）为神，造福一方，被百姓称为"朗灵大王"。这和关羽的故事基本雷同，只不过在民间故事中，吕蒙变成了狄青，玉泉山变成了石香炉山，关大王也变成了朗灵大王。

现在的广西南宁还有许多座关朗灵庙，它们的具体名称各不相同，有叫"二王庙"的，有叫"朗灵大王庙"的，等等。其中，位于南宁市吴圩镇周村的二王庙，始建于北宋哲宗年间（此时正是关羽受封"忠惠公"的时间），江南区的古思村朗灵大王庙建于南宋末年。这些庙宇至今香火鼎盛，每年农历四月初八都会举行大型活动。不过，当地人已不知道关朗灵就是关羽，"大王庙"虽有关羽塑像，但主神却是侬智高；"二王庙"中的塑像也已不是关羽的形象，而是金盔金甲、金面微须的样子。

时间：至和二年（1055年）

地点：桂林

大事：释义缘在龙隐岩题刻石壁，称"智者大师，擎天得胜关将军，坛越①关三郎"。此为今存最早关羽崇拜的摩崖石刻。

解读：

此摩崖碑刻今日还保存于桂林龙隐岩中，原文如下：

城里崇明寺主持碁僧义缘，谨用斋资，命匠者镌庄就天台教主智者大师、擎天得胜关将军、坛越关三郎。相仪圆具，在龙隐岩释迦寺开光斋僧，上报四恩，下资三友。至和二年乙未九月五日谨题。

---

① "坛越"即"檀越"，是"施主"之意。

能将天台教主与关羽父子同奉，可知宋初天台宗之荆南一系已与关公信仰相融合。

时间：熙宁九年（1076 年）

地点：广西荔浦

大事：威胜军将士南下远征交趾之时，一同参拜桂州当地关羽祠庙祈神护佑，并许愿发誓。后果然感觉在遭遇战中有"阴兵助战"，遂得大捷。

解读：

此事见《威胜军关帝侯新庙记》①，大致经过如下：

北宋熙宁八年（1075 年），交趾进犯钦州（在今广西）、廉州（今广西合浦）；九年，又陷邕州（今南宁），神宗皇帝发兵南征。

当时威胜军（今沁县）有二百三十七人应征入伍，被编入左路第一军，并成为该军的先锋部队。当他们开赴桂州（今桂林）的时候，发现了一座祠庙。进去以后才知道，此庙供奉的是汉将军关羽。见碑记得知，这座庙早已有之，当年狄青南征侬智高的时候就已经存在。侬智高还曾在庙中祈祷，但因未得到神灵的护佑，所以一怒之下将庙烧毁。狄青得胜回师以后，表奏朝廷对这座庙进行了重修，仁宗还赐了庙额（即前文所说之事）。沁州军士即在神像前许愿：如果此次能够大破交趾，一定在老家为关将军建构祠宇。许愿完毕，军士们请庙中的木刀纸马，执为前驱，然后立即赶赴沙场。一路上人皆奋勇，势如破竹，交趾士兵大多望风乞降，余者弃城而逃。宋军乘胜追击，在一次丛林战中，关羽率阴兵显灵相助，"夜有大风暴发，怒号

---

① 冯俊杰：《山西戏曲碑刻辑考》，中华书局，2002 版，18 页。

之声若挝万鼙"，"俄有阴兵，旗帜戈甲，弥亘山野，敌人顾望，惴恐而败"。宋军于是大胜。

时间：元丰三年（1080年）

地点：山西沁县

大事：在交趾战争获胜的威胜军将士们与参与此战的其他官兵集体捐资，于原籍（今山西沁县）新建蜀荡寇将军关侯庙，以报答神贶，并立碑纪念。

解读：

南征胜利以后，在威胜军中受爵赏者共有二十六人。他们没有忘记当初的誓言，回到家乡修建了"威胜军关帝侯新庙"，并请当地的乡贡进士李汉杰撰写了庙记。

《威胜军关帝侯新庙记》在它产生之初可能并未引起太大反响，但对于关公文化来说，它所传达出的信息却是无比重要的。

首先，碑文中说，在狄青南征胜利之后，宋仁宗就曾为桂州关庙"赐额以旌灵贶"，虽然这里并没有说清庙额的文字，但这条信息也是历史上最早的皇帝为关庙赐额的记录。

其次，碑文中所说"俄有阴兵，旗帜戈甲"一事，应是最早关公显灵助战的记载。从此，类似的传说便开始在全国广为流传，关公信仰也从此在宋朝的军队中正式形成。

时间：元丰四年（1081年）

地点：当阳

大事：玉泉寺住持承皓鼎新寺院，张商英撰《重建关将军庙记》，重申佛教"关羽显圣"和皈依佛门的传说。

解读：

张商英，蜀州新津（今四川新津）人，字天觉，号无尽居士。曾在荆南府做税官长达七年，后官至相位（尚书左仆射），著有《神宗正典》六卷、《护法论》一卷、《无尽居士集》等。他倡导三教融通，是促进关公文化发展的重要人物。

此文中关羽神的形象最初是"阴兵十万部从严，铁骑咆哮汗金甲。架鹗鞲鹰走獒犬，鞭笞虎豹与龙蛇。脍肝脯肉饮头颅，无上菩提岂知有？"而见到智者大师后则是"大威大猛大英豪，弃置爱恋如泥滓。将此山峦奉佛土，受持五戒慑身心"。这是标准的被佛法所收服的"大力鬼神""金刚护法"形象，和唐代董侹《庙记》中的"坛越"身份已有所不同。

时间： 绍圣二年（1095年）

地点： 当阳

大事： 五月，赐当阳关羽祠庙额"显烈"。

解读：

事见徐松《宋会要辑稿·礼二十·历代帝王名臣祠》中"蜀汉寿亭侯祠"条[①]。

"显烈"是后世帝王赐给关羽的第一个封号。

从这个封号可以看出，大宋皇帝是在嘉奖关羽的护佑之功，这个封号应和一些真实的战争事件有关。另外，绍圣二年是张商英被朝廷重新重用后不久。他此时先被封为右正言，又进为左司谏，这个职位"掌讽谕规谏，凡朝廷阙失，大事廷诤，小事论奏"。哲宗这次对当阳关庙的赐额也有可能与张商英的"论奏"不无关系。

---

① （清）徐松辑录，刘琳、刁忠民等校点：《宋会要辑稿》，上海古籍出版社，2014年版，第2册，1002页。

时间：崇宁元年（1102年）

地点：解州

大事：二月，宋徽宗封关羽为忠惠公。此为后世加封关羽新爵之开始。

解读：

宋徽宗时期，张商英已身居相位，而此时的关羽也正在被朝廷不断加封。

时间：崇宁四年（1105年）

地点：汴梁

大事：五月，赐信州龙虎山道士张继先号虚静先生。六月，解州盐池修复，全面恢复生产。此为"关公战蚩尤"神话的由来。

解读：

此事初见于《大宋宣和遗事》，此后在《汉天师世家》《历代神仙通鉴》《三教源流搜神大全》中都有记载。

主要内容为：北宋徽宗年间，解州盐池因妖孽作乱发生灾变，徽宗皇帝请龙虎山张天师前去降妖。不日，盐池灾除，张天师得胜归来。徽宗问天师是何妖孽作乱，所用何神降妖。张天师回禀说是上古兵主蚩尤作乱，汉将关羽降妖。徽宗龙颜大悦，随即封赏。

《汉天师世家》认为这是关帝受封之始，因此后世许多关帝庙的主殿即名为"崇宁殿"。

北宋时期，作为大宋财税重要来源的解州盐池确实曾一度受灾。

自元符元年（1098年）开始，盐池溃堤遇水，基本停产。至崇宁元年，即徽宗封关羽"忠惠公"之时，盐池开始修复，到了崇宁四年全面恢复生产。

关羽是解人，解州历来还有蚩尤信仰。解州盐池复产一事与龙虎山道士相结合，竟然让关羽和蚩尤这两位"战神"在跨域几千年的时空里发生了一场旷古大战，这不得不让人们对于战争、信仰与国家利益之间的关系进行更深层次的思考。

时间：大观二年（1108年）

地点：汴梁

大事：宋徽宗加封关羽为武安王①。

解读：

历史上，封爵中有"武安"两字的有苏秦、白起、项燕、李牧、徐显秀，都是在所处时代战功最为显赫之人。宋廷加封关羽为武安王，自然也是在彰显他的勇武之风。

今河北有武安市，位于邯郸市西北，太行山东麓。另外，唐代曾在今越南海防置武安州，隶安南都护府。

时间：政和七年（1117年）

地点：山西闻喜

大事：地方治安官员募修关羽祠，撰《新修武安王庙记》。此为后世治安官员崇祀关羽之始。

解读：

事见《山右石刻丛编》卷十七②。据文中所言，这次率先倡议修建闻喜县关庙的人是一位专以"擒捕为职"的弓级董政。

---

① （清）徐松辑录，刘琳、刁忠民等校点：《宋会要辑稿》，上海古籍出版社，2014年版，第2册，1002页。

② （清）胡聘之：《山右石刻丛编》卷17，转引自胡小伟《关公信仰研究系列》，香港科华图书出版公司，2005年版，第2册，98页。

所谓"弓级",指的就是弓手,也叫射士,是宋代的县役之一,在当时是维护社会治安的基层武力,这个职位在北宋初期主要由乡村主户中的第三等户担任,神宗时改差为募。弓手的职责主要是缉捕盗贼,类似于现代的警察。这篇文章应与20世纪中叶港澳台地区以及海外的华裔警察祭拜关公的现象有历时性传承关系。

时间:宣和五年(1123年)正月

地点:汴梁

大事:礼部奏请,敕封关羽为义勇武安王,从祀武成王庙。

解读:

在中国传统伦理观念里,"勇"的道德意义比不上"义"。如《庄子·盗跖》云:"勇悍果敢,取众率兵,此下德也。"《吕氏春秋·论威》说:"勇,天下之凶德也。"儒、墨两家对"勇"的看法比较乐观,如《国语·周语》言:"勇,文之帅也。"《左传·昭公二十年》:"知死不辟,勇也。"《论语·宪问》:"仁者必有勇。"又《论语·子罕》:"知者不惑,仁者不忧,勇者不惧。"《墨子·经上》云:"勇志之所以敢也。"但是,儒家也认为"勇"需要用一定的外在因素来制约,如《论语·阳货》云:"君子有勇而无义为乱。"

因此,在传统社会里,"义"和"勇"则合并成为一种伦理观念。无义之"勇"被认为是"下德",认同者寥寥;只有"义勇"才是"上德",会得到更多的赞扬。关公文化的不断发展,正是这种观念在中国社会中不断得到强调的外在体现。

当今的中国社会依然在提倡"见义勇为"的行为,说明中国人对这种观念依旧认同。

【南宋、西夏、金、蒙古】

时间：南宋建炎二年（1128年）

地点：洛阳

大事：京西路关羽庙有人张贴《劝勇文》，以"五可杀"鼓励齐心协力抗击金兵。提点京西北路谢觊"得而上之，诏兵部镂版散示诸路"。

解读：

这是人们将关羽视为宁死不屈、抵抗外侮的象征之始。

"五可杀"之事见《续资治通鉴》卷一〇一：

先是，有撰《劝勇文》者，揭于关羽庙中，论敌兵有五事易杀："连年战辛苦，易杀；马倒便不起，易杀；深入重地力孤，易杀；多带金银，易杀；作虚声吓人，易杀。各宜齐心协力，共保今岁无虞。"觊得而上之，诏兵部镂版散示诸路。①

此事发生在建炎二年（1128年），即金兵蹂躏关陕之际，这正是民间组织抗金最激烈的时候，此时的关羽庙正是起到了团结一致、同仇敌忾的作用。另据《三朝北盟会编》卷一一五载，建炎二年正月：

金人既已渡河，陷同州，系桥为归路，西陷华、陕、岐、雍、陇、秦，陕右大扰，鄜延路经略司出兵攻同州，收复诸县，焚大庆关。檄召河南、河北豪杰共起义兵，并力击贼，远近响应。旬日间，以供状自达姓名：孟迪、种潜、张勉、张渐、白保、李进、李彦仙等，兵各以万数。又胜捷军卒张宗自称观察使，亦起兵于南山下。②

---

① （清）毕沅：《续资治通鉴》，转引自胡小伟《关公信仰研究系列》，香港科华图书出版公司，2005年版，第2册，77页。

② （南宋）徐梦莘：《三朝北盟会编》，上海古籍出版社，1987年版，845页。

这说明，虽然北方已经沦陷，但是河东地区民众自发的抗金斗争还是非常猛烈的，这应和"武安王"信仰的广泛传播不无关系。

时间：南宋建炎二年（1128年）

地点：南京

大事：宋高宗加封关羽为"壮缪义勇武安王"，诰词云："肆摧奸宄之锋，大救黎元之溺。"①

解读：

北宋在金兵的铁蹄下灭亡，康王赵构逃亡南京应天府（今河南商丘），并在同年称帝，是为高宗，自此开创了南宋政权。在这个政权的创建初期，"武安王"已不是一般的神灵，而是国家意志的体现。

宋高宗颁诏加封关羽是为了鼓励军民提升抗击外敌的士气，他手下的将领们也的确每以关、张自励，比如岳飞。岳飞之孙岳珂在《鄂国金佗续编》卷二八《江东邵缉献书》中说：

飞常与人言："使飞得与诸将齿，不在偏校之外，而进退禀命于朝，何功名不立？一死焉足靳哉！要使后世书策中有岳飞之名，与关、张辈功烈相仿佛耳。"飞武人，意气如此，岂易得哉！亦古人豹死留皮之意也。②

时间：南宋绍兴二十七年（1157年）

地点：临安

---

① （清）张镇：《解梁关帝志》，山西人民出版社，1992年版，66页。

② （南宋）岳珂编，王曾瑜校注：《鄂国金佗粹编续编校注》，中华书局，1989年版，1606页。

大事：人们在西溪法华山建义勇武安王庙。

解读：

事见潜说友《咸淳临安志》卷七十三"义勇武安王庙"条。此为江南三吴地区兴建关羽祠庙之始。

时间：金大定十三年（1173年）

地点：山西平遥

大事：慈相寺住持新建关羽庙于法堂东庑，言"今兹天下伽蓝奉此者为护法之神"。

解读：

事见郝瑛撰《慈相寺关帝庙记》①。此为现存金国境内奉祀关羽之最早记载，也是北方佛教法师奉关羽为伽蓝神的最早记载。

时间：金大定年间（1161—1189年）

地点：甘肃巩昌

大事：元人同恕的《关侯庙记》云："西兵潜寇，城几不守，乃五月二十有三日，见若武安状者，率兵由此山出，贼骇异，退走。"人们随即在万寿山建庙，并世代祀之。

解读：

此事载于《矩庵集》卷三：

巩昌府仁寿山，有庙在焉。相传金大定间，西兵潜寇，城几不守，乃五月二十三日，见若武安状者，率兵由此出山，贼骇异退走。随即其地而祀之。今他郡均祀以十三日，独此邦用

---

① （清）胡聘之：《山右石刻丛编》，转引自胡小伟《关公信仰研究系列》，香港科华图书出版公司，2005年版，第5册，312页。

是日，达神贶也。①

这则信息透露了金军也曾沿袭宋军风习，以关羽为军神对抗西夏军队，并取得了胜利。

时间：南宋淳熙十五年（1188年）
地点：当阳
大事：宋孝宗因"凡有祷于水旱雨赐之际，若或见于焄蒿凄怆之间"，特封关羽为"壮缪义勇武安英济王"。
解读：
"八字王"为宋代对于历代功臣烈士之最高封爵。这篇诏书亦为现存以关羽为祈雨神祇的最早记载。

时间：蒙古成吉思汗二十一年（1226年）
地点：黑水城
大事：成吉思汗率大军围攻西夏黑水城。黑水城守将在城破之前将佛经图籍等藏入佛塔。其中包括金人版刻之关羽神像《义勇武安王位》。
解读：
此后，蒙古兵对黑水进行了血腥的屠城，这幅神像因此在佛塔中被默默地封存了六百余年。这是否能够说明关公信仰在当时已经延展到了那个短暂而辉煌的西夏王朝，今人已不得而知。但至少能肯定的是，对于那位封藏它的人来说，"义勇武安王"神像无疑是一件可以用生命来保护的珍贵物品。

1909年，俄国探险家科兹洛夫来到黑水城考察，发现了这

---

① （元）同恕：《矩庵集》，转引自胡小伟《关公信仰研究系列》，香港科华图书出版公司，2005年版，第1册，301页。

批宝藏。此版刻神像现藏于俄罗斯圣彼得堡艾尔米塔什冬宫博物馆,俄罗斯汉学家李福清曾为此撰文《关羽肖像初探》,载于台湾《历史文物》第四卷第四期(1994年10月)。

时间: 蒙古海迷失后元年(1249年)

地点: 河北清苑

大事: 蒙古汉将张柔建造顺天府城(今保定市内),设武安王庙。大儒郝经撰《重建武安王庙记》。

解读:

此为现存蒙古政权建立关庙之最早记载。这座庙的建造者张柔是汉人,因军功得到建府开衙的机会后立刻给关羽修庙,汉儒郝经所撰之文的着力点也在"汉"字上,可知身为蒙古高官的张柔与郝经,均在坚守着汉人的信仰与传统。

《重建武安王庙记》言及"夏五月十三日,秋九月十有三日,则大为祈赛,整仗盛仪,旌甲旗鼓,长刀赤骥,俨如王生"为现存关羽祀典祭日之最早记载。

【元】

时间: 元世祖至元六年(1269年)

地点: 徐州

大事: 徐州牧董恩建关尉庙,以祀汉寿亭侯关羽、唐鄂国公尉迟敬德,因二公于徐州皆有遗迹。

解读:

此为漕运祭祀关羽之最早记载。

宋元时期的漕盐、漕粮运输都是由军队负责押送,此时的"武安王崇拜"正在军队中日渐普及,所以关公信仰也就沿着漕路扩散到了为数众多的州县。其中,信仰气氛最为浓烈的地区当属徐州。

徐州有"五省通衢"的美誉,黄河、淮河、泗水等自然河道都在此地汇聚于京杭大运河,因此形成了南北东西通贯的商业贸易中心,五省商贾,八方贸易,时常汇集于此,这就为关公文化的传播创造了良好的条件。

时间:至元七年(1270年)

地点:大都

大事:元世宗忽必烈准国师八思巴提议,举行藏传密宗"镇伏邪魔护安国刹"大法会。在正月十五日,以"八卫拨伞鼓手一百二十人,殿后军甲马五百人,抬升监坛汉关羽神轿军及杂用五百人""周游皇城内外"。

解读:

此事见《元史·祭祀六》①。自此,每年"抬关羽神轿游皇城"遂成元代的两京制度,元末乃止。可知,此时汉将军关羽亦为元廷所尊奉的"军神"。

时间:大德年间(1297—1307年)

地点:当阳

大事:儒士胡琦编纂《关王事迹》(又名《新编关王实录》)。

解读:

胡琦,元代巴郡人,隐居当阳。感到关羽"庙食玉泉,至今不绝,四方祈谒,灵应如响,不亦盛乎!及考其事迹,本末具存国志,所不载者散在众籍,文字交错,难用检寻,览之者不无病焉。而世俗所传,道听途说,鄙俚怪诞,予窃笑之,故

---

① (明)宋濂等:《元史》,中华书局,1976年版,1926页。

尝有刊正之志",遂将关羽祖系、生平年谱、关王书札、身后灵异,到历代封赠、碑记、题咏等汇刊一处。这是学者系统考证关公文化之始。

时间：至大元年（1308年）

地点：当阳

大事：玉泉寺住持钟山复新庙宇,发现关羽祠地基。延祐元年（1314年）完成复建,毛德撰《新建武安王殿记》记其事。

解读：

事见《解梁关帝志》。这或许说明玉泉山周边的关公信仰曾在宋元时期中断过一段时间。

时间：皇庆二年（1313年）

地点：徐州

大事：赵孟頫撰《关尉神祠碑铭》,以"二公生为大将,殁而为神,其急人之患难,夫岂忿于素志"为由,奉关羽、尉迟恭为漕运护佑神。

解读：

原文见嘉靖《徐州府志》。赵孟頫在此文中还提到了当时神祠的庙况之盛：

庙成,奉牲酒者争门而入,拜于轩陛之间者,至不能容。人之精神萃聚于此,又挟山川之气以自壮,故祷而辄应,每事必祝其灵赫。然享祀之至,俞久而俞盛。于此见忠义之士,虽千载遗烈,犹不泯也,岂不伟哉！

时间：至治年间（1321—1323 年）

地点：福建建安

大事：虞氏刊本《全相三国志平话》刊印。

解读：

此为现存最早的三国平话话本，其中许多情节被《三国演义》所采用。在《全相三国志平话》中，作者对关羽已用敬语相称，或称"关侯"，或称"关公""美髯公"，甚至有"圣"的称呼出现。

时间：泰定二年（1325 年）

地点：大都

大事：皇帝、皇后出资修缮西四北羊角市关庙。

解读：

详见《日下旧闻考》卷五十二，吴律所撰《关庙纪略碑》。此为现在发现的元帝出资修缮关羽祠庙的最早记录。

在蒙古翰林阿尔威奉旨撰写的碑文中，还为关公特加敕封号为："大元赠敕封齐天护国大将军、检校尚书、守管淮南节度使，兼山东、河北四门关镇都招讨使，兼提调遍天下诸宫神煞、无地分巡案官、中书门下平章政事、开府仪同三司、金紫光禄大夫、驾前都统军、无佞侯、壮穆义勇武安英济王、护国崇宁真君。"①

时间：天历元年（1328 年）

地点：大都、洛阳

---

① 胡小伟：《关公崇拜溯源》，北岳文艺出版社，2009 年版，下册，388 页。

大事：加封汉关羽为"显灵英济义勇武安王"，遣使祀其庙（洛阳关庙）。

解读：

对于元文宗来说，天历元年是个"一脚天堂、一脚地狱"的年份，他在此时加封关羽并不是一时的心血来潮。早在元文宗登基前一个月，梁王王禅、丞相倒剌沙等已在上都拥立泰定帝之子阿剌吉八为帝，并且发兵直取大都。他这次加封关羽"显灵英济义勇武安王"，正是在王禅的军队围攻大都之时。在这样的局势下，关公被封为"显灵"的意图就已经非常明显了。

至顺元年（1330年）九月，已经坐稳了江山的元文宗遣特使穆雪至洛阳关庙祭祀关羽，穆雪所撰《大元加封显灵英济义勇武安王碑铭》证实了元文宗自认为当时的确得到了关羽的显灵相助："今主上龙飞九五，内难并作，神恍惚出没戎伍间，以戡大乱，首帅奏可，诏赍王封，粤显灵，粤英济，于以答阴相之功也。"

时间：日本北朝历应至延文时期（1338—1358年）
地点：日本京都
大事：关羽成为日本军神。

解读：

此事见日本《平凡社大百科事典》。据称，室町幕府的开创者足利尊氏（1305—1358年）梦见自己向大元帝国求赐军神，元帝将关羽赐予了他。足利尊氏梦醒以后，将关羽的神像供奉在京都左京区真如町灵芝山的大兴寺，同时举行了隆重的请神大典。这是日本出现关公文化的最早记录。

【明】

时间：洪武二十七年（1394年）

地点：南京

大事：以蜀汉原谥建关羽祠于鸡鸣山，列入祀典。

解读：

明朝开国以后，太祖朱元璋在洪武三年（1370年），尽去前朝对关羽的"溢美之称"，恢复蜀汉时期的"汉前将军寿亭侯"封号，并为其在首都南京鸡鸣山建关帝庙。

明太祖对关羽的封号理解有误，他认为关羽是"寿亭侯"而不是"汉寿亭侯"，这种错误到了嘉靖时期得以更改。不过，也许朱元璋就是要强调"汉寿亭侯"的"汉"就是汉朝（也即汉民族）的"汉"，而不是一个地名，这种可能性也是存在的。

另外，《明太祖宝训》卷二记载了朱元璋在敕建关庙之前还做了一件非常不同寻常的事情，那就是"罢祀武庙"。至此，自唐玄宗开元十九年（731年）开始，绵延六百余年的武成王庙祭祀制度在国家信仰体系中被移除，这也为关羽后来的"武庙独尊"创立了条件。

时间：建文年间（1399—1402年）

地点：浙江宁海

大事：方孝孺撰《关王庙碑》。

解读：

元明以后，随着关帝庙数量的增加，为关庙撰写碑记的人也明显增多，其中不乏儒学领袖，比如金华朱学的代表人物方孝孺。

方孝孺不止笔头上崇拜关公，其所作所为也展现出了他的忠勇之气。他师从"开国文臣之首"的翰林学士宋濂，历任陕西汉中府学教授、翰林侍讲、侍讲学士、文学博士等职。建文年间（1399—1402 年），方孝孺曾以朱元璋托孤重臣的身份担任建文帝的老师，主持京试，推行新政。建文四年（1402 年）六月，燕王朱棣挥军攻入南京，靠武力夺取了皇位，他命方孝孺撰写即位诏书，方孝孺坚拒不从，最终被灭族，遭此难者竟达八百多人。

由此可见，方孝孺在《宁海关王庙碑》中所写的"忠毅之业，巍巍赫赫，与日月并明，与阴阳同用。不幸其施未竟，郁抑以没。其炳朗灵变者，不与众人俱泯，则为神明"[①]。并不仅是辞藻的堆砌，而是他一生奉行的信条。

时间：宣德年间（1426—1435 年）
地点：北京
大事：宫廷画家商喜绘制巨幅《关羽擒将图》。
解读：

该画现存于北京故宫博物院，描绘的是《三国志》中关公水淹七军、生擒庞德的故事。

全图人物共六人，主角是关羽和庞德。庞德上身裸露，赤脚，双目怒睁，咬牙切齿；两裨将在敲桩、绳缚、揿身、压抑被审者的咆哮；关平拔剑威慑，周仓从旁吆喝——把整个审讯场面激化到了绷弦欲断的程度。而关羽蓝巾、绿袍，全身披挂，丹脸凤眼，长髯飘拂，气宇轩昂，集儒雅和勇毅于一身。画面人物间互有呼应，增强了戏剧性的冲突。此图人物高大、气势

[①]（清）张镇：《解梁关帝志》，山西人民出版社，1992 年版，186 页。

雄壮，线条刚劲流畅、顿挫有力，色彩红绿金粉、鲜艳夺目，是难得的艺术佳作。

据嘉靖《徐州府志》记载，宣德七年（1432 年），朝廷曾经拨款重新修缮徐州的"关尉神祠"，并将其列入官方祀典，岁以春秋上丁三日致祭。商喜的这幅《关公擒将图》有鲜明的壁画风格，或与此事有关。

时间：成化十三年（1477 年）
地点：北京
大事：奉敕建庙宛平县之东，定祭日为五月十三日，为太常寺官祭。大学士商辂奉敕撰碑文。
解读：
此为明代皇帝在北京兴建关庙之始。此后，成化十七年（1481 年）明宪宗朱见深还曾亲自为京师关庙颁赐祭文。

时间：正德四年（1509 年）
地点：榆林
大事：明武宗朱厚照赐关庙庙额"忠武"。
解读：
此事见《弇山堂别集·亲征考》，同时期明武宗还曾重修南京燕子矶关庙，据说"增饰台榭，宏开轩廊，大为壮观"。

另据《皇明北虏考》《明史纪事本末补编》等史料记载，正德四年（1509 年）闰九月，鞑靼小王子曾侵犯延绥（今属榆林定边县）。小王子率轻骑抵达新兴堡，诱明军副总兵候勋出战并将其包围。参将周诚、指挥岳濂助援，亦被包围。但是，明军在突围中奋勇杀敌，斩鞑靼兵九十余人，逼得小王子掠马匹解围而去。这应就是明武宗赐当地关庙庙额"忠武"的主要原因。

明朝与蒙古瓦剌持久对峙，从明初至明中叶，先后沿长城设置著名的"九边重镇"，每个军事重镇里都建有关帝庙。榆林的关帝庙更是随处可见，数量难以详查。东起府谷，西至定边，沿途36座军事建制的城堡，至少有36座关帝庙，而在州、县城内或周边或关帝庙更是数不胜数。

今天，榆林的关帝庙不减反增，其中东、西、南、北四大老爷庙，以及横山关帝庙（永兴寺）、金克山十三敖包关帝庙（木华黎墓）、府谷关帝庙、建安堡关帝庙等都极有特色。

时间：嘉靖十年（1531年）

地点：北京

大事：世宗朱厚熜升出生地钟祥为承天府，荆门、沔阳等三个府州归入承天府辖治。同时，敕建北京正阳门小关庙，厘定关羽为南方神。

解读：

关陵所在地当阳本属荆门，在此时亦并入承天府治下。此为帝系转南之意，说明关羽已成为护佑帝祚之保护神。

明世宗朱厚熜在位期间，关公在国家信仰中的地位得到了史无前例的飙升，已经完全成为全天下各民族、各阶层人群都信奉的"护国神"。

产生这种情形的原因有很多，其中最重要的一条是嘉靖皇帝本人就龙起于荆楚。

正德十六年（1521年）春，武宗驾崩，无后。三月，在皇太后的懿旨下，定国公徐光祚等四十多人的使团，经过二十多天紧张行程，来到湖广安陆州（今钟祥）的兴献王府，迎接新天子朱厚熜登基。从此，明朝进入嘉靖时代。

安陆州，为洪武九年（1376年）降安陆府所置。此地在春秋时期是楚国陪都，称"郊郢"。三国时代属荆州的江夏郡。唐代为郢州治所，就是当年郢州刺史郎士元作《壮缪侯庙别友人》之处。此地至今还留有大量与关羽相关的地名和传说，比如位于荆襄古道上的胡集镇有传为关羽行军小憩的放马山，城南有关羽屯兵驻扎的汉东城，汉江古镇石牌镇有关羽水师码头荆城，郢中城郊有传为关羽歇马洗尘的涮马滩和横刀立马的利涉桥，等等。可见此地与关公文化的渊源之深。

生活在这样一种氛围下，朱厚熜不可能不受到影响。且更为重要的是，朱厚熜以南方藩王的身份北上登基，与朱棣以北方藩王的身份南下称帝，其形式虽颇为不同，性质却极其相似，都是帝系的南北转移。所以，朱厚熜一到京师就为追封自己的生父为帝不惜与群臣反目，挑起了为时数年之久的"大礼仪之争"，这就是他在为强调帝系已经转南而做的努力①。正因为如此，北方真武大帝对皇家的护佑职责自然也会被南方神灵所取代，而这位南方神灵自然就是关羽。

嘉靖十年（1531年），按照大明规制，礼部升潜邸安陆州为承天府，与南京应天府、北京顺天府并立为"三大府"，并将荆门州、沔阳州与钟祥、京山、天门、当阳、潜江共二州五县划归承天府管辖，玉泉山关羽祠也在其境。这就表明，关羽已经毫无疑问地成了皇帝的护佑神灵。而对于皇权至上的年代来说，护佑皇帝就是护国，所以嘉靖十七年五月，朱厚熜将京师关庙改名为"护国关王庙"，徐锦撰《明护国关王庙记》②。嘉靖三十五年（1556年），司礼太监黄锦、太保都督陆炳捐资翻新当阳

---

① 甚至连朱厚熜死后的庙号"世宗"，也有另开支系的意思。
② 吴廷燮：《北京市志稿·金石志》卷七《祠庙金石》，北京燕山出版社，1998年版，427页。

的关羽墓寝，大学士徐阶作《重修当阳庙碑铭》①，并在碑文中将关羽和孔子相提并论，这应该就是朱厚熜的重臣近侍们对帝王心思做出的正确理解。

明成祖朱棣迁都北京以后，代表北方的真武大帝就成为王朝的"护佑神"。明代中晚期，京师开始流行"关公显灵助成祖"的传说，并由焦竑撰文、董其昌书写记录在了正阳门关庙的石碑上，这其实就是在表示，代表"南方火"的关公已取代的代表"北方水"的真武而成为大明帝国的护佑神。正阳门的这座关庙也由此成了王朝的象征。故时人有诗曰："只把人中提万国，大明先谒正阳门。"

时间：嘉靖三十四年（1555年）前后
地点：江浙闽广
大事：江浙闽广屡遭倭乱，士民竞以关羽为护境保民之神，争传显灵助阵之事，纷纷修建关庙，以为一方护佑。
解读：
此为关羽祠庙深入东南各地乡里之始。

嘉靖年间，倭乱频发，江苏、浙江、福建、广东、广西一带的乡里社会遭到严重破坏，而此时的关公信仰在这些地区不但没有减弱，反而更加兴盛，各村各乡或新修或重建的关帝庙明显增多，很多饱受磨难的农民、乡绅都对关公产生了严重的依赖心理，如苏州《双凤关王庙碑》云："倭夷乱华，三江惨毒。倭来则伏，倭去不复。倭夷在郊，孰敢进兵？丕显威灵，倭夷

---

① （清）张镇：《解梁关帝志》，山西人民出版社，1992年版，215页。

震惊。"①用今人的眼光来看，这可能是一种消极的自我催眠，而对于当时的人们来说，这其实是一种通过相互团结来消除恐惧的战前准备工作。从"倭夷在郊，孰敢进兵？"一句可以看出，这些人已经拥有了为保卫土地而抗争的勇气，而正是这种勇气才使得倭寇最终在沿海地区完全灭绝。

同时，关羽护佑科第士子的传说，也于此时最早在江南士人的笔记碑刻中开始流传。

时间：嘉靖三十五年（1556年）

地点：江陵

大事：《关王忠义经》面世，兵部尚书杨博作序。嘉靖近侍黄锦、陆炳捐资修缮当阳关羽墓寝。

解读：

《关王忠义经》又名《三界伏魔关圣帝君忠孝忠义真经》。其序言显示，这部经原是楚王赠予兵部尚书杨博的，杨博校对之后转送都督刘显。

楚王当是楚恭王朱英㷋。杨博则为一代名臣，因功官至兵部尚书，授太子少保，死后赠授太傅，谥号"襄毅"。杨博是蒲州（今山西运城永济）人，算是关羽的老乡。他在京时，每过正阳门关帝庙，必投一"乡晚生"帖。刘显则更有骄人战绩，是与戚继光、俞大猷、谭纶等人齐名的剿倭英雄，也是勇将刘綎之父。

实际上，在嘉靖年间，包括刘显、戚继光在内的一众将领基本都是关羽的崇拜者。戚继光的《纪效新书》中印有关羽神

---

① （清）时宝臣：《双凤里志》，辑录于《中国地方志集成·乡镇专辑 9》，转引自胡小伟《关公信仰研究系列》，香港科华图书出版公司，2005年版，第4册，147页。

像，戚家军在常驻的地方也都建有关帝庙。

时间： 万历十八年（1590年）

地点： 淮安高家堰

大事： 潘季驯治漕河，"以神显灵高堰，诏加尊号，颁衮冕，赐庙额曰'显佑'，封'协天护国忠义大帝'"。

解读：

这是官方封关羽帝号之始，从此大运河沿途竞相建立关庙，以祈保人流物转之平安。

"高堰"即"高家堰"，系指今江苏淮阴高堰村附近的一段淮河堤防。宋代前后，黄河在河南夺泗争淮，致使淮河决溢，洪水经由洪泽湖又从决口流溢出去，造成连年灾害。又因黄河挟沙，淮河尾闾不断淤垫，导致湖底日升，湖水日涨，湖堤日高，使得洪泽湖最终形成为了一个"悬湖"，最高水位比下游地平线高出十几米。明万历六年（1578年）三次出任河漕总督的潘季驯上任，认为高堰为两河的关键，只有增筑高堰不使淮水东溃，人工蓄积的淮水方能"尽出清口"，清口及下游不淤，运道才能通畅。继而他又提出增筑直立条石护坡，变一般性防堵为高标准展筑的建议，得到皇上批准。他历尽艰难，最终筑成了高1.23丈、长60里的土堤石工墙，即"高家堰"。"堰堤大有建瓴之势，城郡更出釜底之形"，所以官民盛传"倒了高家堰，淮扬不见面"，足见其重要性。

万历皇帝在此地敕封关羽，而敕封建议又是出自河漕总督潘季驯，这无疑让关公成为名副其实的"漕运之神"。漕运直接关系到国家财政与沿途百姓的民生，所以此事与关羽司职财神有重要关联。

时间：万历二十二年（1594年）

地点：北京

大事：孙丕扬主吏部，转效正阳门关帝签，以掣签方式决定官员铨选。此为后世官员举子及行商坐贾竞相掣取正阳门关帝签之始。

解读：

自万历二十二年开始，朝廷三年一次的铨选，即官员的分配、提拔、调任，都以掣签的方式决定，这无疑是当时正阳门关庙香火鼎盛的重要原因之一，因为这座庙的"关帝灵签"在当时是被皇帝所认同的。因此，赵翼在《陔余丛考》卷三三"神前设签"条中云："明兴，为（关）王立庙京师正阳门外，命签典谒。"①

时间：朝鲜宣祖三十年（1597年）

地点：全罗道康津郡

大事：明军水师提督陈璘在古今岛修建关帝庙。

解读：

当时，"壬辰之乱"爆发，陈璘与朝鲜名将李舜臣率水军驻守古今岛，"于时，关王之灵感于陈公之梦，赖其阴骘，竟树大捷之功"②。他们将屡破日军的功绩归于关王阴骘，因而为关羽建庙。

时间：朝鲜宣祖三十一年（1598年）

地点：汉城

---

① （清）赵翼：《陔余丛考》，中华书局，1963年版，700页。
② 中璨：《陈都督东征纪实》之《关工庙重修记》，见《朝宗岩文献录续集》，转引自孙卫国《试论朝鲜王朝崇祀明朝东征将士之祠庙》，载于《韩国学论文集》2003年第2期。

大事：汉城第一座关王庙（俗称南庙）建成。

解读：

当时，明朝经理朝鲜军务的杨镐为提升远征将士的士气，在得到宣祖的同意后，选定在汉城（今韩国首尔）明军驻屯地附近建造关王庙，负责督建的人为明朝游击将军陈寅。此庙建成不久，正值五月十三，"天朝将官齐会祠下，备呈杂戏，都人饫观"①，此后朝鲜人也都在这天祭祀关公。这次关庙祭典是朝鲜的关公信仰之始。

时间：万历四十二年（1614 年）

地点：北京

大事：敕封天下关庙之神为"三界伏魔大帝神威远镇天尊关圣帝君"，"五帝同尊，万灵受职"。

解读：

这次封帝大典是一件轰动全国的大事。当时关庙已经遍于天下，甚至传到了海外的朝鲜、日本、东南亚、越南等地区，大明上下对关公的崇拜也已到了近乎全民信仰的程度，关公几乎成了无上尊神。

不过，《燕都游览志》云："万历末，特加封'三界伏魔大帝神威远镇天尊'。旨由中出，未尝从词臣拟定也。"也就是说，万历皇帝对关羽的这次加封没有经过礼部（其实，万历皇帝上次加封关羽为"协天大帝"时也没有经过礼部）。况且，这个封号与赐封仪式都太过道教化，并不符合赐谥、祀典的规制，整

---

① 申钦：《象村集》卷十《南关王庙送客有感》，辑录于中国社会科学院历史研究所文化史研究室编《域外所见中国古史研究资料汇编·朝鲜汉籍篇》，西南师范大学出版社，2013 年版，第 1 册。

个事件显得颇为蹊跷。因此，后人对此事有"神宗感梦"说、"圣母传诏"说、"护佑福王"说、"宫中伏魔"说等多种说法。

实际上，在万历四十二年（1614年）前后，中国发生了一系列的天灾人祸，如地震、兵变等，再加上蒙古、女真、倭寇、海盗等外在威胁的加重，以及官员辞职所带来的政权内部的空虚，致使大明政权岌岌可危。这些事才是困顿之中的万历皇帝升关公为伏魔大帝的主要原因。

然而，因为万历皇帝对关羽的加封太过仓促，旨意没有经过礼部，所以在此后很长时间里，在太常寺官祭等国家祀典中，关羽的称号依然是汉前将军。直到天启四年（1624年）礼部奏请之后，官方祭祀中才正式称其为"三界伏魔大帝神威远镇天尊关圣帝君"。

时间：万历四十三年（1615年）

地点：辽宁新宾县

大事：努尔哈赤谋立后金，在此建都，并修建七大庙。赫图阿拉城内城南门里路北偏西之关帝庙，即为其中之一。

解读：

万历四十三年（1615年）三月，即明神宗敕封关羽为"伏魔大帝"的几个月之后，辽东女真族首领努尔哈赤第七次进京朝贡，这也是他最后一次向明朝纳贡称臣。在返回赫图阿拉（今辽宁新宾西老城）以后，努尔哈赤"于城东阜上建佛寺、玉皇庙、十王殿，共七大庙，三年乃成"，其中有一座庙即为关帝庙。

民国六年（1917年）《沈阳县志·祭礼》中记载：

满、蒙则供神板，亦有绣像者，悬黄云帘幔，列香盘四或五，如木主座。说有异同。世谓清太祖请神像于明，明与后土，识者谓为献地之兆。再请，又与观音、伏魔画像，故宗祀之一为朱果发祥女，一为完立妈妈。此列祀五位者之所宗也。

可知努尔哈赤在反明之前曾向明朝廷请神，明朝廷将后土、观音、伏魔（关羽）赐予了他。

对于努尔哈赤而言，既然"识者"认为赐予后土是"献地之兆"，那么赐观音和伏魔岂不是把"人口"（观音有送子的"神职"，因此也代表着人口兴旺）和"军队"也都"献"给他了吗？这无疑会让努尔哈赤产生"天命在身"的使命感。他在赫图阿拉修建七大庙，并为后金政权的第一个年号定名为"天命"，应该就和这种想法有直接的关系。

由此可见，努尔哈赤的关帝信仰来自他急于征服天下的迫切心理。在他的意识里，关帝已经不再是大明朝的守护神，而是"天命所归"的大金政权之"战神"和"军神"了。

时间：崇祯四年（1631年）

地点：北京

大事：明廷举行首次武举殿试，能挥舞百斤关王大刀的王来聘成为明代首位武状元。

解读：

事见《明史·选举二》及《王来聘传》①。

据载，当时在参考举子中能挥舞百斤关王刀只有两个人，王来聘是其中之一，被崇祯皇帝钦定为一甲之首。武榜有状元，自来聘始也。

中国的武举制度创始于唐代，偏重于技勇，考试重点是马上枪法。宋代开始，武举被纳入整个科举体系之中，确定了三

---

① （清）张廷玉等：《明史》，中华书局，1974年版，1708、7923页。

组考试的程序和外场考武艺、内场考策论兵书的考试办法。元代时，武举考试曾一度被废止。

明朝的武举创制于朱元璋称吴王时期，可谓甚早，但开国后却并未实施，因此考试制度也一直没有确定下来。成化十四年（1478年），朝廷以文科为例，设武科乡试、会试。弘治六年（1493年），定武科六年一试，先策略，后弓马，策不中者不准试弓马。后又改为三年一试。直到明朝末年，武举考试中一直没有殿试，即不像文科那样经过皇帝的亲自考核。

崇祯四年，正当大明王朝内忧外患之时。明思宗朱由检"锐意重武"，急需优秀的军事人才，所以在这次武举会试之前，下旨应以考试技艺勇力为主，而不应专取文章优长者。但是，主考官却没有遵旨照办。发榜后，能舞动百余斤的王来聘、徐彦琦榜上无名，议论腾起。崇祯皇帝将考官、监试御史等一大批官员下狱、撤职，令倪元路、方逢年等主持复试。复试后选取百人，依照文榜例，分三甲传胪赐宴。崇祯亲自调阅前三十名试卷，钦定一甲三人，王来聘居一甲第一名，也就是武状元，授副总兵职。

此事件对后世武举制度的沿革和中华武术的发展都产生了一定程度的影响。

一方面，清代继承了这种科举制度，并将关王大刀列为武举考试的重要科目。这种考试共分三场，考试箭法，考试技勇，最后一场考策论武经。所谓技勇，主要测试应考者的膂力，分拉硬弓、舞大刀、拿石礩子三项。其中的舞大刀，用的就是关王大刀。刀分一百二十斤、一百斤、八十斤三种，试刀者应先完成左右闯刀过顶，再完成前后舞花等动作。刀号自选，但需要一次完成。这让挥舞关王大刀成为有意参加武举之人的必练功夫。清代的武会试一共进行了一百一十二次，也就是说一共产生了一百一十二个武状元，还有一百一十二名榜眼和探花，总计武科前三名（鼎甲）是三百三十六名。可想而知，其中有相当一部分是舞关王大刀的高手。

至今，在中国非物质文化遗产名录上还有重刀这个项目，传承人也是将百余斤甚至几百斤的关王大刀在身上盘旋飞舞，做出很多舞花动作，极具挑战性。

另一方面，关王大刀这种武举考试科目的设定也必然会影响到中华武术的发展。

中华武术本就发源于军事战争，在《汉书·艺文志》"兵书"类的"兵技巧"中提到的《手搏》六篇、《剑道》三十八篇、《蒲苴子戈法》四篇"等，都是中国已知最古老的武术著作。因此，在中国历史上，许多著名的武术家也都有参加战争的经历（如形意拳创造者姬际可），甚至本身就是指挥千军万马的统帅（如俞大猷、戚继光、唐顺之等）。关公在军队中的信仰地位本已无可替代，关王大刀的武举制度化更加提高了民间武术对关公信仰的认同，这就催发了一种跨越武林各大门派的武术套路的产生——春秋大刀。

春秋大刀借托关公所传，以"留下偃月写春秋"之意而得名。其武术套路多用劈、砍、撩、挂、斩、抹、截、拦、挑、刺以及舞花等刀法，布局合理，上呼下应，左右逢源，一招一式交代得清清楚楚，干净利落，有"大刀如猛虎"的风格。

至民国时期，少林、武当、峨眉等武林门派，以及太极拳、八卦掌、形意拳、八极拳、查拳、洪拳、弹腿、南拳、通背拳、苌氏拳等武术拳种，都有春秋大刀的套路传世。这种跨越如此多的门派、拳种的套路在中国武术史上是绝无仅有的。

此外，清代武林对春秋大刀的推崇也影响到了戏曲界，比如京剧中的关公戏就吸收了春秋大刀的演练方法。

时间：崇祯五年（1632年）

地点：北京

大事：崇祯皇帝听信徐光启、南怀仁、汤若望等天主教徒之言，将皇宫内包括关帝神像在内的佛、道铜像尽数毁坏熔化。

解读：

了解这段历史需参见多篇文献。刘若愚《酌中志》卷十六载：

（隆德殿）旧名立极宝殿，供三清上帝诸尊神。崇祯五年九月内，将诸像移送朝天等宫。六年四月十五日更名中正殿。

而时任左中允、崇祯侍读的文震孟之子文秉曾在《烈皇小识》中云：

上初年崇奉天主教，上海（即徐光启），教中人也。既入政府，力进天主之说，将宫内俱养诸佛铜像尽行毁碎。

又云：

京师天主教有二西人主之，南怀仁、汤若望也。凡皈依其教者先问："汝家有魔鬼否？有则取以来。"魔鬼即佛也。天主殿前有青石幢一，大石池一，其党取佛像至，即于幢上撞碎佛头及手足，掷弃池中。候聚众多，然后设斋邀诸徒党，架炉鼓火，将诸佛像尽行熔化，率以为常。

可知，崇祯初年，皇城之内已尽成天主教的传道之所，关帝之神位自然也不能在此间保存。在这种思维的引领下，民间天主教徒毁坏关帝像的行为同样屡见不鲜。因此，当时身处民间的许大受就曾愤怒地说：

经传所定五祀、方社、田租等位，《祀典》所载"捍大灾、恤大患、死勤事、老本国"等诸灵爽以上，及吾夫子之圣神，凡从夷者，概指为魔鬼，唾而不顾，以为陷天主之妙诀，必督令弃之厕中。其有龛室者，令舁至本邑戎首之家所私设天主堂内杂烧之，嗟嗟！以大圣大贤、精忠仗义之神明，或受人龛之刑，或受秦火之烈，何惨也！举历代我朝所褒崇之圣哲，即关公为神皇，近年所新加帝号之英灵，而恣意私戕，又何逆也！①

文中既用"人彘之刑""秦火之烈"来形容这次运动，矛头实际上已经指向了宫廷。

此后，朝野上下就有了"天不佑明"的说法，如：

（崇祯十二年）岁底，上于宫中符召天将。宫中每年或召仙，或召将，叩以来岁事，无弗应者。以前一召即至，至是久召不至。良久，帝下临乩，批曰："天将皆已降生人间，无可应者。"上再拜，叩问："天将降生，将欲何为？尚有未降生者否？"乩批曰："惟汉寿亭侯受明深恩，不肯下降。余无在者。"②

一个曾毁佛灭道的大明皇帝还在祈求天将的护佑，而所有的天将却早已降生人间来推翻大明，唯有关羽最讲义气，没有下来，这颇有讽刺意味。很明显，这个故事的作者正是在通过调侃来发泄心中的怨懑之气。

中国历史上也曾有几位帝王毁佛灭道，但在此之前从未有一个皇帝会同时将释、道、儒三教神灵全部唾弃，并公然将所有神像付之一炬，崇祯皇帝朱由检可谓是开了一个先河。

【后金、清】

时间：崇德八年（1643年）

地点：盛京

大事：以沈阳为京城，敕建关庙，赐额"义高千古"。

---

① 徐昌志辑录：《圣朝破邪集》，转引自王志远、康宇：《关公文化学》，中国社会科学出版社，2015年版，264页。按：许大受是浙江湖州府德清县人，其父许孚远万历时期曾任福建巡抚。

② （明）文秉：《烈皇小识》，上海书店，1982年版，173页。

解读：

《钦定盛京通志》卷三三载："盛京关帝庙有三：一在地载门外城西北五里校场，崇德八年敕建……赐额曰'义高千古'……一在天佑门外……一在城北二台子。"除此之外，当时的盛京还有一座比较隐秘的关帝庙，就在皇宫之北，应是爱新觉罗氏的私庙，其创建时间可能比皇宫的建造时间还要早，因为宫墙到这里像是特意拐了一个角度，并在大政殿后的红墙外为庙门留出了一块空地。此庙至今尚存，正处在盛京古城的中心位置，因此也俗称"中心庙"。

时间：顺治元年（1644年）

地点：北京

大事：清政府将地安门外的白马关帝庙定为国家祀典关庙，"岁以五月十三日致祭，由太常寺先期题请，即遣本寺堂官行礼"。

解读：

此事见《皇朝通志》卷四一《礼略六》。

满人的关帝信仰极深。《绝域纪略》（又名《宁古塔志》）中说关外的满人"不知有佛""不祀神"，"惟知关帝"，可知他们的关帝信仰是纯粹而真挚的。可见有清一代关公在国家信仰体系中被推到了主神的位置。

时间：顺治九年（1652年）

地点：北京

大事：敕封关羽为"忠义神武关圣大帝"。

解读：

明代万历皇帝封关公的"协天大帝""三界伏魔大帝神威远镇天尊关圣帝君"等封号类似于道教称呼，不太符合国礼规制。"忠义神武关圣大帝"是以儒法治国的国家信仰体系中的正式封号。

时间：康熙三年、南明永历十八年（1664年）

地点：台南

大事：郑成功的儿子郑经撤离铜山归台湾，明室宗亲宁靖王朱术桂在台南王府内建造关帝庙，庙宇形式仿效福建东山铜陵关帝庙，并亲书"古今一人"匾悬于庙内。

解读：

此为东山铜陵关帝庙分灵过台的最早记录，也是现有资料中台湾开始修建关帝庙的最早记录。

南明永历十五年（1661年），郑成功收复台湾，当时他带来的军士及眷属有3万余人。随后清廷实行沿海迁界，致使不愿内迁的闽南居民大量入台。据连横《台湾通史·户役志》统计，明郑政权治台20多年，岛内的汉族人口迅速增至20万，台湾逐步演化为以闽南人为主体的社会，闽南文化也取代了原住民文化居主导地位。所以，台湾最早有记载的关帝庙也始建于这个时期（1661—1683年）。

时间：雍正三年（1725年）

地点：北京

大事：颁诏比隆孔子仪典，"追封关帝三代俱为公爵，牌位止书追封爵号，不著名氏。于京师白马关帝庙后殿供奉，遣官告祭。其山西解州、河南洛阳冢庙，并各省府州县择庙宇之大者，置主供奉后殿，春秋二次致祭"①。

---

① （清）爱新觉罗·胤禛：《世宗宪皇帝御制文集》，收录于《景印摛藻堂四库全书荟要》第350册，台湾世界书局，1988年版，123页。

解读：

此为关羽晋升为国家主神的开始。

《畿辅通志》中记载，雍正还亲自为国家祀典关庙题写了"忠贯天人"匾额，并御制《敕建关帝庙后殿崇祀三代碑文》，文中言："神之陟降，上下显赫……而著洋洋乎忠义正直之气，充塞于宇宙之间，与日月星辰同其明，与江河山岳同其体。"

时间： 乾隆四十一年（1776 年）

地点： 北京

大事： 颁诏"所有志内关帝之谥，应改为'忠义'。第本传相沿已久，民间所行必广，虑难以更易。着武英殿将此旨刊载传本，用垂久远。其官版及内府陈设书籍，并着改刊，此旨一体增入"。

解读：

一个皇帝公开为一个历史人物在史书中更改谥号，这可能是有史以来唯一的一次。

乾隆对关羽的尊崇，实和他毕生引以为傲的"十全武功"有关。这十全武功是：1. 乾隆十二年（1747 年），平大小金川；2. 乾隆二十年（1755 年），平准部；3. 乾隆二十二年（1757 年），再平准部；4. 乾隆二十四年（1759 年），平回部；5. 乾隆三十四年（1769 年），平缅甸；6. 乾隆四十一年（1776 年），再平大小金川；7. 乾隆五十三年（1788 年），平台湾；8. 乾隆五十四年（1789 年），平越南；9. 乾隆五十六年（1791 年），平尼泊尔；10. 乾隆五十七年（1792 年），再平尼泊尔。

在这些战役中，关公信仰基本都在军队中起到了鼓舞士气的作用，所以大清帝国的将领们在每次战争胜利后，都会在当地创建或重建关帝庙，以示庆贺。这些庙宇至今遍及新疆、西藏、台湾等地区，甚至已延伸至海外。

时间：咸丰四年（1854年）
地点：北京
大事：朝廷颁诏更定关庙祭礼："（原）跪拜礼节，仅行二跪六叩，虽是照中祀例，然满洲旧俗于祭神时俱行九叩礼，嗣后亲诣致祭，亦硃定为三跪九叩礼，用申严恪之诚。"

解读：
至此，在国家信仰体系中，关帝的祭祀规格已经与祭祀孔子全然相同。

时间：光绪六年（1880年）
地点：美国加州
大事：华人移民在美国加州建立了金山华人会馆，该会馆其实就是一座关帝庙，庙额为"威宣海澨"。这是美国最早的关帝庙。

解读：
1851年至1860年间，大约41 000名中国劳工到达美国西部。至1882年，美国华裔劳工的人数达到了37万。如今，美国的华裔居民已超过了三百万，他们在美国各地修建了为数众多的关帝庙，其中面积最大的是位于西南重镇休斯敦的德州关帝庙，其他知名的还有纽约关帝庙、洛杉矶关帝庙和旧金山关帝庙等。

【民国】

时间：民国三年（1914年）
地点：北京

大事：大总统袁世凯颁令："允陆海军部之请，特将关帝及岳王合祀武庙。凡有军人宣誓的大典，均在武庙行礼。"

解读：

为此，伪满文教部总长郑孝胥曾在日记中写道："祀武圣，放假一日；革命后，关岳并祀。党人以满洲为金裔，意在排满，此间犹沿之。"①他认为岳飞是抗金英雄，革命党人认为满人是金人后裔，所以民国北洋政府将岳飞与关羽同祀，是为了排满。但这种观点并不正确。有清一代，岳飞一直在历代帝王庙中配享，也一直是人们心目中的忠义典范，只不过其影响力无法和关羽相提并论而已。民国政府之所以要提高岳飞，实是想和上一个时代划上一条不太清晰的界线，但并不因此就不再尊崇关羽，相反会更加尊崇。

袁世凯当政的民国政府，主要依靠的是"军绅政权"。这种政权的典型特征是"武治"，推行武人干政。袁世凯认为："诚以忠武者，国基所以立，民气所以强。当此民国肇兴，要在尚武。"因此，民国政府对"效忠"与"尚武"表现出特别的偏好。在此前提下，关羽和岳飞的神圣化，就意味着"武治"的神圣化，它可以从文化层面上论证当时北京政权的存在状态和运作机制的合理性。

时间：民国四年（1915年）
地点：高雄
大事：西来庵事件爆发，台湾南部民间宗教领袖余清芳、罗俊、江定等人用关帝信仰团结教众，组织武装起义，驱逐日本侵略者。

---

① 郑孝胥：《郑孝胥日记》，中华书局，1993年版，2450页。

解读：

事见《重修台湾省通志》①。

西来庵事件是日据时期台湾人抗日运动中规模最大的一次武装起义，也是台湾人民第一次结合宗教力量反抗日本统治的重要事件。虽然最终失败，但极大地鼓舞了台湾民众的士气，沉重地打击了日本侵略者的嚣张气焰。

《重修台湾省通志》中说"西来庵系五福大帝鸾堂"，而"鸾堂"②正是盛行于台、闽、粤地区的民间宗教，关帝是所供奉的主神之一；另外，日本政府认定"西来庵事件"与"斋教"③有关，从而开始对这一民间宗教进行严格管控，致使大批斋教教徒转而皈依佛教，而斋教至迟自清代开始就奉关帝为主神，清光绪二十一年六月十一日(1895年8月1日)发生于福建省的"古田教案"就是一场信奉关帝的斋教教众与西方传教士之间的流血冲突事件④。

---

① 宋楚瑜、连战等监修，张丽堂等主修，刘宁颜总纂：《重修台湾省通志·大事志》，台湾省文献委员会，1998年版，279页。
② "鸾堂"是台湾民间信仰中颇为兴盛的宗教流派，又称鸾门、圣堂、圣门、儒门，或称儒宗神教、儒宗圣教、儒宗鸾教等，主张以儒为宗、以神为教，主祀恩主公（即关帝、孚右帝君、司命真君等）。鸾堂最大的特色在于其扶乩阐教的鸾生组织和宗教活动。
③ "斋教"原是由明教演变而来的秘密宗教组织，明清两代主要流传闽、浙、赣、台等省，清代亦有称老官斋教，在古田、屏南的斋教多信奉关帝、观音、佛和祖师。
④ 1892年，刘祥兴、柳阿七在福建古田创立斋会，三年中发展会众三千余人。1895年，刘祥兴等以抗税为号召，酝酿发动起义，被古田英美传教士侦知。英美驻福州领事根据传教士的情报，向闽浙总督边宝泉告警，边宝泉立即派兵前往镇压。刘祥兴被迫提前行动，动员斋会群众把斗争矛头指向告密的外国传教士。8月1日，三百多名斋会会众向古田英美传教士聚居区华山村进发，围攻教会修养院，杀死英国传教士史荦伯夫妇等11人，伤5人，焚房2幢。是为"古田教案"。

台湾学者龚鹏程认为，余清芳义士正是后来流行于海内外的关帝善本《桃园明圣经》的最初作者，他曾说：

> 大正四年（1915年），台南斋教徒余清芳等扶乩，编出《关圣帝君桃园明圣真经》，鼓吹忠义思想。时因中国革命甫获成功，余清芳等人受到鼓舞，遂想运用宗教结合台人驱逐日人。不幸事机外泄，日警通缉余清芳等人。余等逃至台南县玉井，抢夺当地警察派出所武器，并将日人全部杀死。事发后，日人派兵将当地村庄住民烧杀一空，并追捕余清芳等千余人到案，史称"西来庵事件"。事件后，日人对台湾原有宗教即加意防范，且计划以佛教来取代民间信仰。全面调查各地主要庙宇奉祀之神祇、创建由来、信徒、庙产等资料，并发行政命令，规定庙宇的创立、废止，合并须经政府许可。据当时统计，全台湾共有寺庙宗祠等约 11 391 座，内含庙宇 3 312 座；斋堂 172 座；宗祠 120 座；小祠（无人住持者）11 391 座；其中有关帝 132 座，在庙宇中排名第六。其中被毁者有：新竹州 10 座，台中州 2 座，台南州 35 座，高雄州 10 座，总共 57 座，占全省关帝庙总数的百分之四十一强。①

由此可见关帝信仰在"西来庵事件"中的突出地位，以及日本政府对于这种信仰的畏惧程度。此次事件以后，至日本战败，在台湾大部分地区与关帝有关的一切活动均被禁止。

时间：民国十七年（1928年）
地点：南京
大事：以蒋介石为首的南京国民政府废除关岳武庙、孔子

---

① 龚鹏程：《儒学新思》，北京大学出版社，2009年版，408页。

文庙祀典。

解读：

1926年至1928年间，国民党领导的国民政府为争夺统治权而与北洋军阀发动战争，最终于1928年攻克北京。同年，南京国民政府宣布废除关岳庙祀。至此，一种曾在宋元时期唤起汉人的民族意识觉醒，在明代激励军民抵抗倭寇，在清代鼓舞满族、汉族、蒙古族、藏族、壮族等多个民族的人民联合起来痛击侵略者的精神文化，就在那混乱喧闹的民国时代，历史性地告别了国家层面的信仰体系。但需要承认的是，就算在废除关羽祭祀的民国时期，关公文化依然为维护国家的安全和统一起着积极的作用，影响着无数的官兵和爱国人士。

时间： 民国二十二年（1933年）

地点： 北京

大事： 长城战役中的古北口战斗打响。25师师长关麟征将师部设于古北口南门外的关帝庙，率兵痛击日军，初战告捷。

解读：

长城沿线的大小关隘都建有关帝庙，且常在非常显要的位置。古北口自古便为长城要塞，有"京师锁钥"之称，是兵家必争之地。在1933年的长城抗战中，古北口战役成为"激战中之激战"，以战况激烈、战时长、对战局影响极大而成为长城抗战的主战场。广大爱国将士，抱誓死卫国之决心，为民族争生存，同仇敌忾，血洒长城，关帝信仰曾经在此过程中起到过重要作用。

1933年初，日军攻陷山海关，并进犯察哈尔、热河境内长城诸口，华北岌岌可危。25师师长关麟征奉命开赴古北口抗日。到达前线后，关麟征将师部设于古北口南门外的关帝庙。亲临第一线指挥作战，猛烈反击日军。双方短兵相接，战斗惨烈，关麟征被敌人枪弹击伤多处，浑身是血，但他仍然力战不退。

古北口战役是日军自侵略热河以来受到的第一次沉重打击。关麟征因古北口抗战有功，获国民政府颁发的勋章一枚。他和其他伤员住院期间，北平各大学、中学师生前往慰问献花者络绎不绝。《大公报》主笔张季鸾撰写社论《爱国男儿，血洒疆场》以纪其功。

关麟征的妹妹关梧枝曾回忆，古北口大捷后，关麟征写下了一首七言诗："半壁河山狼烟中，烽火照红北地冰。长城之外牧寇马，铁蹄咫尺危古城。大厦将倾于汤火，神州存亡瞬息中。岂肯折膝求苟安，站直抛颅笑颜生。炎黄子孙多傲骨，我今抗日三请缨。"

时间：民国二十七年（1938年）

地点：枣庄

大事：日军入侵中国山东的鲁西南地区，台儿庄战役爆发。在此战役中，守城司令王冠武的186团团部和池峰成的31师作战指挥部皆设在台儿庄关帝庙。

解读：

中国军队在此役中取得了自抗战打响以来的第一次胜利。这次胜利在政治上增强了中国军民的信心，鼓舞了抗日军队的士气，用事实说明了只要众志成城、精诚团结、拼死抵抗、艰苦奋斗，中国人就是不可战胜的。同时，我们应该看到，关帝信仰在彼时的中国军队中依然发挥着重要的精神引领作用。因此，台儿庄关帝庙也被时人誉为扬威不屈之地。

时间：民国二十八年（1939 年）

地点：北京

大事：日伪"华北临时政府"颁令恢复"武庙"祭祀，声言"民国合祀关、岳，未定武庙之称，但为将士忠烈之型，而非兵家韬钤之祖"，故以姜尚为武成王，以"汉关羽"为配祀十二将之一。

解读：

日本人对于中国文化的学习和研究有着久远的历史，对中国国家信仰中兵主蚩尤、武成王吕望、"武圣"关羽的变迁脉络并不陌生。这次日伪政府重整"武庙"的闹剧是所谓"皇民教育"中的重要一环，意在消减关羽在民众心中的地位，从而弱化中国人的血性。不过，这终究只是一场闹剧，此事在当时社会上没有产生多大影响。

【现代】

时间：1969 年

地点：台湾

大事：蒋介石在台湾岛的中心地带重修文武庙，此庙建在南投县鱼池乡日月潭附近，正殿供奉关羽、岳飞，后殿供奉孔子。

解读：

此庙金碧辉煌，美轮美奂，正殿供奉关羽、岳飞，后殿供奉孔子，这种格局为蒋介石亲自设定。而且在施工阶段，蒋介石曾前后七次亲临现场，视察垂询，使得原计划九年建成的项目，仅仅两年就得以完成，可见其重视程度。早在 1928 年，正是蒋介石领导的南京政府废除了祭祀孔子、关、岳的国家祀典，为何在 40 余年后的台湾，他又如此重视文武庙的重建呢？他经历了怎样的心路历程呢？他将该庙修建在台湾的中心地带，又有何深意呢？这些问题目前还没人能够回答，只能留侍后人。不过，1969年5月8日，日本琉球八重山公所在我国钓鱼岛上立起了水泥标柱，宣示所有权，致使台湾再次掀起了反日狂潮，此事件或许和日月潭文武庙的重新修建也有一定关联。

时间：1979年

地点：洛阳

大事：一场暴雨使得佃庄镇关庄村的一座古墓发生了坍塌，考古专家们急忙赶到现场进行抢救性挖掘，但并未发现墓主尸体，仅发现头颅一个。有专家认为，这应该就是关羽的头颅。

解读：

史传关羽被杀后，吴主孙权将其首级献给了正身处洛阳的魏王曹操，曹操命人以檀香木为躯，把他厚葬在洛阳城东南一华里处。

三国时期的曹魏都城洛阳，并非现在的洛阳城，而是在洛阳与偃师市的交界处，被国家定为一级保护单位的汉魏故城。关庄村的位置正在汉魏故城东南一华里处，此与史传相吻合。无奈当时的考古条件与人们的认知水平都很有限，这次挖掘并未产生轰动，相关的研究工作也待继续展开。

时间：1984年

地点：香港

大事：世界关氏宗亲总会成立。

解读：

世界关氏宗亲总会是关氏宗亲的世界性联谊组织，1984年成立于香港，总部设于美国旧金山。该组织每3年举行一届恳亲大会，其目的在于集海外俊彦于一堂，促进宗谊交流，增进团结，共谋宗亲福利，了解各地宗亲会活动情况等。

自唐代以降，有关关羽后人的文献记录就不断增多。清代因为朝廷荫封关羽后人为五经博士、岁贡生、关庙奉祀等，相关资料更是大量出现。康熙年间，曾有王朱旦等从关公家井中发现了圹砖，上面刻有关公祖父母姓名、生卒世系等，轰动一时。现在，仅已发现的《关氏宗谱》就有荆襄、解州、洛阳、九澧等多种，全世界关氏宗亲已过百万，基本都尊豢龙氏、关龙逄、关羽为共祖。

时间：1986 年
地点：北京
大事：年近九旬的京剧红生宗师李洪春携子在吉祥戏院为残疾人义务演出《关云长刮骨疗毒》《古城会》。
解读：

李洪春，京剧名家，红生泰斗，1898 年 5 月 25 日（清光绪二十五年四月初五）生于北京，1990 年 4 月 9 日故于北京，享年 92 岁，祖籍江苏南京，后迁山东武定（今山东海丰县）。他 7 岁入陆华云（著名小生，内廷供奉）主办的"长春科班"学艺，后来为了艺术上的深造又拜武术名家孙文奎为师学习武术，所习"关王十三刀"对他日后的表演有很大影响。

在最初的关公戏中，春秋大刀是用来摆而不是用来舞的。清朝末年，精通通背、形意和八卦的南派艺人王鸿寿将武术中的《春秋刀谱》融入戏曲当中，令春秋大刀在舞台上动了起来，其徒李洪春在继承他大刀的舞台程式后，又结合家传武术，以及其师孙文奎的"关王十三刀"，演化出舞台上别具一格的春秋刀法，令其获得了"红生宗师"的美誉①。

时间：1995 年

地点：福建东山、台湾

大事：东山关帝庙神像从东山港出发，直航抵达台湾，并在台湾全岛巡游达半年之久。

解读：

据当时相关报道，关公像所到之处，台湾各界同胞携老扶幼，夹道恭迎，盛况空前。台湾媒体对此进行了热情洋溢地报道。两岸的经贸、文化、旅游、民间等交流活动，也在关公文化的促动下日渐频繁。

时间：2001 年

地点：河北涿州

大事：中国社会科学院学术交流委员会与世界龙冈亲义总会等组织在河北涿州举办了"中国历史上的关羽学术研讨会"。

---

① 乔冉、李孟嘉：《春秋大刀在李洪春关公戏中的运用》，载于《体育科研》2016 年第 37 卷第 6 期。另：自元代开始，中国的戏曲界创作了为数众多的以关公为主角的戏剧作品。据《元曲选》等资料记载，元代的三国戏共有六十余种，其中有十七种是关公戏，可见其受欢迎的程度。明代中期，关公戏在全国各地越来越受欢迎，这时涌现了一批专门创作关公戏的剧作家，如朱有燉，撰有《关云长义勇辞金》《单刀会》；凌星卿，撰有《关岳交代》《斩貂蝉》等，这些戏被称作"关戏"。到了清代，关戏的数量继续增加。据清人陶君起的统计，当时仅京剧中就有近三十种关戏，如《三结义》《温酒斩华雄》《虎牢关》《斩车胄》《屯土山》《破壁观山》《战延津》等。专门扮演关公的艺人被梨园行称作"红生"，李洪春是代表人物。

解读：

此次研讨会汇集了哲学、文学、历史、政治、宗教、新闻、传播等多学科的专家学者进行讨论，表明关公文化的研究已是一个需要多学科共同关注的课题。

时间： 2010 年

地点： 河南洛阳、台湾

大事： 台湾中华道教关圣帝君弘道协会前往河南省洛阳市，迎请洛阳关林的关圣帝君神像赴台，进行环岛祈福活动。

解读：

为弘扬关公精神，促进海峡两岸文化交流，洛阳关林与台湾中华道教关圣帝君弘道协会、台湾高雄县关帝庙、福建泉州通淮关岳庙等达成共识，洛阳关林"关圣帝君"神像于 6 月赴台，依次进驻台湾 102 座关帝庙，进行为期一年的文化交流活动。

时间： 2012 年

地点： 湖北荆州

大事： "中国荆州（国际）关公文化学高峰论坛"成功举办。

解读：

这次高峰论坛举办于 2012 年 6 月 19—21 日，由湖北省政协主办，荆州市人民政府、荆州市政协承办。该论坛以"展现荆州博大精深的三国文化，再现关公忠义仁勇的精神内涵，表现江汉平原的隽永风情，体现荆州时代精神风貌"为宗旨，以"关公文化与荆州复兴"为主题。来自我国 16 省市自治区和台湾、香港地区，以及美国、日本、韩国、德国、印尼、马来西亚、加拿大等国家的关公文化专家学者、关公后裔共同参加了这次活动。期间同时举行了"壬辰 2012 年关公朝觐大典"。

时间：2013 年

地点：山西运城、台湾

大事：台湾鸿海集团董事长郭台铭赞助台湾中华道教关圣帝君弘道协会，迎奉山西运城关帝祖庙关公像到台湾巡游21天。

解读：

台湾知名人士郭台铭祖籍是山西省晋城市，他笃信关公是众所周知的事。他曾公开表示关公重情重义，是他的信仰。

时间：2015 年

地点：北京

大事：由王志远、康宇合著的《关公文化学》出版。

解读：

《关公文化学》阐明了关公文化与宗教信仰、国家信仰、民间信仰之间的关系，捋顺了关公文化产生、形成、发展与演变的脉络，厘清了关公文化在海内外的传播历史、传播途径以及在传播过程中的变异，从而解析出关公文化与中国传统伦理道德结合之后的意义和作用，是多学科研究关公文化的奠基之作。

时间：2016 年

地点：山西运城

大事："关公故里"山西运城举办第一届关公国际旅游节。

解读：

这次活动吸引了超 4 万海内外关公信众。活动期间，来自俄罗斯、意大利、土耳其、墨西哥等 14 个国家，充满异域风情的表演团队齐聚，助阵此次旅游节。

时间：2016 年

地点：福建东山、台湾

大事：由福建东山关帝庙理事会和台湾中华道教关圣帝君弘道协会联合主办的福建东山关帝庙赴台文化交流活动于 10 月 17 日在高雄开幕。

解读：

此次文化交流活动以"千秋关帝　万世圣源"为主题。关公金身从福建东山起驾，经澎湖入台湾，由南向西往北绕东，环巡全台，并驻驾台南龙崎文衡殿、高雄意诚堂、虎尾顺天宫、台南祀典武庙、台中圣武宫、桃园明伦三圣宫、礁溪协天庙、东照山关帝庙等 22 家关帝庙。活动共历时 77 天。

时间：2020 年

地点：山西运城

大事：关公文化研究院在解州挂牌成立。

解读：

5 月 19 日，关公文化研究院在解州关帝庙挂牌成立，运城市委常委、宣传部部长王志峰，盐湖区委书记李哲为研究院揭牌。关公文化研究院是官方成立的第一家关公文化研究的专业机构。它的成立代表着关公文化在研究、传承和弘扬方面，迈入了新阶段！

时间：2020 年

地点：北京

大事：中国文物保护基金会关公文化保护专项基金在北京成立。

解读：

9月1日，在众多专家、学者和社会各界人士的共同参与下，中国文物保护基金会关公文化保护专项基金在北京香山关帝庙正式成立，马忠学任首届管理委员会主任。该专项基金的宗旨是：在社会主义核心价值观的思想指引下，秉持中国文物保护基金会"文物保护社会参与、保护成果全民共享"的发展理念，资助关公文化的文物保护，开展关公文化的研究与传播，推动关公文化在文物领域的公共文化服务，依靠中国文物保护基金会的大力支持和社会力量的广泛参与，为关公文化在新时代的保护和再利用做出应有贡献。

这是关公文化发展史上的一次盛举，预示着影响中国1800年的关公文化将从此开启新的纪元。

第二章 文化考辨

一、北京关公文化考

关公文化肇始于三国，成熟于唐宋，兴盛于元明清。自元代以来，关羽一直是国家信仰体系中最具有代表性的符号之一。此后的数百年间，北京一直是关公文化的传播中心。

《北京寺庙历史资料》开篇写道："清朝乾隆时期绘制的京城全图中，共标出内外城寺庙1 207处。其中观音庵87处，如果加上供奉观音的白衣庵21处，共108处，居众庙之首。其次是关帝庙88处，真武庙42处，还有天仙庵29处，伏魔庵26处，龙王庙12处。"[①]关羽在明代被封为"三界伏魔大帝神威远震天尊关圣帝君"，因此一些关帝庙也叫"伏魔宫"或"伏魔庵"。如此算来，乾隆时期北京的关帝庙应该有114处，这还不算其他如三义庙等祭祀关帝的庙宇。由此可见当时北京的关帝庙数量之多。

北京的关帝庙大多都有脍炙人口的典故。比如，当年北京内城九个城门的瓮城里都有一座关帝庙，正阳门还有一座观音庙，这些庙大都供着神像，只有东直门供着神位，没有神像，因此留下了"九

[①]《北京寺庙历史资料》编委会：《北京寺庙历史资料》，中国档案出版社，1997年版，1页。

门十个庙，一庙无神道"①的俗谚。西四北大街上的双关帝庙内关羽、岳飞合祀，因为据民间传说，岳飞是忠义神武的关羽转世，所以二人合称"双关帝"，从祀者既有关平、周仓，也有张保、王横；宣武门外有一座关帝庙，庙顶有两只铁鹳，能随风旋转，驱赶鸟雀，为此得名"铁老鹳庙"，所在的地名就叫铁老鹳胡同；武圣路也因有一座关帝庙而得名，庙门口供着一把300多斤的铁质青龙偃月刀，因此也被称作"铁刀庙"；通惠河边龙王庙后面有座关帝庙，原是漕帮所修建，专门保佑运河上讨生活的船夫们，有人说庙里的周仓显过灵、救过人；海淀区的西禅寺全名叫西禅关帝禅林，它既是佛教禅林，同时也是座关帝庙。北京还有座姚彬关帝庙。据说，姚彬是黄巾军将领，相貌酷似关羽，由于其母生病想吃马肉，姚彬就设法盗取赤兔马，事败被擒。关羽得知姚彬是为尽孝而盗马，就将姚彬放了。这个故事正史无载，也不见于《三国演义》，北京人为了宣扬孝道，将此事做成群体塑像放到关帝庙中。塑像中关羽不怒自威，姚彬袒衣赤足被绑于柱上，还有侍将七人及赤兔马在旁，形象十分生动，可惜这组塑像毁于八国联军进京之时。

明清时期，北京只要有驻军的地方都建有关帝庙，像居庸关关帝庙、密云不老泉镇关帝庙、凤凰岭车耳营关帝庙等。特别是清代，因为旗人有"人不离旗"的传统，所以基本一个旗营就会建有一座关帝庙，仅香山一带就有大大小小九座关帝庙。

今天，经过历史的洗礼与城市的变迁，北京还保留有全国

---

① 东直门是在元代崇仁门的基础上改建的，明正统四年（1439年）加修了瓮城。由于原来的地理条件，再加上这里大运河水路交通及陆路交通繁忙，瓮城能占的地方较小，以至关帝庙中仅有关帝的神牌一座，没有塑造高大的神像。于是就有了"一庙无神道"的说法。

重点文物保护单位的关帝庙（关岳庙）1 处①，市级文物保护单位的关帝庙 1 处②，区级文物保护单位关帝庙 22 处③，作为文物登记单位的关帝庙则更多。而且，北京很多的知名文化场所和宗教寺院都有供奉关帝的殿堂，如中国道教协会所在地白云观、北京佛教协会所在地广化寺、著名藏传佛教寺庙雍和宫、京西旅游胜地卧佛寺等。虽然目前还没有单位对此进行过专项统计，但大致算来，北京现有关帝庙、关帝殿的数量绝对不会低于 50 处。

其次，从历史地位而言，北京曾是皇帝祭祀关公的地方，地位之高是无可撼动的。

明清两代的国家祀典关庙在地安门西北，《明史·礼四》中明确记载其为京师九庙之一④。明代大学士商辂曾在《敕修汉寿亭侯庙记》中写道："汉寿亭侯庙在都城西北隅，盖洪武中建。我太祖高皇帝继天立极，事神治民，两尽其诚。而于祀典祠庙，具有著令。"明成祖朱棣曾为这座庙"特颁龙凤黄纻丝旗一面，揭竿竖之，以彰威灵。每岁正旦、冬至及朔望，祭祀香烛等仪，具有恒品。列圣相承，崇奉益严"⑤。

成化十七年（1481 年）明宪宗亲自为京师关庙颁赐祭文，文曰：
惟神天挺英豪，而号万人之敌，理涵麟史，以兴一国之图。⑥

---

① 即位于西城区鼓楼西大街 149 号的民国祀典关岳庙，目前是西藏驻京办事处所在地。
② 即延庆县千家店镇花盆村关帝庙，清嘉庆十四年（1809 年）重修。该庙坐北朝南，两进院落，富有北京北部典型地方特色，是古代农村民间祠庙的重要实例。
③ 参见北京市文物局官方网站，http：//www.bjww.gov.cn。
④（清）张廷玉等：《明史》，中华书局，1974 年版，1305 页。
⑤（明）沈榜：《宛署杂记》，北京古籍出版社，1983 年版，242 页。
⑥（清）兰第锡：《关帝圣迹图志全集》，台湾新文丰出版有限公司，2001 年版，463 页。

明清两朝对这座国家祭祀关帝庙多次修缮，万历、顺治、雍正等皇帝都为其写过御制庙碑。此庙留存至今，现处于北京的中轴路沿线，全庙格局基本完整，只不过建筑残破，已失原貌。

北京人气最高、香火最旺的关帝庙应该是正阳门关帝庙。刘侗、于奕正在《帝京景物略》中曾说：

> 关庙自古今，遍华夷。其祠于京畿也，鼓钟接闻，又岁有增焉，又月有增焉。而独著正阳门庙者，以门于宸居近，左宗庙、右社稷之间，朝廷岁一命祀。万国朝者退必谒，辐辏者至必祈祢也。祀典：岁五月十三日，祭汉前将军关某。先十日，太常寺题，遣本寺堂上官行礼，凡国有大灾，祭告之。①

这说明了这座庙的地位之高。另外，文秉曾在《烈皇小识》中提到，在李自成攻入北京之前，正阳门关庙曾有异象：

> （崇祯十七年）十五日癸卯，日色益晦。正阳门外伏魔庙杵，忽自中劈。又南京孝陵夜哭。

可见，在当时人的意识里，"正阳门外伏魔庙"所代表的就是大明王朝。这可以充分说明北京就是关帝信仰中心的事实。

而且，北京关帝信仰存在时间也非常长，据现有资料显示，最晚应该不会晚于元代，《元史》中曾记录了元世祖忽必烈敬请关羽神的盛况：

> 世祖至元七年……岁正月十五日，宣政院同中书省奏，请先期中书奉旨移文枢密院，八卫拨伞鼓手一百二十人，殿后军甲马五百人，抬舁监坛汉关羽神轿军及杂用五百人。

当时的场面极其宏大：

> 宣政院所辖官寺三百六十所，掌供应佛像、坛面、幢幡、

---

① （明）刘侗、于奕正：《帝京景物略》，北京古籍出版社，1983年版，97页。

宝盖、车鼓、头旗三百六十坛，每坛擎执抬舁二十六人，钹鼓僧一十二人。大都路掌供各色金门大社一百二十队，教坊司云和署掌大乐鼓、板杖鼓、筚篥、龙笛、琵琶、筝、綏七色，凡四百人。兴和署掌伎女杂扮队戏一百五十人，祥和署掌杂把戏男女一百五十人，仪凤司掌汉人、回回、河西三色细乐，每色各三队，凡三百二十四人。凡执役者，皆官给铠甲袍服器仗，俱以鲜丽整齐为尚，珠玉金绣，装束奇巧，首尾排列三十余里。都城士女，间阎聚观。礼部官点视诸色队仗，刑部官巡绰喧闹，枢密院官分守城门，而中书省官一员总督视之。先二日，于西镇国寺迎太子游四门，舁高塑像，具仪仗入城。十四日，帝师率梵僧五百人，于大明殿内建佛事。至十五日，恭请伞盖于御座，奉置宝舆，诸仪卫队仗列于殿前，诸色社直暨诸坛面列于崇天门外，迎引出宫。至庆寿寺，具素食，食罢起行，从西宫门外垣海子南岸，入厚载红门，由东华门过延春门而西。帝及后妃公主，于玉德殿门外，搭金脊吾殿彩楼而观览焉。及诸队仗社直送金伞还宫，复恭置御榻上。帝师僧众作佛事，至十六日罢散。岁以为常，谓之游皇城。①

  在当时能举办如此盛大的活动，应该也只有版图横跨欧亚的元帝国才有这个实力，而活动的核心竟然就是五百人抬着"监坛汉关羽神轿""游皇城"，这完全说明了关羽神在当时国家信仰体系中的地位之高。而这种活动能够"岁以为常"，每年都办，也说明了当时的"皇城"北京就是关羽神信仰的中心。②

  因此，可以肯定的是，从忽必烈时代开始，北京的关公文化就已经存在了。

---

① （明）宋濂等：《元史》，中华书局，1976年版，1926页。
② 据熊梦祥《析津志辑佚·祠庙》记载，元时北京的关庙"南北二城约有廿余处"。

综上所述,无论是从关帝庙的数量来讲,还是从历史地位、存在时间而言,北京都曾是关公文化的传播和发展中心。

二、关濑惊湍考

《三国志·吴书·甘宁传》载:

羽号有三万人,自择选锐士五千人,投县上流十余里浅濑,云欲夜涉渡。肃与诸将议。宁时有三百兵,乃曰:"可复以五百人益吾,吾往对之,保羽闻吾欬唾,不敢涉水,涉水即是吾禽。"肃便选千兵益宁,宁乃夜往。羽闻之,住不渡,而结柴营,今遂名此处为关羽濑。权嘉宁功,拜西陵太守,领阳新、下雉两县。①

这里提到了一个地名——关羽濑②。这条溪流至今尚存,位于湖南省益阳市青龙洲、萝卜洲上游附近,又称"关侯滩",是资江进入洞庭湖的最后一道关险。其河面开阔,沙洲鳞次栉比,卵石满布,水流滔滔,如万马奔腾,向有"惊湍"之说,为"资江十景"之一。

"关羽濑"是历史上第一个以关羽命名的地名,可以说是后世成千上万与关羽有关的地名之滥觞。它能够出现在《三国志》中,是非常不寻常的事,它透露出了一条重要的信息:关公文化在三国时代已经产生。

中国以历史人物命名的地方有很多,以三国人物命名的地方也不少,但这些地名大多形成于人物原型逝世很久以后,其

---

① (晋)陈寿撰,(刘宋)裴松之注:《三国志》,中华书局,2006年版,766页。
② 《说文解字》曰:"濑,水流沙上也。"《论衡》曰:"溪谷之深,流者安洋;浅多沙石,激扬为濑。"

最初记录很少见于这个人物所处时代的史籍之中。在历史上，似乎只有"严陵濑"与"关羽濑"有些类似。《后汉书·逸民传·严光传》曰：

> 除为谏议大夫，不屈，乃耕于富春山，后人名其钓处为严陵濑焉。

《后汉书》虽为东汉正史，却是范晔在南朝刘宋时期所作，距严光所处年代已近四百年，"严陵濑"这个地名并不见得出自东汉时期。而《三国志》的编写时间距关羽逝世不过六十年，在如此短的时间里，以他的名字命名的地名就已经产生，而这个地名又被编入正史，这在中国历史上是绝无仅有的。

初看《三国志·甘宁传》，也许有人会误以为"关羽濑"是用来纪念甘宁的，因为这段记录表现出了甘宁英勇好斗的性格，仅用一千余兵就吓得号称有三万兵的关羽不敢进攻，这种气魄确实令人钦佩。然而，如果我们用地名学来解读这段史料，就会明白"关羽濑"其实就是纪念关羽的，与甘宁无关。

地名学（Toponomastics）是一种近代出现的交叉学科，与地理学、语言学、历史学有天然的、不可分割的联系，是研究地名的由来和地名的词语构成、演变、分布规律、功能以及地名与自然、社会环境之间关系的一门学科。

地名学中有一些基本的概念，如：地名是一种社会文化现象，是人们赋予某一特定空间位置上的自然或人文地理实体的专有名称，具有社会性、时代性、民族性和地域性等特性；地名基本能反映人们的心理状态、风俗习惯和其他的文化特征。最重要的是地名的意义通常就是其字面所表达的含义。

按照这些概念，"关羽濑"这个地名所要表达的意义就是它字面上的含义，也就是说，既然名曰"关羽濑"，那么这个地名自然就是纪念关羽的，如果是为了纪念甘宁，那就应该叫"甘宁濑"。

从文字的表面意思来看，似乎关羽在兵力上有着绝对的优势，但在准备渡江的时候，听说甘宁带领少量军队前来，就不敢渡河了。不过，"羽号有三万人"和"云欲夜涉渡"这两句话却揭示了关羽的真实意图：他并不想渡江，而只是想试探敌情。

所谓"号有三万人"，实际就是不到三万人，如曹操在赤壁大战之时，号称有四十万大军，实际仅十几万人而已。关羽说自己有三万人，只是在运用一种军事震慑的手段。

关羽又放话说要夜晚渡江，但渡江就渡江，为什么先要放出话来？这不是给自己找麻烦吗？因此不难看出，关羽根本就没有想要渡江。他之所以放出话来，就是想看看鲁肃方面的反应而已。因为，首先对方的具体情况还不清楚；其次此时孙刘同盟并未破裂，刘备也没有授意让他开战，所以他没有必要真正展开进攻，既然甘宁立刻带兵赶到，那么试探也就结束了，所以关羽的目的业已达到。在这种情况下，自然不用和甘宁真的打起来，只需就地扎营并等待刘备的下一步指示即可。

但吴人却不这么想，他们认为就是甘宁吓住了关羽。有意思的是，孙权为了嘉奖甘宁的勇猛，竟然拜他为"西陵太守，领阳新、下雉两县"。对敢于和关羽正面交锋之人的奖赏竟然如此丰厚，反倒体现出了孙吴君臣对于关羽的畏惧之情。所以，清人庄士祯就曾写诗为"关羽濑"正名：

夫子昔屯兵，相持水一泓。飞湍如雪涌，触石作雷鸣。
不涉风波险，非惊咳嗽声。甘宁亦何幸，浪得此威名。

其实像这种自夸的言语在《三国志·吴书》中可以说是比比皆是，本不足为奇。只是这条"羽闻之，住不渡，而结柴营，今遂名此处为关羽濑"的记载方式，很容易令人误解，致使后人干脆在关羽濑对面找了一块地方起名曰"甘宁垒"。但这个

地名未像"关羽濑"一样见于"二十四史",它最初出现在北魏郦道元所注的《水经注》之中:

> 又东北过益阳县北,县有关羽濑,所谓关侯滩也。南对甘宁故垒。昔关羽屯军水北,孙权令鲁肃、甘宁拒之于是水。宁谓肃曰:"羽闻吾咳唾之声,不敢渡也,渡则成擒矣。"羽夜闻宁处分,曰:兴霸声也。遂不渡。①

此时距关羽濑成名已有三百年,既云"甘宁故垒",可知"甘宁垒"之称在当时并没有成为地名,最多只是一处景观而已。

今天,与关羽有关的地名已经浩如繁星。据粗略统计,目前国内尚存有"关帝"地名的城市至少有上百个,带有"关公""关王""关庙"等地名的城市各有几十个。另外,我国目前至少有七座关公山,分别在北京市、衢州市、益阳市、茂名市、南充市、泉州市和福州市;五座关帝山,分别在太原市、吕梁市②、温州市和台州市;五座关爷岭,分别在长治市、南阳市、河源市、晋城市和济源市。除此之外,各地还有不可计数的与关羽有关的地名,如卸甲山、捞刀河、回马坡、半边山、勒马山、吊马界、箭头冲、跑马泉、关索岩、关索岭、关灵山等。当然,这些地名的产生时间都比"关羽濑"要晚得多。如此看来,"关羽濑"确实是关公文化产生的一个重要标志。

1962年,湖南当地政府在资水上游建成了柘溪水电站,下游水势稍减,"关羽濑"的水速也相应变缓,但每逢春夏两季水位猛涨之时,"关濑惊湍"的场面依旧壮观,就像明朝"资江十景"的编辑者刘激和蒋道临在诗歌中所表现的那样:

此地云长压重兵,惊飞湍濑至今鸣。乱腾泪鹤喧戈甲,寒

---

① (北魏)郦道元著,陈桥驿校证:《水经注校证》,中华书局,2007年版,889页。
② 吕梁市有两座关帝山,分别在交城县和方城县。

遇流云拥旅旌。

汉贼不忘忠独激，吴山不卷恨难平。乾坤昼夜资江水，长使英雄叹此声。

三、关帝祭日考

中国民间向来有在关帝诞、关帝忌日、关平生日等固定日子里祭祀关公的传统，各地的具体时间虽有些许不同，但大多为五月十三、六月二十四、九月十三、四月八日等。这些日子皆有来历。

对关公祭祀日期的明确记录最早见于蒙古海迷失后时期的大儒郝经所写的《重建庙记》：

夏五月十有三日、秋九月十有三日，则大为祈赛，整仗盛仪，旌甲旗鼓，长刀赤骥，俨如王生。①

这说明至晚在金末元初，北方地区已有五月十三、九月十三祭祀关公的传统。

明代开始，五月十三日成为官方祭祀关公的法定日期。《明史·礼志四》"南京神庙"条载：

关公庙，洪武二十七年建于鸡笼山之阳，称汉前将军寿亭侯。嘉靖十年订其误，改称汉前将军汉寿亭侯。以四孟岁暮，应天府官祭，五月十三日，南京太常寺官祭。②

"京师九庙"条载：

汉寿亭侯关公庙，永乐间建。成化十三年，又奉敕建庙宛

---

① （清）张镇：《解梁关帝志》，山西人民出版社，1992年版，177页。
② （清）张廷玉等：《明史》，中华书局，1974年版，1304页。

平县之东，祭以五月十三日。皆太常寺官祭。①

清代沿袭了这项制度。

民间称五月十三为"关老爷磨刀诞"，传说在这一天关帝会显灵，天会降"磨刀雨"，因此有"大旱不过五月十三"的俗谚。

五月也称仲夏，是夏季的中间一个月，西汉成书的《礼记·月令》对五月的记载是：

是月也，命乐师修鼗鞞鼓，均琴瑟管箫，执干戚戈羽，调竽笙簧，饬钟磬柷敔。命有司为民祈祀山川百源，大雩帝，用盛乐。乃命百县雩祀百辟卿士有益于民者，以祈谷实。农乃登黍。

可见在汉代，五月是各地官民祭祀诸侯（百辟）、卿士之中曾有益于民者的法定时间。所以，在荆楚、吴越之地，人们会在这个时间里祭祀屈原、伍子胥②。同理，五月祭祀关羽也是因为荆州人沿袭了《礼记·月令》的传统。

虽然三国时代的孙吴政权不可能号召民众来祭祀关羽，但既然孙权曾"以诸侯礼葬其尸骸"③，那么在当时的荆州祭祀关羽也应该是合法的。

所以，人们会在五月祭祀关公的原因是五月是祭祀曾有益于民的诸侯、卿士的法定时间，而三国时代的荆州民众认为关羽就是曾有益于民的诸侯。反过来讲，因为汉代在五月还会"祈祀山川百源""大雩帝"（祈雨）、"以祈谷实""农乃登黍"，关公遂逐渐成为"邦之兴废，岁之丰荒，于是乎系"④的重要地方

---

① （清）张廷玉等：《明史》，中华书局，1974年版，1305页。
② 三国时期邯郸淳所作《曹娥碑》有"汉安二年五月五日，迎伍君"之句。
③ （晋）陈寿撰，（刘宋）裴松之注：《三国志》，中华书局，2006年版，562页。
④ （唐）董侹：《荆南节度使江陵尹裴公重修玉泉关庙记》，辑录于董诰等编《全唐文》，中华书局，1983年版，7001页。

神灵。

九月是秋季的最后一个月，正是古人"祭厉"的时节，九月十三祭祀关公应该和这种习俗有关。

祭厉，即是"祭享无祀鬼神之礼"。古人以为人死无祀，其鬼无依，则为虐于人，称为厉鬼，故祀之。意俾有血食，以安其类、弭其害，称为祭厉。周已有之，据《礼记·祭法》，天子所祭乃天下之厉，称为泰厉，属天子七祀之一。诸侯所祭为一国之厉，称为公厉，属诸侯五祀之一。大夫所祭为一家之厉，称为族厉，属大夫三祀之一。至汉时，民家皆秋祀厉。唐制七祀，其一为秋行祀厉。宋因之。

通俗地讲，"厉"就是指横死、冤死、战死等非正常死亡的鬼魂。从这个意义上说，关羽完全符合这些条件。"厉"又指绝嗣之鬼。裴松之注《三国志》时曾引《蜀记》曰："庞德子会，随锺、邓伐蜀，蜀破，尽灭关氏家。"①这就是说关羽已经绝嗣，从这一点来说，他也会被人认为是"厉"。《通典》载："人家祀山、神、门、户。山即厉也。"可见"厉"又通"山"，关羽死后葬于玉泉山，并成为玉泉山神，这也和"厉"产生了关联。再者，"厉"也通"疫"，《三国志·吴主传》记载："十二月，璋司马马忠获羽及其子平、都督赵累等于章乡，遂定荆州。是岁大疫，尽除荆州民租税。"②也就是说，在关羽死后，荆州立刻就出现了严重的疫情，不排除当时会有人认为这场瘟疫是关羽死后化成的"厉鬼"所带来的可能。

---

① （晋）陈寿撰，（刘宋）裴松之注：《三国志》，中华书局，2006年版，562页。按：《蜀记》所述仅为一家之言。自唐代开始，关于关羽后代的记载就不绝于史。
② （晋）陈寿撰，（刘宋）裴松之注：《三国志》，中华书局，2006年版，665页。

不过，民众"祭厉"的目的都是非常明确的，那就是希望厉鬼能够尽快离开，而不是将其奉为守护神，让其永远留下来，所以民间祭厉的方式多为"驱厉"。从这种普遍心理来看，关公在当时荆州人的心中并不只是"厉"，还是像《礼记·月令》所说的那种有益于民的诸侯。因此，关公应该很快就从"受祭者"的身份转变成为驱厉祛病的神灵了。也正因此，在明代以后，九月十三祭祀关公的习俗并没有进入官方的视野。

除了五月十三之外，在民间流传最广的关帝祭日还是农历的六月二十四。

元代胡琦的《显烈庙记》云：

荆楚之人相传以显烈（关羽）六月二十四日生，昭贶（关平）五月十三日生。虽传记不载，然相传如此。是日朝拜祭赛者，远近辐凑。①

清康熙十七年（1678年），解州州守王朱旦声称自己在浚修古井时发掘出关羽的墓砖，砖上刻有关羽祖、父两世的表字、生卒年月等，还提到关羽的家庭状况，因而写了《前将军关壮穆侯祖墓碑铭》。依碑铭所记，关羽是生于"桓帝延熹三年六月二十四日"，这应该是附庸胡琦的说法。

这个关帝忌日在元代以前的文献资料中没有记载。在宋代，六月二十四其实是二郎神的生日。南宋孟元老的《东京梦华录》中说：

（六月）二十四日，州西灌口二郎生日，最为繁盛。庙在万胜门外一里许，敕赐神保观。二十三日，御前献送后苑作与书艺局等处制造戏玩。如球杖、弹弓、弋射之具、鞍辔、衔勒、

---

① （明）李侃等：《成化山西通志》，《四库全书存目丛书》本，转引自王志远、康宇《关公文化学》，中国社会科学出版社，2015年版，327页。

樊笼之类，悉皆精巧。作乐迎引至庙，于殿前露台上设乐棚，教坊钧容直作乐，更互杂剧舞旋。太官局供食，连夜二十四盏，各有节次。至二十四日，夜五更争烧头炉香，有在庙止宿，夜半起以争先者。天晓，诸司及诸行百姓献送甚多。其社火呈于露台之上，所献之物，动以万数。自早呈拽百戏，如上竿、跃弄、跳索、相扑、鼓板、小唱、斗鸡、说浑话、杂扮、商谜、合笙、乔筋骨、乔相扑、浪子、杂剧、叫果子、学像生、倬刀、装鬼、砑鼓、牌棒、道术之类，色色有之，至暮呈拽不尽。殿前两幡竿，高数十丈。左则京城所，右则修内司，搭材分占上竿呈艺解，或竿尖立横不列于其上。装神鬼、吐烟火，甚危险骇人，至夕而罢。①

这里所描写的情景颇像后世的"关帝磨刀诞"，两者之间应存在一定的关系。此外，六月二十四日也是"雷神"的显现之日。

雷神崇拜起源于古代先民对于雷电的自然崇拜，是人类的一种普遍信仰，希腊神话中的最高天神宙斯其实就是雷神，他的武器就是"雷霆"（thunderbolt）。古人对于气候变化没有科学的认识，当看到晴朗的天空突然乌云密布，雷声隆隆，电光闪闪，时而击毁树木，击丧人畜，就认为是天上的神灵发怒，进而产生恐惧之感，并对"雷神"加以膜拜。另外，因有雷之时大多有雨，所以农耕民族的先民们也会因祈雨而祭祀雷神。

雷神信仰产生的时间要比二郎神信仰早得多，如《山海经·海内东经》就有雷神的记载："雷泽中有雷神，龙身而人头，鼓其腹。在吴西。"《明史·礼志四》记载，弘治元年（1488年）尚书周洪谟等曾言："雷声普化天尊者，道家以为总司五雷，又

---

① （宋）孟元老撰，姜汉椿译注：《东京梦华录全译》，贵州人民出版社，2009年版，148页。

以六月二十四日为天尊现示之日，故岁以是日遣官诣显灵宫致祭。"①可见二郎神的生日确实就是雷神的祭祀之日。

雷神在道教之中的地位非常高，被尊称为"雷祖"，也是"九天应元雷声普化天尊"。据《无上九霄玉清大梵紫微玄都雷霆玉经》称，雷祖是浮黎元始天尊第九子玉清真王的化身。《灵宝领教济度金书》称："尊属九天之上，综司五雷（天雷、地雷、水雷、神雷、社雷），应化九天，总管雷霆都府，辖及二院（五雷院、驱邪院）、三司（万神雷司、雷霆都司、雷霆部司）。"

道教正一派，向来崇尚施行雷法，又注重"及物之功"，所以在正一派崛起的北宋时期，雷神的功能已不限于施雨，而是扩大到了主天之祸福，持物之权衡，掌物掌人，司生司杀之能。《九天应元雷声普化天尊玉枢宝经》就称，雷神要对"不忠君王，不孝父母，不敬师长"者，付"五雷斩勘之司"，"先斩其神，后勘其形，以致勘形震尸，使之崩裂"。

在《太上大圣朗灵上将护国妙经》中，关羽已是"雷霆行符伐恶招讨大使、三十六雷总管""司雷部霹雳""掣电轰雷、腾云致雨、鸣锣击鼓、发号施令将军"，《道法会元·地祇馘魔关元帅秘法》说关羽是"雷部斩邪使，兴风拔云上将"，可知道教也已将关羽奉为雷部正神之一。值得注意的是，在《酆都朗灵关元帅秘法》中，清源真君赵昱是关公的副将，而这位清源真君其实就是二郎神，如元杂剧《二郎神醉射锁魔镜》《二郎神锁齐天大圣》《灌口二郎斩蛟》等所演的二郎神都是赵昱。

《太上大圣朗灵上将护国妙经》与《道法会元·地祇馘魔关元帅秘法》等经文皆产生于元代，与胡琦生活的年代相近。

不过，六月二十四日一直没有得到官方祀典的承认。在明、

---

① （清）张廷玉等：《明史》，中华书局，1974年版，1307页。

清两代，朝廷一直坚持五月十三日祭祀关公的传统，六月二十四日依然是雷神的祭祀日。但在民间祭祀中，人们祭祀关公的日期曾在五月十三和六月二十四之间摇摆不定。

如民国三年（1914年）山东《庆云县志》载：

岁时民俗：（六月）二十四日赛关帝。

民国十九年（1930年）《龙山县志》则说：

岁时民俗：（五月）十三日，俗传关帝神诞，乡人结会祀神，谓之做关帝案。（六月）廿四日，紫阁祀关帝。谨按：知解州王朱旦碑记载，帝王生于桓帝延禧（熹）三年庚子六月二十四日，于汉灵帝光和五年戊午五月十三日生子平。今俗所传五月十三诞者乃平诞，非帝诞也。近紫阁改期致祭，甚是。

可知胡琦、王朱旦之说在民间影响之深。

今天，在华南的广西、贵州、广东、福建等地，有些关帝庙中就供奉着雷神，而一些雷神庙里也供奉关公。在四川梓潼一带，有"关公扫荡"或"二郎神扫荡"等傩戏习俗存在。而且，六月二十四日还是彝族最盛大的节日"火把节"，彝族人在这一天也会祭祀竹王、关公、雷神①，并且会跳一种神秘的"傩舞"，名为"大刀舞"，道具也与青龙偃月刀极为相似。

此外，民间还有四月初八祭祀关羽的习俗。清嘉庆版《关帝圣迹图志全集》记载：

每岁四月八日，传帝于是日受封，远近男女，皆刲击羊豕，伐鼓啸旗，俳优巫觋，舞燕娱悦。秦、晋、燕、齐、汴、卫之人肩毂击，相与试枪棒、校拳勇，倾动半天下。

四月初八也是西南少数民族祭祀英雄的日子，是贵州、广西、湘西等地的苗、布依、侗、瑶、壮、彝、土家、仡佬等少

---

① 红脸关公傩神在彝族被称作仓颉司，象征大地。

数民族共有的传统节日。各地各族的节日内容虽不尽相同，但规模都比较大。比如对于苗族来说这一天就是祭祖节、英雄节、联欢节。据苗族人说，他们纪念的人叫"亚努"，是个民族英雄，而这个祭祀传统已经延续了几千年。

"亚努"的真实身份，现在还不好确定，但在汉代，四月就是官方祭祀蚩尤的时间。如《春秋繁露·求雨》载：

夏求雨。令悬邑以水日，家人祀灶……其神尤，祭之以赤雄鸡七，玄酒，具清酒、膊脯。祝齐三日，服赤衣，拜跪陈祝如春辞。

蚩尤是西南多个民族公认的英雄祖先，而这些民族同样保留着关公信仰，古老的风俗使得他们在每年的正月初一、四月初八、五月十三、六月二十四或其他既定时间祭祀关公，届时各村各寨都会举行盛大的活动。实际上，蚩尤信仰和关公信仰之间本身就存在历时性传承关系。

四月八日又是"佛生日""浴佛节"，《东京梦华录》载：

四月八日佛生日。十大禅院各有浴佛斋会，煎香药糖水相遗，名曰"浴佛水"。①

可见，四月八日是汉地群众继承了少数民族祭祀英雄的传统，并通过佛教的普及而发展起来的一个关帝祭日。

除以上四个祭祀关帝的日期之外，中国和海外还有正月初一、正月初八、正月十三、正月十五、四月初四、五月初五、五月十八、五月二十三、六月二十二、六月二十三、八月十五②、九月初九、九月十三、十月初一、十月十一以及各种黄道吉日

---

① （宋）孟元老撰，姜汉椿译注：《东京梦华录全译》，贵州人民出版社，2009年版，145页。
② 韩国有中秋节祭祀关公的习俗。

祭祀关公的习俗，查其原因，多和当地的历史事件、信仰习惯、民族传说有关。

四、关帝形象考

中国人对关公的形象都有共识：面如重枣，五缕长髯，丹凤眼，卧蚕眉，相貌堂堂，威风凛凛，手仗青龙偃月刀，胯下追风赤兔马。

不过正史《三国志》却没有过多介绍关公的外貌，只说诸葛亮在给关羽写的信中，称马超"未及髯之绝伦逸群也"，下面补充道："羽美须髯，故亮谓之髯。"如此仅知关公确是美髯公，其他诸如肤色、身高、武器、坐骑等都没有任何记载。

其实，今天流行于民间的关公形象是关公文化长时间发展的结果，带有很强的文化象征意味，蕴含着大量的传统文化元素。

比如，关公的脸之所以是红色的，就和中国人的祖神崇拜以及五行轮回观念有关。

红色会让人联想到火，对火的崇拜是人类最古老的信仰之一。中国上古时代的燧人、炎帝、祝融等部族都崇拜火，而在关公文化发源地的荆楚地区的先民们就自认是炎帝、祝融的后裔。

炎帝文化是荆楚文化的肇端，和荆楚文化是"源"与"流"的关系，这在诸多学术著作中都有体现。而祝融与楚人的关系更是有史可查，据《国语·郑语》载：

> 周太史伯曰：祝融亦能昭显天地之光明，以生柔嘉材者也，其后八姓于周未有侯伯……斟姓无后。融之兴者，其在芈姓乎？……蛮芈蛮矣，唯荆实有昭德，若周衰，其必兴矣。

明确地指出楚王族的芈姓就是"祝融八姓"之一，可知关公文化产生于荆楚并非偶然。

还有，苗族奉蚩尤为先祖，蚩尤和炎帝之间又有着传承关系，如南宋罗泌《路史·后纪四》载："蚩尤姜姓，炎帝后裔也。"在苗族传说中，关公就是火德星君下凡。在今天被视为炎帝、祝融、蚩尤的后裔（西南少数民族）中，也都有关帝信仰存在，这其实也并不是偶然的。

这也说明，楚人与西南少数民族中的关公崇拜现象的核心也许内涵就是祖先崇拜。

另一方面，自从邹衍的"五行转运说"在战国发端以后，就长时间地影响着中国社会。从西汉开始，以金、木、水、火、土五行相生相克的原理来解释朝代更替的说法，被各个朝代的统治者争相利用，以表示其治理天下的正统性。关羽所效忠的汉政权就是以"火德"居天下的，后来的宋、明两朝也皆以"火德"自居，而关公恰恰就代表"火德"。这也可以解释为什么关公文化会在宋代开始兴盛，而在明代得到迅猛发展。

以上就是关公红脸的主要原因。至于美髯、凤目、青龙刀、赤兔马等特征，体现的则是关公"龙威凤德"的天神气概。

龙，是中国人最为崇拜的神异动物，象征着刚健、雄浑的神秘威力；凤，是中国神话传说中的百鸟之王，能在火中再生，象征着仁慈、礼义等道德品格。在中国古代的民间观念中，关公实际上就是龙血化生的。明徐道《历代神仙通鉴》云：

（汉）桓帝时，河东连年大旱。蒲坂居民闻雷首山泽中有一尊龙神，相传亢旱求之极灵，集众往跪泣告。老龙悯众心切，是夜遂兴云雾，吸黄河水施降。上帝方恶此方尚华靡，暴殄天物，当灾旱以彰罪谴。而老龙不秉上命，遽取封水救济过民，上帝令天曹以法剑斩之，掷头于地，以警人民。蒲东解县有僧普静,见性明心,结庐于常平溪侧。闻空中雷电,在白藤床上,晨出视之,溪边有一龙首,即提至庐中,置合缸内,为诵经咒。九日,忽闻缸中有声,启视已无一物,而溪东有呱呱声,发自关道远家……(延熹三年)六月十五日,忽快雨如驶,一黑龙现于村,绕道远之庭,有顷不见。夫人淹芳方娠,至二十四日产一子……后自名羽,字云长。

而且,每年五月十三关公的祭祀之日也是龙的生日。北宋时期范致明所著《岳阳风土记》记载:"五月十三日,谓之龙生日。"①岳阳地区三国时期属荆州管辖,在历史沿革过程中一直处于关公文化兴盛地带之中。可见,"关公是龙神"的观念应产生甚早。

随着这种观念的普及,关公的体貌特征和装备、坐骑也被人们神化为龙,比如他最明显的特征"美髯",明人薛朝选就曾在《异识资谐》中说:

关云长美髭髯,内有一须尤长,二尺余。色如漆,索而口。常自震动,必有大征战。公在襄阳时,夜梦一青衣神,辞曰:"我乌龙也。久附君身,以壮威武。今君事去矣,我将先往。"语毕,化为乌龙,驾云而去。公寤而怪之。至夜,公走麦城,与吴兵对。天曙,将须,失其长者。公始悟前梦辞去者是须也。

赤兔马也是"龙种"。在明嘉靖壬午(1522年)本《三国志通俗演义》卷一《吕布刺杀丁建阳》的描写中,这匹马是:

浑身上下,火炭般赤,无半根杂毛;从头至尾长一丈;从蹄至项鬃高八尺;嘶喊咆哮,有腾空入海之状。

而《周礼·夏官·廋人》曰:"马八尺以上为龙。"此马既

---

① (北宋)范致明:《岳阳风土记》,转引自李道和《炎帝与关公的历时性传承》,载于《民族艺术研究》2005年第3期。

"从头至尾长一丈",自当为"龙种"。

青龙偃月刀则是在名字里明确地表现出了"龙"。这种兵器未见于正史,从《三国志·关羽传》"羽望见良麾盖,策马刺良于万众之中"的"刺"字来看,关羽也许用的是矛、槊、戟之类的武器。不过,南北朝时期的道士陶弘景在《古今刀剑录》中说:

> 关羽为先主所重,不惜身命,自采都山铁为二刀,铭曰"万人敌"。及羽败,羽惜刀,投之水中。

可见在当时流行的传闻中,关羽的确曾有两把宝刀。但这绝不是后人所说的青龙偃月刀,因为长柄大刀的形制直到宋代才开始见于史料。

宋绍定四年(1231年)版的《武经总要》前集卷十三中记有"掩月刀",其形制与"青龙偃月刀"相似。

到了明清时期,"关王偃月刀"已成为刀中的至尊,万历年间出版的《三才图会·器用》中言道:

> 关王偃月刀:刀势即大,其三十六刀法,兵仗遇之,无不屈着。刀类中以此为第一。

而在大多民间传说中,这把刀就是青龙所化,在锻炼它时天空曾出现异象,如张志德等学者集录的《关公的传说》中就有如下描写:

> 炼到最后一火时,已是午夜时分。忽然炉中射出一道雪亮的光,似一把利剑刺入苍穹,照得天空如同白昼一般。众工匠急忙躲开,不知是何缘故。正在惊愕之际,忽听空中"咔嚓"一声巨响,一条青龙落入炉中,白光也没有了。当工匠们跑到炉前看时,大刀没有炸,抽出一看,殷红的血沾满了刀刃,恰如淬火一般。一把宝刀打成了。因有青龙入炉,大刀形如仰面

躺着的月亮，故将这把宝刀叫作"青龙偃月刀"。①

民间的这类传说为数不少，其实都是在强调关公与龙之间的关系。龙是众所周知的威猛力量的象征，通过这些文字或口头文学的渲染，关公信仰的影响力也就会愈加彰显。

不过，在中国传统社会中，威猛的人并不一定就会得到大多数人的尊敬，就像同为蜀汉政权的张飞、马超等人也非常威猛，却并没有得到关羽这样的影响力，原因是中国人更崇拜道德高尚之人，正如《三国志通俗演义》中所说：

关公在生之时，敬重士大夫，抚恤下人，有互相殴骂者，告于公前，公以酒和之。后人争闹，不忍告理，常曰："恐犯爷爷也！"时人为此，不忍繁渎焉。故自古迄今，皆称曰"关爷爷"也。张益德平素性躁，虽敬上士，而不恤下人。凡有士卒争斗者，告于益德前，不问屈直，并皆杀之。后人因此不敢告理，但恐斩之。所以关公为人，民不忍犯；益德为人，民不敢犯：其贵重如此也。

所以，关公的形象特征中就必不可少要有道德元素，这就是"凤目"。

《全相三国志平话》中说关公是"生得神眉凤目"。"神眉"是何眉形，目前无考"凤目"即眼睛细长、眼尾上翘的一种眼型，又称为"凤眼""丹凤眼"。据中国古代民间相术看来，凤眼是具有非凡德行的标志，也是大贵之相。

刘备在《三国志平话》中本来也是"生得龙准凤目"，但到了《三国志通俗演义》中，凤目已成了关公的"专利"。

《尚书·益稷》中云："箫韶九成，凤皇来仪。"金文《中鼎》

---

① 张志德、王成祖、郭学敏：《关公的传说》，山西人民出版社，1986年版，37页。

有"归生凤王"之铭辞。司马迁《史记·五帝本纪》云："于是禹乃兴九韶之乐，致异物，凤皇来翔。"这些文献资料都在强调"凤"就是"德"的代表，所以关公的"凤目"实际上也是其品德的外在表现。

综上所述，作为中国影响时间最长、影响范围最广的英雄主义文化，关公文化被赋予了众多的思想内涵，关公形象也代表了太多的文化意义，其中既包含人们对祖先的崇敬，也包含着人们对勇敢（威猛）、善良（仁德）等观念的理解，还体现了人们对朝代兴替的较为率真的理解。因此简而言之，关公形象其实就是"祖神崇拜""五行学说"与"龙威凤德"等文化概念的组合。

五、关羽傩神考

现在民间祭祀关公多在农历五月十三日，而在汉魏两晋时期，五月又被称为"恶月"。

南朝梁宗懔曾在《荆楚岁时记》中言："五月俗称恶月，多禁。忌曝床荐席，及忌盖屋。""五月五日，四民并蹋百草，又有斗百草之戏。采艾以为人，悬门户上，以禳毒气。""以五色丝系臂，名曰辟兵，令人不病瘟。"东汉应劭的《风俗通义》中也有"五月盖屋，令人头秃""五月到官，至免不迁"之说。所以，五月又是驱鬼、逐疫的日子。在这样的日子里，古人通常会举行一种名为"傩礼"①的活动。

---

① "傩"是中国传统文化中多元宗教、多种民俗和多种艺术相融合的文化形态。这种文化其表层目的是驱鬼逐疫、除灾呈祥，而内涵则是人们希望通过各种仪式活动满足人们对阴阳调和、风调雨顺、五谷丰登、人寿年丰、国富民强或天下太平的祈盼心理。

"傩礼"即为迎神赛会，它的形成时间可追溯到人类的文明之初，是一种神秘而古老的原始祭礼。《论语·乡党》中就曾有"乡傩"的记述："乡人傩，朝服而立于阼阶。"《周礼·夏官》言：

> 方相氏。掌蒙熊皮，黄金四目，玄衣朱裳，执戈扬盾，帅百隶而时难，以索室驱疫；大丧，先柩，及墓，入圹，以戈击四隅，驱方良（魍魉）。

这里所说的方相氏就是最早的"傩神"，后来他在民俗中的地位逐渐下降，被贬成了出殡队伍中开路的纸人，俗称为"显道神"，而关公却逐渐替代了他的"职位"，成为影响时间最长、覆盖范围最广的傩神。

从《周礼·夏官》所描述的情景来看，傩礼就是一场大鬼驱逐小鬼的活动。关公生前之武功气概威震华夏，可称得上是三国时期的第一勇将，在当时的民间观念中，他死后自当成为鬼雄。因此，人们以关公为傩神，也就是再自然不过之事了。

在重庆的酉阳土家族苗族自治县，至今保留着一种古老的傩戏剧种，名为"酉阳阳戏"。每逢村民婚丧嫁娶、生朝满日，酉阳的土家族、苗族村民们都会请戏班子到家里唱上一场。每年的正月，戏班还要在主事家的堂屋，从正月初二唱到正月十五。在这几天，村民们会络绎不绝地提着香烛纸钱和好酒好肉到主事家，一同看戏，庆贺新年。但在看戏之前，人们都要完成一个重要的仪式，那就是给关老爷（关羽）拜年许愿。此后无论过了多长时间，只要村民许的愿一旦兑现，还愿者就会把戏班子请到家中继续唱上三天。据当地人说，这种习俗已有上千年的历史。

在唱阳戏之前，坛主（戏班的班主）会先进屋开坛，然后村民们把关老爷的木面具供奉在堂屋正上方，这叫"迎接关夫子进屋"，服侍关老爷的人必须是寨子里的一名壮年男子，该男子要净手、上香、倒酒、烧纸，再把事先准备好的三碗饭、三杯酒、三双筷子放在关羽的面具前。准备停当之后，坛主先杀鸡敬神，再烧香点烛祭天，三叩九拜之后，即高诵数百字的"开箱词"。随后坛主打开箱子，取出帅旗、刀剑和面具，再将关老爷的面具供奉在神龛之上。如此一番之后，戏班才开始唱戏。

在 21 世纪初期，戏班到村民家唱戏每人每天的费用是 30 元包吃住，一个戏班子到村民家唱一台戏，进出三天，加上供奉关老爷的酒肉香烛等费用，差不多要两三千元。因此，村民请戏班唱一场戏在寨子里也算一件大事。对于他们来说，这既是一种体面，更是一种心灵上的慰藉。

据当地文化部门考证，酉阳阳戏是地道的土家族傩戏，早先叫"扬花柳"，后经艺人的加工改造，才形成现在这种地方剧种。从戏班和村民对关老爷的这种尊重态度来看，关羽俨然就是这种傩戏的"傩神"。

在我国西南地区的一些农村，人们还会举行名为"关公扫荡"的活动，就是在举行驱傩仪式的时候，从关帝庙里抬出关公像，在田野、村寨中游行，以借关公之威驱邪纳吉，祈雨除灾，保佑一方平安。届时，当地的群众会在村前村后设坛迎送，气氛热烈而隆重。

实际上，在今湖北、湖南、四川、重庆、云南、贵州、广西、河南、安徽、江西等地各族人民的"傩戏"活动中，关公都是"傩神"。在这些活动中，人们都会首先进行一套烦琐而又庄重的"请神"仪式，所请的神灵各地稍有不同，但基本都有关公。然后才会开始傩戏的表演，所演曲目也各有殊异，但基本都有关公的典故或传说，整个表演过程也是在一种神秘严肃的气氛下进行的。最后，人们还将举行同样烦琐的"送神"仪式，活动才算结束。这种活动的周期一般会延续很多天，基本全村、全寨的男女老少都会参加，而且每年都会举办很多次。

元代郝经在《重建庙记》中所说的"关王赛会"，其情景是"整仗盛仪，旌甲旗鼓，长刀赤骥，俨如王生"。这实际上就是一场规模较大的傩戏。可见，关公的最初神格实为"傩神"。

目前，在以傩礼来祭祀关公的民间活动中，最有特色的当属云南省楚雄彝族自治州禄丰县高峰乡的"大刀舞"。

高峰乡的人口由彝、汉、苗、白四个民族组成，其中以彝族人口最多。每年的农历六月二十四至二十七日是彝族最盛大的节日——火把节，因为这里的火把节还保持着原始的风貌，所以被学界称为"最正宗的彝族火把节"。

在这个节日里，高峰乡人会举行祭祖、开光、祭天、耍火把、扫邪驱魔、送火把等各种民俗活动，并会跳起一种传统的舞蹈，即"大刀舞"。这是一种集巫、武、舞、刀法、精神力量为一体的祭祀傩舞，以两军对阵厮杀抢占城池为情景表现的主线，以唢呐、锣鼓、大号为伴奏，曲调激昂向上、节奏性强。其表演过程变化多样，有圆阵围圈耍刀，有方阵对阵，有两人相互对杀，场面非常壮观。

这种大刀舞的道具就是"青龙偃月刀"，主要动作有抛刀跺地晃手、踢刀上臂抹刀、左右算刀弓步、上部跪蹲挑刀、刀步背刀招手、刀步翻转、刀花等，与中原武林所流传的"春秋大刀"刀法极为相似。而且，高峰乡火把节"祭天"仪式的最后一个步骤，就是回村祭祀关公。

最令人瞩目的是，在高峰乡火把节活动的主要过程中，一直有三个不同颜色的傩面具被人们簇拥着，贯穿在全部活动过程之中，基本上是火把节和大刀舞的主体。这三位傩神在彝语中的名字分别为庚英颇、伧司颇、艾目灵，其中：庚英颇黑脸、三目、面目狰狞；伧司颇红脸、多须、不怒自威；艾目灵白脸、清秀、笑容可掬。

对于这三位傩神的身份，学者们一直众说纷纭，当地大部分汉族、彝族群众认为：黑脸庚英颇是孟获、红脸伧司颇是关羽、白脸艾目灵是诸葛亮。

而且，六月二十四日在彝族为火把节，但这一天却也是汉人习俗中关公的诞辰。

如此种种问题，一直令人费解。有学者认为，大刀舞中大刀的起源是："由于高峰乡是古代贩盐的必经之地，盐商每天都经过彝族村寨，于是在不知不觉中把关羽的大刀套路传播进来，启发了彝族先民借用'关刀'取代棍棒，演变为今天表演彝族大刀舞所用的大刀。"①但还是没有说明伧司颇为什么是关羽，也没有解释为何祭祀关帝会成为彝人祭天仪式的重要环节。

也许一些彝族耆老所说的更能让人得到启发，他们认为黑脸代表天、红脸代表地、白脸代表人，在彝族语言中庚英颇、伧司颇、艾目灵的发音也与这种说法相近。我们可以据此推断出这几位傩神到底是谁，那就是庚英颇为雷神，伧司颇为关羽（炎帝、蚩尤、酆都大帝，或者他们共同的神格象征），艾目灵则为竹王。

综上所述，我们可以看出关羽作为傩神的历史是极其漫长的。

六、关平周仓考

在关帝庙中，关公像两边通常有两个立像，左边是捧印的关平，形象面如傅粉，唇若涂脂，是一名年轻俊俏的白面小将；

---

① 王琴美：《民俗视野中的禄丰高峰乡彝族大刀舞》，载于《楚雄师范学院学报》第27卷第4期。

右边是抱刀的周仓，形象立目虬髯、头戴风帽，是一名身材高大的黑脸汉子。关羽在明代被加封为"伏魔大帝"时，关平被封为"竭忠王"，周仓被封为"威灵惠勇公"。可见，这两位的故事都不简单。

1. 关平

在小说《三国演义》中，关平是关羽在战乱中所收之义子，亲父名为关定，有一亲兄名为关宁。首次登场于第二十八回《斩蔡阳兄弟释疑 会古城君臣聚义》，当时关羽刚脱离曹军，千里寻兄，会合张飞后便与身在冀州的刘备联络，双方行至河北界首，于关定庄院内兄弟重逢。关定欲使年仅十八岁的次子关平跟随关羽同行，刘备便主张让关羽与关平结为义父子。自此后，关平随侍在关羽身边，一生东征西讨。

《三国演义》中的关平非常活跃，而且形象鲜明。他勇武过人，不逊乃父，曾跟随刘备出征西川，立下战功，后来又与曹魏猛将庞德大战三十回合，彼此不分胜负。性格方面，关平冷静沉着，数次劝阻其父冲动之举（如于荆州想杀害吴国来使诸葛瑾，要单刀远赴鲁肃的宴会，欲强于阵前亲讨庞德、徐晃等魏将）。后来关羽与庞德大战，遭到冷箭暗算，幸得关平眼快出言提示，更纵马出阵接应，方保关羽无虞。

不过在正史中，关平是关羽的亲生儿子，荆州失守后，在临沮和关羽一同被东吴擒获，而后被杀。《三国志·蜀书·关羽传》载："权遣将逆击羽，斩羽及子平于临沮。"除此之外，没有任何记载。

明明是亲生儿子却变成了义子，这说明关公文化在传播中一定产生过重大的变异。按照史料记载，这次变异应该产生于唐朝末年，这和多民族之间的文化隔膜有关，也和当代鲜为人知的关羽的一个称谓——"关三郎"有重大的关系。

我国西南少数民族自古有"竹三郎"崇拜习俗。在《后汉书》的记载中,竹王曾自立为夜郎侯,后被汉武帝斩杀,其三子袭位,死后配食其父,被当地人奉为"竹王三郎神"。当时关羽在西南少数民族信仰体系中的地位已经确立,故而两种信仰开始相互融合。至少在唐朝末年,关羽就曾被汉地的人们称之为"关三郎"。

范摅《云溪友议》卷上"玉泉祠"条载:

玉泉祠,天下谓四绝之境。或言此祠,鬼助土木之功而成,祠曰"三郎神"。三郎即关三郎也。允敬者,则仿佛似睹之。缁侣居者,外户不闭,财帛纵横,莫敢盗者。厨中或先尝食者,顷刻大掌痕出其面,历旬愈明。侮慢者,则长蛇毒兽随其后。所以惧神之灵,如履冰谷,非斋戒护净,莫得居之。①

孙光宪《北梦琐言》也说:

唐咸通乱离后,坊巷讹言关三郎鬼兵入城,家家恐悚。罹其患者,令人寒热战慄,亦无大苦。弘农杨玭挈家自骆谷路入洋源,行及秦岭,回望京师,乃曰:"此处应免关三郎相随也。"语未终,一时股慄,斯又何哉?夫丧乱之间,阴厉旁作,心既疑矣,邪亦随之。关妖之说正谓是也。②

范摅、孙光宪皆为唐末之人③,但生活时代相隔甚远,彼此之间也没有关联。既然毫无关系的两人皆言之凿凿,"关三郎"

---

① (唐)范摅:《云溪友议》,江苏广陵古籍印刻社,1983年版,68页。
② (唐)孙光宪:《北梦琐言》,商务印务馆,1939年版,96页。
③ 范摅,生卒年不详,约唐僖宗时期(873—888年)在世。孙光宪(901—968年),字孟文,自号葆光子。曾仕南平三世,任荆南节度副使。入宋以后,官拜黄州刺史,宋太祖乾德六年(968年)卒。

"关妖"之说自非妄言。

但在贞元十八年（802年）董侹的《荆南节度使江陵尹裴公重修玉泉关庙记》中，关羽是"生为英贤，殁为神灵，所寄此山之下，邦之兴废，岁之丰荒，于是乎系"的正神，并没有"关三郎""关妖"这种善搞恶作剧的"神格"。难道在一百年不到的时间里，关羽在人们心中的形象就发生变化了吗？也许孙光宪所说的时代背景能够说明这个问题，因为他所说的"咸通乱离"其实就是"庞勋之乱"，这是一场由驻桂戍卒引发的战争。

唐咸通年间（860—874年），南诏国进犯安南，朝廷在徐泗二州的淮水流域（今江苏徐州、安徽泗县地区）招募了一批戍卒，其中八百人被遣往桂州（今广西桂林）讨伐南诏，约定三年期满后即调回。

三年之后，戍卒日夜求归，徐泗节度使崔彦曾却一再食言。至咸通九年（868年）七月，这批戍卒已在桂林驻守六年，而此时的朝廷竟然还要他们再守一年。戍卒们见还乡无望，于是拥粮料判官庞勋为主，劫夺粮库，哗变北还。

九月，叛军攻陷宿州、徐州，杀节度使崔彦曾、判官焦潞等人，遂出官库钱帛，招募徒众，不过十天，人数已过五万。朝廷立即诏征诸道之师，大举讨伐。十月，淮南节度使令狐绹虑、大将李湘，皆被叛军所袭，全军覆没。一时间，江淮大乱，从今广西到湖南、湖北、安徽、江苏的广大民众纷纷响应叛军，庞勋声势大振，并开始急攻泗州、亳州。唐懿宗赶忙改遣沙陀骑兵驰援。

"庞勋之乱"共持续了一年多的时间。到第二年九月，沙陀人朱邪赤心在亳州大败叛军，庞勋也在今江苏宿迁战死。此后唐朝官军大力捕杀桂州戍卒的宗族亲人，株连数千人。这次兵变虽然很快被唐王朝镇压下去，但是开启了更大规模内乱的先声。宋祁曾在《新唐书》中总结道："唐亡于黄巢，而祸基于桂林！"①可见其影响之大。

桂州在三国时期属荆州零陵郡，此地的"竹王三郎神"和"关羽神"信仰兼而有之。驻桂戍卒既在此地防守六年，不可能不受到当地风俗的影响，但这些戍卒都是外地人，不会清楚地了解竹三郎和关羽这两种文化符号之间的区别与关系，三郎神与关羽神两者合而为一，关羽是"关三郎"的说法就此产生。

但是，在"咸通乱离"中，驻桂戍卒是以叛军的身份出现的，他们都是"逆匪"。而且，在朝廷平叛以后，又有"关妖"和"关三郎鬼兵入城"之说传于坊巷（这应是汉地官民对驻桂戍卒的恐惧感使然），因此关羽的正面形象曾一度受损。同时，荆州江陵地区的关公信仰也受到了一些影响。如张商英所作的《宋元丰四年重建关将军圣帝庙记》中就有"岁越千稔，魔民出世，寺纲颓紊，槌佛虚设"之语。

宋代以后，"关三郎"的所作所为与中原地区所认可的"忠、义、仁、勇"的关羽形象严重不符，人们便将它与关羽相剥离，并将其演化成了关平，如北宋至和二年（1055年），天台僧人义缘在桂林龙隐岩的摩崖碑刻中说：

城里崇明寺主持綦僧义缘，谨用斋资，命匠者镌庄就天台教主智者大师、擎天得胜关将军、坛越关三郎。相仪圆具，在龙隐岩释迦寺开光斋僧……

这也让当阳玉泉寺"关羽祠"的香火重新鼎盛，如张商英言：

元丰庚申，有蜀僧名曰承皓，行年七十，所作已辨，一大众请，倏然赴感。有陈氏子，忽作帝语："自今以往，祀我如初。"

---

① （北宋）欧阳修、宋祁等：《新唐书》，中华书局，1975年版，6295页。

远近播闻，瞻祷愈肃。明年辛酉，庙宇鼎新。

这其实是承皓为玉泉关羽祠所做的一次拨乱反正的行动，张商英也应该明白其中的缘由，比如他另为关平庙所撰的《元祐初建关三郎庙记》中就表现出了他是一个知情者：

李冰治水患，庙食于蜀之离堆，而其子二郎以灵化显；云长死国事，神凭于楚之玉泉，而其子三郎以英异著者。有子克家，干父之蛊，如《易》之乾坤，不居正位，而寄功用于六子。

又说：

疾而祷之，有时而濡。孕珍草而发嘉木，驱魑魅而屏夔魁。林薮幽深，亡蛇虺之。蛰槛罝不设，无虎豹之虞，盖人力有所不能者，其鬼神之所司乎？①

"有子克家，干父之蛊，如《易》之乾坤，不居正位，而寄功用于六子。"这句话在《易卦·巽》中能找到解释："初六，干父之蛊，有子，考无咎，厉终吉。""象曰：蛊：君子以振民育德……干父之蛊，意承考也。"意谓纠正父辈养成的弊政，是有能力继承父亲大业的好儿子，亡父没有咎害，虽有危厉，但最终吉祥。

这充分说明了张商英完全理解天台宗"荆南正法"一系的良苦用心，只因不好说破，又不甘心后人说他懵懂，所以设了一个迷局。宋廷此后也为关平封爵："崇宁元年赐庙额'昭贶'……政和二年九月封平武灵（侯）。"②从时间上看，这应该是在张商英身居相位以后的事，其中的玄机今人或可测度。

自此，关三郎就完全变成了关平。在后世小说《三国演义》

---

① （清）兰第锡：《关帝圣迹图志全集》，台湾新文丰出版有限公司，2001年版，722页。
② （清）徐松辑录，刘琳、刁忠民等校点：《宋会要辑稿》，上海古籍出版社，2014年版，第2册，1002页。

中，明明是关羽亲子的关平也变成了关羽的义子。甚至就连五月十三关公祭日，也逐渐变成了关平的生日。清胡鸣玉《订讹杂》卷五载："五月十三乃侯子平之生辰，非侯生辰也。"①究其根本，实是唐代末年"关三郎鬼兵入城"的怪异传说与汉地民众对竹王崇拜关公崇拜的不理解所致②。

2. 周仓

周仓的来历更不简单，这个人物本身就是"神灵"。

在《三国演义》中，周仓本为黄巾贼地公将军张宝麾下之将，后与同属黄巾军的裴元绍率部啸聚山林。关羽千里走单骑路经卧牛山时，遇到裴元绍率众抢马，周仓令裴元绍带手下回山，自己独自追随关羽，成为关羽身边忠心耿耿的贴身侍卫。在关羽镇守荆州时，周仓表现活跃，曾陪关羽单刀赴会，并斥

---

① （清）胡鸣玉：《订讹杂录》，转引自李道和《炎帝与关公的历时性传承》，载于《民族艺术研究》2005年第3期。
② 位于贵州省东北部石阡县的仡佬族聚居区，至今还保留着一种古老的节庆风俗，即"毛龙节"，这个节日的两个基本要素是：一是"龙"信仰，包括传统故事、敬龙仪式、敬龙场合、敬龙用品及敬龙神诵词；二是附属图腾信仰，包括竹王崇拜、盘瓠崇拜、关公崇拜、佛道崇拜和原始崇拜等。可见，在仡佬族人的信仰体系中，龙、关公、竹王三者之间一直存在着紧密的关系。而位于广西壮族自治区北部的三江侗族自治县，至今也还有在农历二月初五祭祀竹王的传统。在祭祀的前一天，当地的侗族人会先将神像从竹王庙中请出，一路游行到三王宫，并接受所有人的膜拜，活动结束后再送回竹王庙。值得注意的是，在游行队伍中，人们抬着的却是关公、竹王、三王（竹三郎）三位神祇的神像，关公开路，竹王、三王随后。而且，侗族人在每年的正月、五月或六月也会祭祀关公。这种现象曾让一些学者百思不解，最后又将其推为"汉化"的结果，实不知关公崇拜在这些西南少数民族地区中产生的时间要比北方汉地早得多。

责想要荆州土地的鲁肃"夫土地者,惟德所在耳,何常之有!"他还曾在水中生擒大将庞德。最后,周仓在得知关羽父子被斩后自刎而死。

周仓其人在正史《三国志》中无载,同时代的史书、笔记中也没有相关记录。这个名字最早见于元代,在鲁贞的《武安王庙记》中已有"乘赤兔兮从周仓"①之语。

元杂剧《单刀会》里,周仓很威风。随关羽赴会之前,他唱道:"志气凌云贯九霄,周仓今日逞英豪。人人开弓并蹬弩,个个摆甲与披袍。旌旗闪闪龙蛇动,恶战英雄胆气高。"这时周仓这个形象大约已经定型。

《三国志平话》也写到周仓。不过,《山西通志》和《三国演义》都说周仓死于麦城之战。《三国志平话》里,在这之前未见周仓出现,倒是在这之后,诸葛亮六出祁山时,有一个周仓用木牛流马运粮。司马懿让人仿照夺来的木牛流马的式样也造了几百匹,用木杵一打,只可走几步。他纳闷,诸葛亮的木牛流马,打一杵可行三百步,我的怎么就打不动呢?过了几天,周仓来下战书。司马懿却让人把周仓灌醉,问他:"诸葛亮的木牛流马有什么诀窍?你告诉我,我给你万贯金银珠宝,让你满家富贵。"周仓笑着说:"那当然有诀窍。军师的木牛流马,提杵人都念《木牛流马经》。"又说:"这些人都归我管,今天夜里我回寨去,把《木牛流马经》写好给你。"司马懿大喜,给周仓三十贯金珠,两匹好马,还说,待写来后,还要给重赏。过了三天,司马懿派人去接,周仓早已走了,只留下诸葛亮的一封信,上写道:"自古以来,没有五个人会造木牛流马。你是魏国名将,

---

① (元)鲁贞:《桐山老农文集》,转引自胡小伟《关公信仰研究系列》,香港科华图书出版公司,2005年版,第1册,201页。

还向我学《木牛流马经》，这不让人笑话吗？"气得司马懿把信撕得粉碎。这显然是一个理想化的传说。人们不愿意自己心爱的英雄过早死去，因此想象他不但没有死，还把奸险狡猾的司马懿也痛快淋漓地戏弄了一番。《三国演义》写周仓也很简单，大概是因为他毕竟只是一个陪衬人物。但在民间，却有比《三国演义》丰富得多的关于周仓的传说，大抵都说他力大无穷，勇武过人而憨厚可爱。《三国志平话》中周仓戏司马就是一例。此外，还有说关羽收他时跟他比力气：关羽拿一根稻草叫他扔，他用尽全力只扔了几尺远，关羽提起一捆稻草，不用力就甩出十几丈远；关羽又叫他把地上的蚂蚁打死，他伸出铁拳，连打三拳，蚂蚁还在动，关羽伸出一个小指头轻轻一捺，蚂蚁就死了；关羽又让他捏鸡蛋，周仓把蛋握在手心，用尽力气也捏不破，关羽只用两个手指，一捏蛋就碎了。周仓因佩服关羽神力，被关羽收服。还有传说周仓脚心有三根毫毛，能日行千里，夜行八百，追得上关羽的赤兔马，是名副其实的飞毛腿。吕蒙买通周仓的同乡，把他灌醉剃了脚上的毛，周仓就跑不快了。关羽从麦城回荆州，就因为周仓没跟上把刀送来，才被吕蒙捉住害死，等等。

通过这些故事，基本可以勾勒出元代以后周仓形象的特征，即忠心耿耿、有神力、水性好、擅走（飞毛腿）等。这些特征让他和一位在南宋曾经"红透半边天"的神灵产生了联系，这位神就是"周宣灵王"，俗名为周缪宣，也叫周雄，民间多称为"周侯""周将军"。据《浙江通志》的"周宣灵王庙"条载：

神姓周名缪宣，临安新城太平里人，生于淳熙戊申三月四日。初以"雄"音邻"荣"，恐干父讳改名缪宣。少时受仙指大数四九，后之武（婺）源。至鸬鹚滩失足堕水，顷刻巨浪层翻，猛若蛟龙起伏，神即脱化，溯波而上。至衢城水亭门外，沉浮不定,声闻数十里。一时惊异,建庙塑像于衢城之西。是年神正三十有六,果应"四九"之说,乃嘉定癸未岁也。端平元年大封神,得赠广平侯。淳祐元年秋,敕封神护国广平正烈宣灵王。延祐三年,睦郡旱潦,籍神庇荫,得锡平康,士民遂立庙于澄清门内。

《神异典》卷五十《神庙部》引《杭州府志》言:

周宣灵王庙:庙在硖石镇审山,侯名雄,字仲伟……嘉定辛未,为母疾走婺源祈祐五显,回至三衢而卒。附童子言曰:"五显灵侯,需我辅翊。生不封侯,死当庙食。"衢于是乎立庙,新城继之,初称"七七太尉"。端平二年饶州表请:侯有阴捍常山土寇之功,封翊应将军。嘉熙元年两淮表请:神有神威扬边,强敌远遁之功,封威助忠翊大将军。淳祐四年改封翊应侯。宝祐五年加封助顺。咸淳七年加封正烈,十年加封广灵。①

这说明,周宣灵王是南宋末年抗元时期在长江沿线迅速"蹿红"的明星神祇。他有几个特点:忠心护国(有神威扬边,强敌远遁之功),水性好(巨浪层翻,猛若蛟龙起伏,神即脱化),擅走(为母疾走婺源祈祐五显)。可见周宣灵王与周仓的形象特点极其相似。

而且,以上周宣灵王受封的几个时间点在历史上也大有故事:端平二年(1235年)为南宋与蒙古通好之年;嘉熙元年(1237年)蒙古破光州,攻黄冈,已与南宋开战;淳祐四年(1244年)蒙古兵围寿春;宝祐五年(1257年)蒙古兵围襄樊,次年大举入宋;咸淳七年(1271年)蒙古立国号为"元";咸淳十年(1274年),元世祖下诏攻宋,四年后宋灭亡。可见,周宣灵王的屡次受封是与宋元战争的不断升级是有关系的。在大宋疆土被不断蚕

---

① (清)陈梦雷等:《古今图书集成·博物汇编》,中华书局,1934年版,第493册,48页。

食的过程中，周宣灵王信仰程度却在不断得到加强，其信众的地理范围也在不断扩大，从浙江衢州、新城等地不断沿钱塘江流域向江淮地区传播，到了咸淳末年，基本已覆盖大宋的半壁江山。

需要注意的是，至今所发现的最早记述周仓的人鲁贞，就是浙江开化人，他撰写庙记的武安王庙也在开化，而开化今隶属于衢州市，下接最早供奉"周宣灵王"的新城、硖石。同时，开化又是钱塘江的源头，水路直指临安。这条重要通道是长江沿岸经营传统漕运的徽州商人沿婺源、德兴一线出入浙江的必经之途，也是"五显神"①崇拜向南传播的主干道。由此可知，"周仓"与"周宣灵王"必然存在一定的历时性传承关系。

至于《三国志平话》中周仓愚弄司马懿一段，在与周宣灵王有关资料中也能找到相似的地方。如元人笔记《湖海新闻夷坚续志》后集卷二《神明门》"周将军卖马"条载：

周将军乃灵顺庙部神。宋朝尝以马百匹连鞍辔售于江北。索价太高。买者曰："马有何奇而价如许？"曰："吾马能水上行。"试之果然。议价定，明日再以数百骑来。北军骑之渡江。俄顷黑风四起，人皆坠水，但见蔽江纸马而已。忽见周将军旗于云间。宋赵制置奏闻于朝，封"翊应侯"，诰词云"大起风马之威"，指此也。②

这"蔽江纸马"应该是周仓用"木牛流马"智斗司马懿故

---

① 五显神：古代财神信仰的一种，一共有五位，宋代被封为王，因其封号第一字皆为显，故称"五显神"，其庙又称为"灵顺庙"。五显神信仰在唐代已开始产生，宋代大盛。《夷坚志》载五显神之事极多。有别于五通神，后世常有五显、五通混淆之事。其信仰始于江西德兴、婺源一带，此后日渐扩散。

② 不题撰人：《湖海新闻夷坚续志》，中华书局，1986年版，214页。该书第一条"大元昌运"记元太祖、元太宗及元世祖事，显然为元人作品。

事的出处。

周宣灵王在明代以后虽然还有人祭祀，但香火已大不如前。如《浙江通志》卷二百二十四载：

> 周宣灵王祠……弘治丙辰庙毁复建。嘉靖辛酉郡守杨准新之，作店房三楹，岁收赁资，以供香火。①

因此可以推断，周宣灵王最初实为五显神的陪祀，在南宋末年国家危亡之际因各地官员和民众们的心理慰藉需要，周宣灵王成了能够护国佑民的独立神祇，并随当时的漕运沿线影响到整个长江流域，此后又在浙江一带与武安王信仰（关羽神信仰）合流。元代以后，周宣灵王中的一部分"神格"逐渐在民间传说、文学故事中成为周仓，并成了关羽的贴身侍卫，他忠心耿耿、擅走、水性好的形象也在人格化的发展中得以延续。

综上可知，关平本为关羽亲子，周仓本为周宣灵王。在关公文化体系中，之所以亲子成为义子，神灵成为亲随，是有深刻的历史内涵的。这说明，历经宋、元、明三朝，关羽神信仰已经在国家信仰的体系中得到了飞速的发展，有关的"缺点"正在不断弱化，而他的优点和"神性"也在不断得到加强。

七、关索考

关索是关公"团队"中最神秘的一位角色。长久以来，他的来源一直是既令人困惑又令人着迷的学界难题。

根据清代的《关氏家谱》载：关索，字维之，为关羽的第三子，"己亥之乱奔川，请兵报仇，建兴二年从武侯征孟获为先锋"。

---

① 《浙江通志》卷二百二十四，《文渊阁四库全书》本，第4页。

不过，在陈寿的《三国志》和裴松之注中却没有关于他的任何记述。元朝至治年间建安虞氏刻印的《全相三国志平话》卷下"诸葛七擒孟获"中仅有"关索诈败"四字。在清代毛宗岗本《三国演义》八十七回"征南寇丞相大兴师　抗天兵蛮王初受执"中，才对他有稍为详细的描写：

忽有关公第三子关索军求见，自云："自荆州失陷，养病鲍家庄，每欲赴川见先帝报仇，以创痕未复，不能起行。近已安痊，打听得东吴仇人皆已诛戮，径来四川见帝，恰在途中遇见南征之兵，特来投见。"孔明闻之，嗟讶不已；一面遣人申报朝廷，就令关索为前部先锋，一同征南。

后人钟眉曾批注曰："此遇亦巧。"

1967年，在今上海市嘉定区出土了一批明朝成化年间的说唱词话和传奇刻本，其中发现有四种说唱本。分别为《新编全相说唱足本花关索出身传》《新编全相说唱足本花关索认父传》《新编足本花关索下西川传续集》《新编全相说唱足本花关索贬云南传》，均图文并茂，内容丰富。这些说唱本至少能够证明关索至少在明朝中叶已是一个家喻户晓的人物，但其实早在宋代，"关索"已经是当时诸多草莽豪杰喜用的绰号了，如：

《茶香室丛钞》卷十二引宋范公偁《过庭录》曰：

忠宣守信阳时，汉上有巨贼曰罗壐，拥众直压郡界。忠宣集群僚谋守御，皆懦怯无敢当者。有酒吏秦生请行，独以数十骑直对敌垒。贼副小关索者，领十余骑饮马河侧，秦射中关索心而死。

《北盟会编》卷一百二十：

建炎三年，杜充出兵攻张用，岳飞、桑仲、马皋、李宝等皆率兵城南以掩用，用勒兵拒战，赛关索李宝被擒。

又卷二百一十一引《林泉记》曰：

刘光世命王德斩邵谭、喜关索……于饶州。

岳珂《鄂国金佗粹编》卷七十二：

王贵等自伪齐回军至北塔，李成率……贾关索……等并兵来，绝贵归路，以马军迎击，贼兵尽败。

《金史》卷十八《突合速传》：

宋兵救太原……擒其将……张关索。

薛季宣《浪语集》卷三十三《先大夫行状笺》：

讨积年名贼……朱关索等，皆获之。

另外，《梦粱录》卷六载诸色艺人名，有"角觝张关索，女占赛关索"；《武林旧事》卷六载诸色艺人名也有"角觝张关索、赛关索、严关索、小关索"；还有《水浒传》中的"病关索"杨雄，在宋龚圣与的《宋江三十六人赞》中被称为"赛关索"杨雄，并赞其曰：

关氏之雄，超之亦贤。能持义勇，自命何全。

如此多的"好汉"都取关索之名为绰号，至少说明在宋代"关索"已成为武人的一种标志。而既然武人争相以他的名字显耀自己的本领，"关索"其人之英勇，当可想而知。

不止于此，在云、贵、川、蒙等地，多有以关索为名的地名，如《中国古今地名大辞典》中的"关索岭"条载：

在云南澄江县西北十里，山皋高数百丈，险峻难渡，若关隘然，牵绳而过；在云南罗次县西南二十里，接禄丰县界，旧置哨；在云南寻甸县易龙驿东五里，名小关索岭，上有关，旁立一石，标汉诸葛南征时驻此。《汉志》小关索岭，岭路盘曲，人行其上，如之字。

在贵州镇宁县西关岭县东，势极高峻，周围百余里，滇黔通道也，上有关索庙，明胡宝庙记云：

以关索为忠义子，然忠义子无名索者。《三国·蜀志·关羽传》惟次子兴随丞相亮征南中有功。所谓"关索"者，或即其人也。

云、贵地区的"关索岭""关索庙"在明、清时期的文献中就有记录，如明李文凤《月山丛谈》：

云南平夷过曲靖、晋宁，过江川，皆有关索岭，上各有庙。

王士祯《池北偶谈》卷二十四：

云、贵间有关索岭，有祠庙极灵。云明初征云南至此，见一古庙，庙中石炉插铁箭一镞，其上曰："汉将关索至此，云南平。"遂建关索庙，今香火甚盛。

《古今图书集成·职方典·安顺府》"永宁州"条：

关岭在州城西三十里，上有汉关索庙。《旧志》："索，汉寿亭侯子，从武侯南征有功，土人祀之。"

清陈鼎《黔游记》：

霸陵桥即关索桥。水从西北万山来，亦合盘江而趋粤西以入海。关索岭为默山险峻第一……山半有关壮缪祠，即龙泉寺，中有马跳泉，甘碧可饮，相传壮缪少子索用枪刺出者……西巅即顺忠王索祠。铁枪一杆，重百余斤，以镇山门。

此外，云、贵地区另有"关索饮马池"多处；贵州盘江上有一座桥，相传也是关索所筑，故取名为"关索桥"；云南永平县东五里处，有一个周围二里的寨子，据说也是关索所建，故名"关索寨"；四川成都也有"关索寨"，广元还有"关索城"，内蒙古通辽市和贵州关岭县辖下也都有"关索镇"。

在云南玉溪市澄江县阳宗区的小屯村，还有一种古老的傩戏，名为"关索戏"，与端公戏、梓潼戏、香通同为云南仅存的四种傩戏之一。其表演特点是不设舞台，不化妆，也不受时间地点的限制，戴上面具（脸壳），穿上服装，拿上道具即可出场表演。行当有生、旦、净三行，而且多以净行为主，角色以面具和服饰相区别。演出时无弦索伴奏，全用鼓点。没有固定程式（也可能是传承不全），演员可以自由发挥。

关索戏在春节演出，其间有一套成规仪式贯穿始终。如演出前先要祭药王、练武；正月初一日起开始按日举行"出巡""踩村""踩街""踩家"仪式，然后才能演出；每次演出开头第一个节目必演《点将》，当日演出结束后要辞神；正月十六日全部演出结束后要举行装戏箱、送关公的仪式。奇怪的是，关索戏名为"关索戏"，但实际上演的都是关羽的戏，并没有关索的剧目。

如此多的地名、庙宇、曲艺、戏剧似乎交织出了一种独特的"关索文化"。这就很容易令人感到困惑，因为一个完全虚构出来的人物，似乎不可能具有如此大的影响力。

实际上，"关索"就是关羽。

《清一统志》载：

疑帅与率通，因讹帅为索耳，或曰蛮呼父为索，或曰是岭以关锁黔滇名。

《顾颉刚读书笔记》卷四曾引周寿昌《三国志注证遗》说：

汉寿县，前汉属武陵郡，本名索……后人因"关汉寿"之称，或谓"关索"。

顾颉刚写道：

关索一名之由来，几成不解之谜。今得周说，恚然解也。

20世纪40年代初，王古鲁曾去日本访书，发现了几种古本《三国志》小说。为此，王古鲁写了一篇《小说琐证·关索》，考证《三国演义》中关索故事的演化。周绍良也曾写过一篇《关索考》，附记中说明参考了王古鲁在日本的《阅书札记》。周绍良关于《三国演义》中关索故事的演化，与王古鲁的考证基本一致，但他引用了更多西南地方志里与关索有关的地名记载，如关索岭、关索城、关索寨、关索饮马池等。王、周的考证均未

引用周寿昌之说,但周绍良引了赵一清《三国志注补》的说法:

  西南夷谓爷为索。关索寨即关爷寨,皆尊称也。

  可知学者们虽研究的线索和论据各不相同,但对于关索就是关羽一事已成共识。

  古人多以封邑或官职所在地相称,如刘备被人称为"刘豫州"。关羽封邑"汉寿"即为"索县",所以他被人称为"关索",也是可能的。而且,"索"也确实是某些西南少数民族对"公""爷"的称呼,比如今位于湖南省湘西自治州保靖县夯沙乡境内的雷公山(现为吕洞山),在苗语中即为"格索"(Gheulsob)。也就是说,"关索岭"就是"关爷岭","关索岩"就是"关公岩"。这种地名在中国有很多,今天在长治市、南阳市、河源市、晋城市、济源市都有"关爷岭",在青岛也有"关公岩"。

  关公文化起源于古代荆州地区,这让这种文化自产生之日,就加入了多民族文化的内涵。荆楚之地自古民风尚武,且历来战乱频仍。关公是当时天下闻名的虎臣、万人敌,这是他被武人崇拜的先决条件。而关公做人又义薄云天,有国士之风,且能善待卒伍,体恤百姓,这又会博得荆州社会各界的信任和青睐,其中就包括少数民族人群。汉末三国时代的荆州生活着众多少数民族,被当时的"汉人"称为"长沙蛮""武陵蛮""零陵蛮""南郡蛮"等,他们为关公文化添加了许多中原地区少见文化元素,比如动人的传说和神秘的傩舞。他们称关羽为"关索"是非常自然的。

  宋代以来,由于民族迁徙和宗教、商贸、军事等相关活动的原因,关公文化开始在北方汉地盛行。也许在初期,北方人还知道"关索"就是关羽,所以有那么多的武将与草莽豪杰都以"关索"为绰号,龚圣与的《宋江三十六人赞》说"赛关索"杨雄时也用了"关氏之雄""能持义勇"之词。而后人不了解其中缘故，所以大多姑妄言之。再加上民间艺人对于关公故事所做的加工创造，关羽、关索遂被剥离为两个人，并被演义成了父子。又经元杂剧、小说、评书、说唱本等文学艺术的渲染，关索的故事就逐渐多了起来，而人们对"关索"的误会也就越来越深。

另外，西南地区的少数民族和汉人一样同是关公文化的创造者和传播者，他们对于关公文化的产生、形成和发展都起到了重要的作用。然而，自古以来，汉民族对少数民族的信仰知之甚少，对其风俗习惯的描述也多为臆测，所以"关索"之谜才会延续至今。

八、关羽荆州筑城考

在三国、两晋、南北朝时期，江陵（今属湖北荆州市）作为中国南方一个区域性的政治、经济、军事、文化中心和兵家必争的战略要地，谱写了一首又一首金戈铁马的英雄史诗，也上演了一场又一场兴衰成败的帝王戏剧，而这个时期的江陵城即为关羽所筑。

古之江陵即今天的荆州古城，位于江汉平原腹地，东连武汉，西接三峡，南跨长江，北临汉水，是连东西、跨南北的交通要道和物资集散地。长久以来，荆州民间流传着大量的关公传说，如今荆州古城大北门外有条古街叫作"得胜街"，从前是沿荆襄古道出入荆州城的必经之地，传说关羽北攻襄樊水淹七军打了大胜仗，喜讯传来，人们十分高兴，于是将这条街命名为"得胜街"。

八岭山本是状似游龙的山冈，分布着大大小小的山丘，这些山丘实际都是些土丘。其中有个最大的山丘顶部是块平地，叫作"平头冢"。据说当初关羽在此演武，奋起神威一刀向这个大山丘劈去，竟把这个大山丘的"头颅"给劈掉了，于是从此成了平头冢。

荆州城西北约三公里处有座高十余米的土台，相传是关羽练兵作战时的点将台。人们据此演绎出关羽操练人马与曹魏方面作战的故事，听来娓娓动人。点将台附近的拍马山，传说也因关羽在此操练军马而得名。附近还有一个土丘叫"摩旗台"，据说是关羽练兵时插旗帜的地方。

此外，荆州古城老南门的关帝庙，相传就是当年关羽的府邸，总占地面积约4500平方米，建筑规模宏大，雄伟壮观。其东侧有一条街巷叫作关带巷，也因临近关府而得名。城东百里长湖南岸的关咀口，本是长湖岸边的渡口，传说关羽曾在此视察水军。城外江津湖畔的春秋阁，传为关公研读《春秋》之处。还有偃月堤、铜铃冈、系马山、洗马池等，都是关羽传说的产物。

荆州也有和"失荆州"一事相关的传说。如松甲山、卸甲山、掷甲山，这称之为山的三处地方，其实都不是山，只是城垣内侧的土堆，其作用是保护城垣内坡。而民间却有"三山不见山"之说，影响颇大，其原因就和关羽失荆州有关。相传当东吴袭取荆州时，守城将士合力据守，日夜巡视城头，为防吴兵入侵累得满头大汗，曾经借着星光松开衣甲，稍做休息。后闻南郡太守糜芳准备开城投降，众将士气愤地卸下衣甲，正欲去跟糜芳论理，不想吴兵已经入城，于是把衣甲全都掷在地上，以示对变节投降者的抗议。后来，人们就把这三处地方分别叫作松甲山、卸甲山、掷甲山，以示不忘这段历史。清代的人们改掷甲山为"余烈山"，以喻关羽"死有余烈"，并在当地建有祠庙，纪念关羽。

在众多的关公传说中，最被人津津乐道的就是关羽修筑江陵城的故事。比如今荆州市西北角有一处地名叫九女冢，便是因关羽与九仙女比赛筑城的故事而得名。话说关羽与九仙女比赛筑城，先成者拥有管辖权。结果，关羽先筑成，还半夜学鸡叫，引发全城鸡鸣四起，仙女在朦胧夜色中见关羽负责的城墙已筑好，知大势已去，便溜之大吉。现在荆州小北门东北角经常倒塌，据说就是因为仙女马虎没修好，而西门经常被淹，据说因为它是关羽为赶时间用芦苇做的。

另外，在公安门附近有一座高6米、长14米的土丘，人们叫它"张飞一担土"。据传说，张飞听闻关羽要建江陵城就想来帮忙，他挑了一担土往江陵赶。谁知道才到城外，城已建好，于是他便将土往地上一倒就回去了，这一担土因此成了一座土丘。

其实，这些传说并不是没有根据的，因为关羽修筑江陵城的记载最早见于南北朝时期的地理文献《水经注》，其中第三十四卷《江水二》中说：

今城，楚船官地也……汉景帝二年，改为江陵县。王莽更名郡曰南顺，县曰江陆。旧城，关羽所筑。羽北围曹仁，吕蒙袭而据之。羽曰："此城吾所筑，不可攻也。"乃引而退。①

这就是说，至少在三国时代以后两百余年的时间里，"关羽修筑江陵"之说已成为人们的共识。

另外，南宋王象之在《舆地纪胜》卷六十五《荆湖北路·江陵府下》中载：

《元和郡县志》②云：州城本有中隔，以北，旧城也；以南，

---

① （北魏）郦道元著，陈桥驿校证：《水经注校证》，中华书局，2007年版，797页。
② 今本《元和郡县志》中涉及荆州的卷二十《山南道一》已亡佚，相关的内容在南宋名著《舆地纪胜》中有存。

关羽所筑。羽北围曹仁于樊，留糜芳守城。及吕蒙袭破芳，羽还旧城，闻芳已降，退住九里。曰："此城吾所筑，不可攻也。"乃退保麦城。今江陵城广十八里。

这说明，关羽主要修筑的是江陵的南城，北城在三国时代以前就已经存在。

但是，这些记载却引起了清末著名的地理学家杨守敬的质疑，他在《水经注疏》中说：

《舆地纪胜》引《元和志》：荆州城本有中隔，以北，旧城也；以南，关羽所筑。羽北围曹仁于樊，留糜芳守城。及吕蒙袭破芳，羽还救城，闻芳已降，退住九里，曰："此城吾所筑，不可攻也。"乃退保麦城。与此《注》同。然考《吴志·孙权传》，关公自襄阳还当阳，西保麦城，伪降遁去，为潘璋司马马忠所获，未得至江陵也。又《权传》，赤乌九年，朱然城江陵。关公既言不可攻，则基城坚可知，何以不久复筑？此均有可疑者。

它主要的疑问是：第一，按《吴书》记载，关羽在北伐之后，就没有返回过江陵，所以不会在城下说"此城吾所筑，不可攻也"；第二，《吴书·孙权传》说赤乌九年（246年）"朱然城江陵"（实际上，杨氏所言之事发生在赤乌十一年，即公元248年），此时距关羽去世仅三十年（实二十八年），为何坚固的城池这样快就需要复筑呢？所以关羽筑江陵一说存在疑点。

其实，对于第一个疑问，本不用深究，因为《三国志》中的记录大多过于简略，陈寿没有写的事情，不能说就一定没有发生过。而第二个疑问才值得关注，为此，武汉大学教授李步嘉先生曾在论文《关羽始筑江陵城说辩误》[①]中论述道：

---

① 李步嘉：《关羽始筑江陵城说辩误》，载于《华中师范大学学报（哲学社会科学版）》，1997年第36卷第4期。

《通典》卷一百九十六《边防十二·北狄三》"拓跋氏"条载刘宋何承天《安边论》："魏舍合肥，退保新城；吴城江陵，移入南岸。"这是何承天以三国时的军事地理形势，来讨论刘宋时的安边策略所说的一番话。这段记载所说的"吴城江陵"，正是与"朱然城江陵"相印证。我们还没有看到孙吴立国的五十八年中，有"吴城江陵"的另外记载，那么"吴城江陵"即应指"朱然城江陵"。《安边论》既说其城"移入南岸"，那么，关羽所筑之城与朱然所筑之城，自非一城，则杨守敬提出疑问的这条理由，实际是对关羽、朱然所筑之城，并非同一城未能详察而产生的一种误解。

  此论可备一说。不过，就算是朱然复筑了关羽所筑的江陵城，也没有什么不合理的。因为三国时代的城墙是土墙，其坚固程度当然不能和后世的砖墙相比，经常复修也很正常。而且，关羽去世后不久，曹魏大军就对江陵城发动了大规模的攻城战，《三国志·吴书·朱然传》载：

  魏遣曹真、夏侯尚、张郃等攻江陵，魏文帝自住宛，为其势援，连屯围城。权遣将军孙盛督万人备州上，立围坞，为然外救。郃渡兵攻盛，盛不能拒，即时却退，郃据州上围守，然中外断绝。权遣潘璋、杨粲等解围而围不解。时然城中兵多肿病，堪战者裁五千人。真等起土山，凿地道，立楼橹临城，弓矢雨注，将士皆失色，然晏如而无恐意，方厉吏士，伺间隙攻破两屯。魏攻围然凡六月日，未退。

  在被曹真、夏侯尚、张郃等人率领的大军"起土山，凿地道，立楼橹临城，弓矢雨注"攻击了六个月以后，无论多么坚固的城墙也会毁坏。就算是这样，朱然还是在二十多年以后才复筑城墙，这难道有什么可奇怪的吗？而且，当时的那场大战也证明了朱然所守的正是已经筑好了的江陵城。因为他在如此短的时间里，不可能建筑起这样坚固的城墙。

1997年9月30日至1998年3月16日，荆州博物馆的工作者对荆州古城进行了一次考古发掘。由于地下水位高，考古工地塌方严重，发掘未能挖到最底部，无法推断下面是否有更早的城垣存在，但在发掘过程中，考古工作者们已经发现了荆州城在历史变革中的六个发展时期，分别是东汉到两晋时期、东晋至隋唐时期、五代至北宋时期、南宋至元末时期、元末至明末时期、清末时期。这次考古工作最终将江陵（荆州）城修筑的时间推到了关羽所处的年代。

从三国时代起，现存的荆州城墙没有发生大的变迁，城址始终没有离开现存城墙的范围。但各个时代的城墙位置有小的变动，即从平面上看，从早到晚，由内向外推进，推进的距离仅仅在50米之内。

这次考古工作的报告《荆州城南垣东端发掘报告》登载于2001年第四期《考古学报》上，由陈跃钧、张世松执笔。他们用翔实的考古发掘资料，充分证实了郦道元《水经注》和李吉甫《元和郡县志》记载的正确性。而且，报告中称"此次发掘出的三国土城，已埋入地下三米多深，虽暂露头角，但顶部宽度仍达十余米，可见三国城墙之高大"。

由此，"关羽筑江陵城"之说，再无悬念。

对于关公文化来说，荆州古城的发现，具有非凡的意义。这是最早的关公文化遗迹，也是关羽为后人留下的唯一"遗物"。

九、"嘉靖倭乱"与明军中的关公文化

明代嘉靖年间，中国沿海倭乱不断。此时，一部名为《忠

义经》的书籍开始在明军中广为流传。此经的来历非同一般，其序言说：

> 关寿亭侯《忠义经》十九章，皆侯自制也。晋陈寿演俗通义，似近鄙亵。兹宋学士孙奭编述，南渡中丞张守订梓，相传五百余年，漫无可稽，世人亦不知有是经也。唯侯忠义昭寓宙，功烈垂史册，祠祀遍天下，黄发稚齿，极海穷边，靡不崇重。而侯之随在普灵，威英显赫，千载一日。博幸生同侯乡，藉侯庇久。嘉靖丙辰巡抚荆楚。荆故侯保障区，迄今家至左联，顶礼如在。比还省，辞楚王殿下，王询侯故里事，复出《忠义经》示博，拜赐踊跃，若侯徕降也。归舟检阅，后先紊叙，简篇遗逸，字画错乱差讹，遂为校订重录。首揭侯像，并述侯辞曹之书，后人仰侯之赞，汇成一帙，携之京师。继役开中，未遑锓梓。适都督刘显移兵守川广，因以贻之，俾刻荒镇，以作士气，以风忠义，且播之天下瞻奉者，有所持诵则效云。兵部尚书蒲州杨博叙事。①

可见，当时的《忠义经》原是楚王赠予兵部尚书杨博的，杨博校订之后转送给了都督刘显。

楚王当是楚恭王朱英燫，《明史》对他的记载很少，只有二十余字：

> 憨庶三子，嘉靖三十年袭封。在位二十一年。隆庆五年薨。②

而杨博却为一代名臣，可记之事颇多。他是山西蒲州（今山西运城）人，嘉靖八年（1529年）进士，初为兵部武库清吏司主事，又任兵部职方清吏司郎中。嘉靖二十五年（1546年），朝廷升杨博为右金都御史，巡抚甘肃。嘉靖三十三年（1554年），

---

① 李一氓：《藏外道书》，巴蜀书社，1992年影印本，第四册，273页。

② （清）张廷玉等：《明史》，中华书局，1974年版，2607页。

蒙古首领把都儿和打来孙率领 10 多万骑兵劫掠蓟镇。杨博身不解甲，在古北口关上枕戈面宿，督促官兵全力抗敌。蒙古人在古北口攻打四昼夜不能破关，便改攻他处。杨博又招募敢死之士，利用夜暗，举火惊扰敌营，致使蒙古人被迫退走。杨博因功升右都御史，儿子受封锦衣千户。嘉靖三十四年（1555 年），打来孙又率部劫掠益昌，仍被击退，杨博因升为兵部尚书，授太子少保。万历元年（1573 年），杨博致仕归里，次年病故。皇帝赠授太傅，谥"襄毅"。可知他本身就是一位忠勇之士。

史料记载，杨博确实是关公的崇拜者，常以同乡晚生自居，如《柳南续笔》中说：

京师前门有汉前将军庙，颇著灵显。前明大司马杨博过之，必投一"乡晚生"名刺。以杨与侯同为蒲州人也。

相比杨博而言，刘显则更有骄人战绩，他是与戚继光、俞大猷、谭纶等人齐名的抗倭英雄。

实际上，在嘉靖年间，包括刘显、戚继光在内的一众抗倭英雄基本都是关公的崇拜者，如万历十一年（1583 年）潮州府同知何敦复所撰《南澳镇城汉寿亭侯祠记》载：

嘉靖间，命都督俞大猷、副总兵刘显率舟师三万人讨吴平。吴平走匿南澳，若虎负嵎，相持三月，罔绩。事闻，复命都督戚继光提婺兵五千自浙来援。都督夜梦赭面美髯伟丈夫决策曰：若从后攻贼，靡不破矣。诘旦如言，留二千人殿后，潜率三千人，从澳之云盖寺芟刈林莽，且息且进。三日道开，布列已定，铳炮齐发，军声震天。贼众大惊披靡，以为王师从天而下也。一日夜俘斩三千级，贼自杀死无算……夫岭海去原万里，侯生年未尝一履其地，乃显相王师，破此黠贼，不啻摧枯拉朽。侯忠义之气，殆如日月在天，容光必照，河海行地，无浚不通者欤！其血食兹土也，有由然矣。①

从这篇庙记可知，俞大猷就是以关公托梦授计来激励兵卒，继而一举歼灭倭寇的。

查继佐《罪惟录》称，戚继光之父景通"长干修髯，类关壮缪"。这是否为后人附会已不得而知，但戚继光崇信关公倒是确凿无误的。四库本《纪效新书》卷十六载有戚家军的"南方关元帅"军旗图形，这至少说明关公就是戚家军的"军神"之一。

据说，戚继光麾下的三千义乌兵，训练有素，纪律严明，作战骁勇。他们绝大部分家有妻子，为了保佑行军平安，作战胜利，都背挂义乌城隍及关公的符袋出征。当时福宁是州所在地，戚继光率军驻扎在福宁州东关村。为得到士兵拥戴，达到"战而不屈"的目的，满足士兵的精神寄托与信仰，戚继光便在东关村先后建起义乌城隍与关公庙。士兵们认为义乌城隍主要能为阵亡士兵的灵魂作证，其在阴间登记在册有神灵承认。关公则在礼、智、仁、义上作为士兵的楷模，以达到安定士兵队伍，激发士卒斗志的作用。

戚继光礼敬唐顺之为师，他在《纪效新书》卷十《长兵短用说篇》中曾说：

巡抚荆川唐公于西兴江楼自持枪教余，继光请曰："每见他人用枪，圈串大可五尺，兵主独圈一尺者何？"荆翁曰："人身侧形只有七八寸，枪圈但拿开他一尺，即不及我身膊可矣。圈拿既大，彼枪开远，亦与我枪无益，而我之力尽。"此说极得其精。余又问："如此一圈，其功何如？"荆翁曰："工夫十年矣。"时有龙溪王公、龙川徐公，皆叹服。一艺之精，其难如此！

---

① 吴占才辑录：《南澳县文物志》，南澳县文普办，1985年铅印。原碑本位于深澳关帝庙（即"寿亭侯祠"）前侧，现集于总兵府内碑廊。碑高232厘米，宽96厘米。

而且，戚家军令倭寇闻风丧胆的"鸳鸯阵"也出于唐顺之所著的《武编》，可知唐顺之与戚继光的密切关系。

　　唐顺之是王学、朱学的集大成者，也是明代中期关公信仰的主要倡导者之一，戚继光与其亦师亦友，自然会受其影响。另外，戚继光与徐渭也交情匪浅，曾一同在浙闽总督胡宗宪麾下剿杀倭寇，徐渭还曾赠予戚继光两首诗，名为《凯歌二首赠参将戚公》，其中一首写道："战罢亲看海日晞，大酋流血湿龙衣。军中杀气横千丈，并作秋风一道归。"徐渭也是关公的崇拜者，他甚至将关公看得比孔子还高。戚继光身处这样一个环境里，对关公的敬仰程度可想而知。

　　其实，明军中的关公崇拜由来已久，自洪武开国以来，关公在军队中的崇高地位就已经确立，很多将士行进到哪里就将关庙修到哪里，但也有一些将士信奉真武、天王或其他各类神祇。而到了嘉靖年间，关公逐渐取代了所有"战神"，成为独一无二的大明"军神"，这和剿倭将领们在征战过程中的英勇表现是分不开的。比如戚家军就累计歼敌 15 万余人，并曾创造过敌我伤亡比例超过 200∶1 的战争奇迹。《明史》说戚继光用兵"飙发电举"，可见其壮。他的节节胜利，无疑会让饱受倭寇蹂躏的沿海居民和其他的明朝军队振奋不已。关公信仰正是在此时随着唐顺之、徐渭、刘显、戚继光等爱国将领的剿倭历程而广泛传播到军队与沿海州县的。在这个时期以后，江南、闽广一带的关庙和关公传说明显增多。

　　如谢肇淛《五杂俎》卷十五《事部三》载：

　　今天下神祠香火之盛莫过于关壮缪，而其威灵感应，载诸传记及耳目所见闻者，皆灼有的据，非幻也。如福宁州倭乱之先，神像自动，三日乃止，友人张叔弢亲见之。①

再如余姚关庙的《重建庙碑》云：

吾姚灵绪山西故有公庙，江山环抱，信神明所都。旧岁倭奴寇姚，卒而几陷，祷于公庙，卒以却贼。于是当路及邑父老议恢庙制。②

嘉兴梅里关庙的《义勇武安王神祠碑记》说：

嘉靖之庚戌，岛寇猝起，大江以南佳丽地无不蹂躏，而继之以火，寻抵王镇。王镇故殷饶蕃盛，悉啖其资寇斧，旋加火焉。少顷，祝融肆出，无噍类矣。王从云端大呼，舞偃月刀，指寇。寇乃辟易罗拜，酋长谓众寇曰：若辈倘有所见否？红面长髯，叱咤而叫，呼者非关王也耶？里中必有积善余庆之家崛起而大，其后者相戒勿犯，冉冉而散。余弟倩叔承李君素敬礼王，是夕亲见我王飞舞退寇，亦亲闻众寇相戒勿犯密语。③

《嘉定捍倭庙记》载：

吾邑当嘉靖癸未，倭贼蹂躏海上，直逼东门。时未有城，凭土垒以守。门外有仓百间，贼因东风纵火，延及民居。烟焰塞天地，守陴者不能开目。贼遂欲乘之入。县令万公思谦呼神而叩头，语毕，风反。一贼已跃而越壕，民无习弓矢者，相顾丧魄。郡简校张大伦偶以事至，引弓而呼帝曰：帝欲活十万人，愿此箭贯贼喉！一发竟贯贼喉以毙。群倭乃骇而退。由是邑人之事帝益虔。④

---

① （明）谢肇淛：《五杂俎》，中华书局，1959 年版，432 页。
② （清）张镇：《解梁关帝志》，山西人民出版社，1992 年版，223 页。
③ （清）杨谦等：《光绪梅里志》卷三，收录于《中国地方志集成·乡镇专辑 19》，江苏古籍出版社，上海书店，巴蜀书社，1992 年版，31 页。
④ 《嘉定捍倭庙记》，收录于《古今图书集成》第 492 册《博物汇编·神异典·关圣帝君记事》，中华书局，1934 年影印版，70 页。

南通《通州狼山关庙记》：

> 狼山故无关庙……今狼山有是庙，实滁阳都指挥使白君无咎奉玺书来守狼山，捐买僧庐为之，事在万历丁丑秋冬之交。白君谓：狼山乃江海要卫，南北门户。昔刘七、倭奴之变，大创于是。人传江海之神与关公效灵甚显，而士卒之心惟知有关公者，忠义勇烈，足以依凭畏敬。故出师振旅，吉凶胜败，恃以无恐。而先声鼓奋，若有不言而神，存于其间。于是白君立庙。白君名贲，字无咎。①

类似的例子还有很多，可见剿倭将领们对关公文化传播所起到的作用。

关公所代表的"忠义仁勇"精神在剿倭过程中发挥了巨大的作用，这让大明帝国的军民终于知道了团结的重要性。自嘉靖三十二年（1553年）开始，东南沿海军民同仇敌忾、浴血奋战、誓死杀贼。四十年（1561年），戚继光率戚家军在台州九战九捷，痛歼倭奴。四十一年（1562年），戚继光转战福建，四战四捷之后，戚、俞联合，福建、浙江的倭寇基本被肃清。四十四年（1565年），戚继光与谭纶、俞大猷、刘显多方配合，击灭盘踞在广东、南澳的所有倭寇。至此，东南沿海的倭寇被最后荡平，嘉靖倭乱得以平息。

此后，戚继光又被朝廷调任为蓟辽总督，《五杂俎》卷四《地部二》载：

> 戚少保继光守蓟、辽日，以意制大熕，每发血毙千余人，血肉枕藉，而终不肯退，然虏亦畏之甚，不敢窥边者二十余年云。②

---

① （明）沈明臣：《通州狼山关庙记》，收录于《天一阁藏明代方志选刊·万历通州志》卷五《杂志》，台湾新文丰出版公司，1909年版，586页。
② （明）谢肇淛：《五杂俎》，中华书局，1959年版，118页。

戚继光的光辉履历其实就是关公精神的最好诠释，他所率领的军队基本是走到哪里就将关公信仰带到哪里，至今在北京古长城脚下还保留着他们当时修建的关庙。

唐顺之曾和卢镗、刘显一起在崇明岛、三沙岛大破倭寇。在一次战斗中，唐顺之"持刀直前，去贼营百余步。镗、显惧失利，固要顺之还"①，可见其勇。后不幸染病，于嘉靖三十九年（1560年）春天病逝，崇祯中追谥"襄文"。他学识渊博，于天文、乐律、地理、兵法、弧矢、勾股、壬奇、禽乙诸学，无不探究原委，并从古今文献中摘录资料，按类别分为左、右、文、武、儒、稗六编，传播于世。

徐渭曾经协助胡宗宪诱捕大倭寇王直、徐海，《明史》说"渭知兵，好奇计"②，后因胡宗宪下狱而被牵连，终身也没能入仕，甚至还罹患了疯病，但他却在辽东校场上教出了一位杰出的弟子李如松。这位名将曾率领着包括戚家军旧部在内的几万关王崇拜者，在朝鲜战场上痛击比嘉靖倭寇强大得多的十余万日本正规军。

刘显更是培养出了一位古今罕见的勇士刘綎。刘綎是刘显之子，堪称大明第一猛将，其武艺、气节和人生经历都极似时人所知的关羽，可以说是最接近演义版关羽的历史人物。《明史》曾云：

> 綎于诸将中最骁勇。平缅寇、平罗雄、平朝鲜倭、平播酋、平㺚，大小数百战，威名震海内。綎死，举朝大悚，边事日难为矣。綎所用镔铁刀百二十斤，马上轮转如飞，天下称"刘大刀"。天启初，赠少保，世荫指挥佥事，立祠曰"表忠"。③

---

① （清）张廷玉等：《明史》，中华书局，1974年版，5423页。
② （清）张廷玉等：《明史》，中华书局，1974年版，7387页。
③ （清）张廷玉等：《明史》，中华书局，1974年版，6396页。

刘綎死于万历四十七年（1619年）发生的"萨尔浒之战"，他当时已连下三寨，孤军深入敌境三百余里，一路上只顾斩敌杀将，而其他几路明军却或已覆没或停滞不前。后金的几路人马合力"奋击綎军，綎殊死战。趋綎西者复从旁夹击，綎军不能支"。据说刘綎死前双臂受伤，被削去了半个面颊，犹手刃数十人。其"养子刘招孙者，最骁勇，突围，手格杀数人，亦死"，活脱又是一个关平。刘綎的勇烈气节也得到了后金统治者的敬服，清朝立国以后，追谥他"忠壮"。

刘綎也曾参加过万历朝鲜战争，并与丰臣秀吉麾下的小西行长、加藤清正、黑田长政、岛津义弘等大名杀得天昏地暗。至今在韩国全罗道南原关王庙（也称诞报庙）中还有刘綎的神像，他在当地与关公一同受人膜拜，已有四百余年。

从刘显、刘綎、唐顺之、徐渭、戚继光等明军将领的事迹可以看出，关公信仰已经浸入到了他们的骨髓之中。这是否和《关王忠义经》在明军中的推广有些关系，因限于史料不足，已不得而知。不过，《关王忠义经》作者的创作目的还是为了"以作士气，以风忠义，且播之天下瞻奉者"，从大明军民在剿倭战斗中的英勇表现来看，这个目的应该已经达到了。

十、清代满族人的关帝信仰

顺治十六年（1659年），降清明臣方拱乾因"江南科场案"被流放宁古塔（今位于松花江左岸支流海浪河南岸）与"披甲人为奴"。多年以后，他得以赦归故里并将流放时的所见所闻编成了一本书，名为《绝域纪略》（又名《宁古塔志》）。在这本书中，方拱乾描绘了一个场景：

（满族人）初时不知有佛，诵经则群伺而听，始而笑之，近则习而合掌，以拱立矣……不祀神，惟知关帝，亦无庙，近乃作一土龛。①

　　"不知有佛""不祀神""惟知关帝"，可知关帝已然是满族人的主神，而"乃作一土龛"正可看出满族人对关帝的崇敬也是纯粹而真挚的，这说明满族人的关帝信仰由来已久。

　　姚元之《竹叶亭杂记》卷三中说："伏魔呵护我朝，灵异极多，国初称为'关玛法'。'玛法'者，国语谓祖之称也。"满族人将关帝称为"关爷爷"，这种称呼在敬畏之中饱含着真挚的情感。满族人甚至有一部民族史诗——《关玛法传奇》（满语称《关玛法乌勒本》）。在这部史诗中，关羽完全不是《三国演义》中的汉寿亭侯，而是一位草龙转世的英雄，他曾与恶魔耶鲁里撕斗，并最终拯救了北方的女真人。在大多数情况下，这部史诗要在萨满巫师的唱念结合下讲诵十多个晚上，听者云集。

　　所以在有清一代，关公在国家信仰体系中的位置被推到了极致。要想讲清其中的缘故，还要从明代开始说起。

　　明万历四十三年（1615年）三月，辽东女真族首领努尔哈赤第七次进京朝贡，这是他最后一次向明朝纳贡称臣。在返回赫图阿拉（今辽宁新宾老城）以后，努尔哈赤"于城东阜上建佛寺、玉皇庙、十王殿，共七大庙，三年乃成"，其中有一座庙即为关帝庙。这也是明神宗敕封关羽为"伏魔大帝"几个月之后的事情。

　　万历四十四年（1616年）正月初一，努尔哈赤在赫图阿拉自称为"覆育列国英明汗"，建元"天命"，国号大金（史称后金）。天命三年（1618年）的正月十六日，努尔哈赤对诸王大臣

---

①（清）方拱乾：《绝域纪略》，上海书店，1994年版，82页。

宣布："汝等勿疑，吾意已决，今岁必征大明国。"四月十三日，他以"七大恨"诏告皇天后土，起兵反明。这个时间应在赫图阿拉关帝庙建成前后不久。

努尔哈赤曾多次进京朝贡，他一定领略过"只把人中提万国，大明先谒正阳门"的景象，这自然会加深他对关帝文化的认识。不过，这似乎还不足以让他将"建元""反明"等重大决策都和修建关帝庙联系在一起，这里面肯定有更深层次的原因。

也许民国六年（1917年）《沈阳县志·祭礼》所记录的一条资料能够解释这个问题：

满、蒙则供神板，亦有绣像者，悬黄云帘幔，列香盘四或五，如木主座。说有异同：世谓清太祖请神像于明，明与后土，识者谓为献地之兆；再请又与观音、伏魔画像，故宗祀之一为朱果发祥女，一为完立妈妈。此列祀五位者之所宗也。

可知努尔哈赤在起事之前曾向大明请神，明朝廷将后土、观音、伏魔（关羽）赐予了他。这其实只是明廷的一次镇远怀柔的安抚举动，类似的事情在宋明两朝经常发生，但这次的结果却令明廷震惊。

对于努尔哈赤而言，既然"识者"认为赐予后土是"献地之兆"，那么赐观音和伏魔岂不是把"人口"和"军队"也都"献"给他了吗？这无疑会让努尔哈赤产生"天命在身"的雄心，他在赫图阿拉修建七大庙，并将后金政权的第一个年号定为"天命"，应该就和这种想法有直接的关系。

由此可见，努尔哈赤的关帝信仰来自他急于征服天下的迫切心理。在他的意识里，关帝已经不再是大明朝的守护神，而是"天命所归"的大金政权之"战神"了。

天命四年（1619年）三月，明朝征集了十余万人（号称四十七万）的军队讨伐后金。努尔哈赤掌握战机，集中兵力，在

"萨尔浒之战"中歼灭明军六万余人，取得了决定性的胜利。从此，明朝的力量大衰，不得不由进攻转入防御。天命六年（1621年），努尔哈赤攻占沈阳、辽阳，并迁都辽阳，兴建东京城。天命七年（1622年），努尔哈赤大败辽东经略熊廷弼和辽东巡抚王化贞，夺取辽西重镇广宁（今辽宁北镇市）。熊廷弼兵败被明廷问斩，王化贞下狱论死。至此，后金军队在天下已了无对手。

天命十年（1625年，明天启五年）三月二十二日，努尔哈赤迁都沈阳，并改沈阳为"盛京"。在这个时期，地处辽阳县的西八里庄发生了一件事：

明武安王庙即西八里庄关帝庙。清太祖征明至此，村人逃避。有苏姓者诡称庙祝求保护，乃以版亲题数语，末书"天命乙丑年题"，以是得无恙。洎定都沈阳，追悼阵亡将士，召苏诵经，赐道袍象笏。

这位"苏姓者"谎称自己是关庙庙祝竟能得到努尔哈赤的御笔丹书，继而保全性命，可见其智。这则逸闻也说明了当时努尔哈赤崇信关帝已是尽人皆知之事。

努尔哈赤死后，四子皇太极继位。天聪十年（1636年）四月，皇太极在盛京称帝，建国号"大清"，改元"崇德"，并改女真族名为满族。

和他的父亲一样，皇太极也崇信关帝，并且他还将关帝信仰推广到了版图内的各个阶层之中。《朝鲜宣祖实录》第二〇八卷就记载了崇德元年（1636年）满族人在抚顺关市祭拜关帝的情景：

备黑牛一支，乌鸡一支，请关圣帝君神像到墙，傍立大刀两口，下立腰刀四十余口，摆设香案祀奠。用黄表写二台吉并各头目年庚、誓状一通，有各夷目闻刀盟誓，将血酒抛天，遍饮，愿从今一意恭顺天朝，出力报效。

这段记载说明了此时的关帝信仰已是满族人团结其他民族及周边国家的一种重要手段了。

崇德八年（1643年），皇太极在盛京敕建关帝庙。《钦定盛京通志》记载了这件事：

盛京关帝庙：有三，一在地载门外城西北五里校场，崇德八年敕建。正殿三楹，东西配庑各三楹，大门三楹，赐额曰"义高千古"……一在天佑门外，大殿三楹，左右庑三楹，大门三楹；一在城北二台子，大殿三楹，耳房四楹，大门三楹。

《清史稿·礼三》也说：

关圣帝君：清初都盛京，建庙地载门外，赐额"义高千古"。

此外，当时的盛京还有一座比较隐秘的关帝庙，就在皇宫之北，应是爱新觉罗氏的私庙，其创建时间可能比皇宫的建造时间还要早，因为宫墙到这里像是特意拐了一个角度，并在大政殿后的红墙外为庙门留出了一块空地。这座庙至今尚存，处在盛京古城的中心位置，因此也俗称"中心庙"，可见当时清皇室对关公的崇拜程度。而且，地载门关帝庙和中心庙这两座盛京较早的关庙都在皇宫之北，其中应该也暗含着"帝系转北"的隐喻。

继努尔哈赤、皇太极之后，入关以来的清代帝王对关帝都极其推崇。

顺治元年（1644年），清政府入京以后即将地安门外的关帝庙定为国家祀典关庙，"岁以五月十三日致祭，由太常寺先期题请，即遣本寺堂官行礼"。顺治九年（1652年），爱新觉罗·福临敕封关羽为"忠义神武关圣大帝"。顺治十二年（1655年），福临亲自为德胜门外关帝庙撰写碑文，即《皇帝御制重建忠义庙碑记》，在碑文结尾处，这位年仅十八岁的皇帝写道：

今已功成，噫嘻盛欤！作庙翼翼，亿万斯年。

此句能让人感受到这位年轻人当时发自内心的喜悦之情。

康熙五年（1666年），年仅十三岁的爱新觉罗·玄烨曾派遣太常寺正卿、内翰林国史院庶吉士董笃行为洛阳关圣大帝林撰写《敕封碑记》，文章洋洋洒洒四千余字，以至于这通碑高4.73米，宽1.03米，是毫无疑问的关庙碑石"巨无霸"。玄烨又赐北京正阳门关庙庙额"忠义"。从此大清帝国上下又掀起了一轮崇拜关帝、修建关庙的高潮。

雍正时期，爱新觉罗·胤禛更是追封了关帝三代公爵，并升级了关庙祀典。《皇朝通志》载：

雍正三年（1725年），敕封关帝三代公爵，定春秋祭礼，置五经博士，以奉祀事。礼臣议请封关帝曾祖为光昭公、祖为裕昌公、父为成忠公。牌位止书追封爵号，不著名氏。于京师白马关帝庙后殿供奉，遣官告祭。其山西解州、河南洛阳县冢庙，并各省府州县，择庙宇之大者置主供奉，后殿春秋二次致祭。从之。五年，以关帝庙重修告成，定春秋致祭之仪：前殿牲用太牢，遣大臣将事，行三跪九叩礼；后殿牲用少牢，遣太常寺堂官将事，行三跪六叩礼。余仪皆同。五月十三日致祭，用牲牢果实。七年，定直省祭关帝庙岁三祭皆用太牢。

胤禛还为国家祀典关庙题写了"忠贯天人"匾额，并御制碑文。

到了乾隆年间，爱新觉罗·弘历对关公更为尊崇。据光绪《顺天府志》记载，弘历曾在乾隆二十五年（1760年）改关公原谥"壮缪"为"神勇"；三十三年（1768年）加封"灵祐"，又御书正阳门关帝庙楹联"浩气丹心，万古忠诚昭日月；祐民福国，千秋俎豆永山河"；四十一年（1776年）改谥"忠义"。他甚至还颁布特谕，修改史书《三国志》：

乾隆四十一年七月二十六日，奉上谕：关帝在当时立扶炎汉，志节凛然。乃史书所谥，并非嘉名。陈寿于蜀汉有嫌，所撰《三国志》多存私见，遂不为之论定，岂得谓公？从前世祖章皇帝谕旨，封为"忠义神武大帝"，以褒扬盛烈。朕复于乾隆三十二年降旨加"灵祐"二字，用示尊崇。夫以神之义烈忠诚，海内咸知敬祀，而正史犹存旧谥，隐寓讥评，非所以传信万世也。今当抄录《四库全书》不可相沿陋习，所有志内关帝之谥，应改为"忠义"。第本传相沿已久，民间所行必广，难于更易。着交武英殿将此旨刊载传末，用垂久远。其官板及内府陈设书籍，并著改刊，此旨一体增入。钦此！①

可见乾隆皇帝对关帝的尊崇，甚至到了要篡改历史的地步。他之所以对关帝如此重视，除了遵循满族人的传统之外，其实还和他引以为傲的"十全武功"不无关系。用他自己的话说："十功者，平准噶尔二，定回部一，打金川为二，靖台湾为一，降缅甸、安南各一，即今之受廓尔喀降，合为十。"弘历知道，这些战争的胜利虽然是全军上下一致奋勇搏杀的结果，但是作为大清"战神"、三军元帅的关圣帝君的精神感召力量也是决不能忽视的。因此，在乾隆时代，将士们几乎将从前没有关帝庙的地方都修了一个遍，以至于学者赵翼就曾经在《陔余丛考》中感叹道：

鬼神之享血食，其盛衰久暂，亦若有运数而不可意料者。凡人之殁而为神，大概初殁之数百年则灵著显赫，久则渐替。独关壮缪在三国、六朝、唐、宋皆未有禋祀……今且南极岭表，北极塞垣，凡儿童妇女，无有不震其威灵者，香火之盛，将与天地同不朽。②

---

① （清）永瑢，（清）纪昀等：《景印文渊阁四库全书》，台湾商务印书馆，1986年版，第1册，第7页。标点有改动。
② （清）赵翼：《陔余丛考》，中华书局，1963年版，第3册，第756页。

嘉庆十八年（1813年），河南爆发天理教叛乱。九月十五日，教徒攻入北京紫禁城，但旋即被歼灭。此后，清军在几个月之间就剿平了天理教。嘉庆皇帝爱新觉罗·颙琰认为这是关公显灵所致，遂于第二年加关公封号"仁勇"。

道光六年（1826年），在英国殖民者的怂恿支持下，新疆爆发了张格尔叛乱，叛军很快攻陷了喀什噶尔、英吉沙尔、叶尔羌、和阗四城。清廷立即任命陕甘总督杨遇春为钦差大臣，伊犁将军萨尔图克·长龄总领军事，督兵迎战。次年，清军相继收复失地，张格尔也兵败被俘。从当时清廷的上谕中可以看出，人们认为这次胜利也赖于关帝的威灵护佑。上谕云：

> 我朝定鼎以来，关帝屡彰灵佑。昨据长龄等奏，上年张格尔煽乱，遣其党扰近阿克苏，当官兵冲击之时，陡起大风，尘沙飞扬。该逆等遥见红光烛天，遂被歼擒。又长龄等督兵进剿，师次浑河沿，该逆等竟夜扰营。风起猛烈，官兵乘风冲贼，俘馘无算。次早接仗时，据获贼佥供，又见红光中兵马高大，不能抵敌，即各窜逸。此皆仰赖关帝威灵显赫，默褫贼魂，用克生擒巨憝，永靖边围[①]。

于是，道光八年（1828年），爱新觉罗·旻宁复加封关公"威显"，并云："此皆仰赖关帝威灵显赫，默褫贼魄，用克生擒巨憝，永靖边围。应加展诚敬，以期亿万年护国安民。"

清代皇帝对关公的推崇甚至使百姓得到了法外施恩。比如，道光九年（1829年）冬十月，新宾烟筒山、马尔墩岭二处居民因"私砍树株，开垦地亩"，遭到清廷盛京将军拘捕。但因马尔墩周围三十里内有关帝庙一座，为了"香火地亩应仍其旧"，清

---

① 《清宣宗实录》卷一百三十二"道光八年正月癸亥"条，转引自齐清顺《清代新疆的关羽崇拜》，载于《清史研究》1998年第3期。

廷不仅未予查办，还对犯禁居民加以安置，"分别给价迁移"。可见居民们确实沾了关公的光。

不过，自嘉、道以后，清朝的国力不断下降，朝廷对于内政外务的处理方式也日渐颟顸，以致道光二十年（1840年）爆发了鸦片战争。在一系列丧权辱国条约的签订中，中国历史从此拉开了沉重的近代序幕。

1851年1月11日，广西金田爆发了后来波及半个中国的太平天国运动。在这场运动中，太平军所到之处毁学宫、拆孔庙、查禁"四书五经"，包括关帝庙在内的各种神祠、道观、寺院多被焚毁，如太仓市《唐市志》载：

关帝庙：二。一在河东市中，一在语廉泾……咸丰十年为粤匪所毁，片瓦无存。

宝山县《月浦志》载：

月浦镇武圣宫：在东镇。旧本武烈王庙……同治元年四月二十日毁于粤匪。

嘉定《黄渡续志》言：

关壮缪侯庙……粤匪之祸，镇赭为墟。为乡间神祠尚存一二，余则概遭焚毁。

类似的记载不胜枚举。而当时的咸丰皇帝奕詝依然奉关公为大清主神，并且把关公的祀典由"群祀"升为了"中祀"，追封关公三代王爵，传谕各级官员在祭祀关帝时必须行三跪九叩之礼，如"帝王庙仪"。

此时，正是太平天国在天京（今南京）建都之际，奕詝在此时隆封关公，实是为了鼓舞颓废已久的清军士气，增强全国官民奋战到底的决心。这个举动在此后也确实起到了一定的作用，如正定《广济寺关帝殿碑记》所言：

自是年六月至九月，（太平军）蹂躏直隶正定府藁城县，并延至静海、阜城等县,以及束城连镇诸地方,显为元恶大憝,王法难容。我皇上肃降天威,恭行天罚。爰命盛京锦州副都统维禄,统领八旗十二佐领下骁校委官,领催兵丁,无一不奋勇争先,追奔而逐北,斩其枭帅,歼厥渠魁。俾直省诸州县,外无烽烟之告警,内无骸骨之堪忧,既班师而奏凯,后饮至而策勋。虽军威之丕振,实神功之默佑。愿刻石而立碑,历万古千秋而不朽。

此碑文应撰写于太平天国的天官副丞相林凤祥、地官正丞相李开芳北伐之时。咸丰四年(1854年),太平军的春官副丞相、平胡侯吉文元在阜城(今河北衡水市阜城县)被清军袭杀,《碑记》中所指的"枭帅"应该就是此人。这是太平天国自建国后所遭受的第一次重大挫败。此后,林凤祥在阜城挖壕坚守,抵抗了9个多月,最终被擒。李开芳也于咸丰五年(1855年)四月,在山东冯官屯(今聊城冯官屯镇)被僧格林沁所率的清军俘获。

咸丰六年(1856年),两广总督叶名琛奏称关帝显灵广东,护佑城垣,请加封号。于是礼部奏请得准,加封"精诚"。次年又加封"绥靖"。同治九年(1870年),关帝又被加封"翊赞"二字。光绪五年(1879年),又加封"宣德"。至此,关帝的封号已是二十六个字,这在历朝历代所有古今名将的追谥中,是绝无仅有的。

在清政府彻底倒台的前几年,关公信仰依然在各地产生着积极作用。如光绪二十五年(1899年),远在北部边疆的呼兰城重修关帝庙,副都统依尔根觉罗·倭克津泰亲撰的庙记中说道:

圣灵昭著,功德在人,其孰能与于斯乎?忆同治丙寅,马傻倡乱,欲渡松花江,侦探之贼遥望北岸,若有千军万马。然光绪乙亥,丛万金焚掠苏城,直扑呼兰,城守尉成公率兵迎击于罗家窝堡，贼火药忽焚，自云恍惚见神人，是以败。

显然，这里所记述的事件有悖于自然科学，然而从社会科学，特别是军事科学来研究却有一定的意义，因为关公所代表的精神力量让后来的呼兰城创造了奇迹。

在呼兰关帝庙重修后的第二年，八国联军入侵中国，俄国沙皇尼古拉二世宣布亲自担任总司令，派遣十几万大军，分兵五路进犯中国东北，沿途大肆虐杀无辜平民。

八月，凶狠的俄国军队攻至呼兰河畔，他们在南岸的南包家店架起火炮，向城内狂轰滥炸。此时的倭克津泰已年过花甲，却领着一支仅有一百多名步兵的队伍与侵略者浴血奋战，英勇拼杀，致使沙俄军队在一个多月的时间里，不断受到重创，始终不能渡过呼兰河。不得不说这是一个人类军事史上的奇迹。

闻八月十九日（10月12日），在城破之前，倭克津泰为了全城百姓的安全，没有以身殉国，也没有仓皇逃窜，而是留下来与俄军谈判。最终，他竟然说服了那些残忍的对手，让数万呼兰平民免遭屠戮。

倭克津泰字纶卿，依尔根觉罗氏，北京正蓝旗人，满族。他以二品大员的身份在呼兰执政20年，宽政爱民，从不作威作福，百姓称他为"老倭公"。毫无疑问，这样一个人物当得起英雄二字。

1912年2月12日，清廷皇室发布退位诏书，宣告在中国实行了两千多年的封建帝制就此结束，但关公信仰依然存在于国家信仰体系中。民国初期，政府每年都举行祭祀关羽的活动。

岁月荏苒，时光飞逝。现在每年四月十八，在当年努尔哈赤修建"七大庙"的新宾老城（即赫图阿拉）还会举行关帝庙会，现场火爆，集商贾交易、文化活动于一体，一般能吸引数万人游观。而且，现在许多新宾的满族大户家族中还保留着祭祖祭神的传统，他们一般供奉的神板子上共有九个香碟（即木制香碗），除了供奉他们的肇祖、兴祖、景祖、显祖和太祖高皇帝努尔哈赤外，还供有圣宗佛、观音菩萨、关圣帝君和佛托妈妈，可见如今的满族人依然将关圣帝君视为家族神而加以祭祀。

由此可知，在满族人心目中的关羽形象，是带着白山黑水气息的英雄关羽，是富有勇敢的民族性格的关圣帝君，也是能够庇护家族子孙的爷爷关玛法，这是关帝文化跨民族性传播的具体表现，也说明了我们今天所看到的关帝文化其实是一种多民族共同创造的文化，本非汉民族所独有。其实，满族人的关公信仰也为一个观点提供了有力的证据，那就是关公是中华民族长期以来一直存在着的一种强大的文化认同，它早已经超越了汉人的民族文化领域。这一点应当引起国人的重视。

十一、清代、民国关帝祭祀制度考

1. 清代官方祭祀关帝制度

顺治元年（1644年），清军刚刚入关，爱新觉罗·福临即着手制定关帝祀典，恢复了明代成化年间所定下的五月十三日遣官致祭的制度。康熙年间，朝廷下诏祭关帝用太牢祀[①]。

雍正三年（1725年），"旨诏京省府州县有司，官崇祀关圣庙庭，逢祭辰，陈设牲醴，祀遵太牢，特典以昭崇奉至意"。雍正五年（1727年），下令重修京城关帝庙后，胤禛专门制定了五

[①] 太牢是古代天子祭祀的规格，牛、羊、豕三牲全备为"太牢"。一般祭祀所用的牺牲在行祭前要先饲养于牢，故这类牺牲称为牢；又根据牺牲搭配的种类不同而有太牢、少牢之分。少牢只有羊、豕，没有牛。由于祭祀者和祭祀对象不同，所用牺牲的规格也有所区别，天子祭祀社稷用太牢，诸侯祭祀用少牢。

月十三日祭典的有关规制：每年五月十三日致祭，关帝前殿祭品用太牢，即牛一、羊一、豕一，祭品有白色礼神制帛一、果品五、尊一、爵三；三代后殿用少牢，即羊一、豕一，余如前殿。春秋二祭，前殿用帛一、牛一、豕一、镫一、铏二、簠簋各二、笾豆各十、尊一、爵三，派遣大臣一人承祭，行三跪九叩礼；后殿摆设三案，用帛各一、羊各一、豕各一、铏各二、簠簋各二、笾豆各八、尊三、爵九，派遣太常寺堂上官承祭，行二跪六叩礼。雍正七年（1729年），清政府制定直隶、各省祭祀关帝庙的制度。规定每年三祭，即五月十三和春秋仲月，祭品用太牢。这是自两宋以来，首次由政府规定地方按时祭祀关帝。

乾隆五年（1740年），朝廷颁定祭祀关帝庙的祭品和仪注，其春秋二祭的祭品为帛一、尊一、爵三、牛一、羊一、豕一、镫一、铏二、簠簋各二、笾豆各十、炉一、镫二。五月十三日之祭品为牛一、羊一、豕一、果实五。后殿祭品为帛一、羊一、豕一、铏一、簠簋各二、笾豆各八、尊一、爵三、炉一、镫二。

祭祀规制与雍正五年相似：庙祀洁扫殿宇；太常寺官具祝版，备器，陈礼品；承祭官入庙，迎神上香，奠献，作辞，行三跪九叩礼；奉祝，读祝辞；送神，视燎，等等。

此外，弘历还额外规定了直隶、地方祭祀关帝庙的制度：承祭官祭拜前一日要吃斋，不理司法政务，照常办理民事。届时，"前殿主祭，以地方正官一人，后殿以丞、史。执事以礼生，陈设礼仪，均与京师祭关帝庙同"。另外，还由朝廷颁定了一系列祭文、祝文。从此，祭祀关帝的制度更加完备。

咸丰三年（1853年），关帝祀典升为中祀，享有与历代帝王相同的祭祀礼遇。与此同时，朝廷还制定了更加完善、更加全面的礼仪制度。据《钦定大清会典事例·礼部·中祀》记载，当时的规定有：

一、春秋二祭系卜吉，不得忌辰日期。二、历代帝王庙乐章六奏用平字，迎神一成，初献一成，终献一成，彻馔一成，送神一成，凡六成；如遇亲祭，和声署照例奏导迎乐，今关帝庙乐章，照历代帝王庙用六成。三、关帝庙佾舞，照历代帝王庙用八佾，文舞武舞兼用。四、明年春秋二季，前殿承祭，以亲王郡王拟定正陪，遣王一员行礼；后殿遣太常寺堂官一员行礼。祀前于疏内开列具题请旨。五、五月十三日告祭关帝庙，承祭遣官，祀前致斋一日，不作乐，不彻馔，供品鹿兔果酒，其余礼节，与春秋二祭同。六、后殿各事宜，均照旧例，惟五月十三告祭，礼节供品与前殿同。七、祀前二日，太常寺恭请祝版进内，由内阁恭书祝文，送寺安奉洁安，翌日恭设亭内，送至祭所。八、前殿神位前，笾豆案一，陈设爵垫一，镫一，簠一，簋二，笾十，豆十；俎一，内陈牛一、羊一、豕一；香案陈铜炉一；香靠具实炭垫一；铜炉台二，上设六两重黄蜡二枝。

如此一来，相关的祭品、祭器、祝文、祭礼、乐舞等一系列配套的礼仪制度也相继制定。如新制关帝庙祭乐为中和韶乐，其春祭乐章为：

春夹钟清均，倍应钟起调，箫佽除仜亿，笛六除伍仜。

迎神 格平之章：懿铄兮焜煌，神威灵兮赫八方，伟烈昭兮累祀，祀事明兮永光，达精诚兮忝稷，馨香俨如在兮洋洋。

奠帛初献 翊平之章：英风飒兮神格，思纷绮盖兮龙旗，爽斗桂醑兮盈卮，香始升兮明粢，惟降鉴兮在兹，流景祚兮翊昌时。

亚献 惈平之章：觞再酌兮告虔，舞干戚兮合宫悬，歆苾芬兮洁蠲，扇巍显翼兮神功宣。

终献 靖平之章：郁鬯兮三申，罗笾簋兮毕陈，仪卒度兮肃明禋，神降福兮宜民宜人。

彻馔 彝平之章：物惟备兮成有，明德惟馨兮神其受，告彻兮礼终罔咎，佑我家邦兮孔厚。

送神 康平之章：幢葆葳蕤兮神聿归，驭凤轸兮骖虬騑，降烟煴兮余芬菲，愿回灵盼兮德洽明威。

望燎 康平之章：蒿烈兮燎有辉，神观遥烛兮祥云霏，祭受福兮茂典无违，庶扬骏烈兮永奠疆畿。①

咸丰四年（1854年），奕訢又诏准皇帝在关帝祀典中要行三跪九叩之礼，突破了中祀的拜跪定制。同年农历八月十四日，咸丰帝还亲到关帝庙祭拜行礼。至此，清朝对关帝的崇祀礼典已达到有史以来的最高峰。

2. 清代满族人祭祀关帝制度

清代满族人专有一套供本民族祭天祭神的祀典，俗称"堂子祭"。这种祀典是不允许汉人参加的，因此显得颇为神秘。吴振棫在《养吉斋丛录》中记载说：

顺治元年，建堂子于长安左门外，玉河桥东。元旦必先致祭于此。其祭为国朝沿用旧制，历代祀典所无。又康熙年间，定祭堂子汉官不随往，故汉官无知者。询之满洲官，亦不能言其详。惟《会典》诸书所载，自挂纸钱以至司祝、擎神刀、祷祝、歌鄂啰啰，始末毕陈，并无神异之说。祭神殿南向，拜天圜殿北向，上神殿南向。上神殿，即尚锡神亭。按满洲祭神、祭天典礼，尚锡之神，即田苗神，其圜殿祝辞，所称钮欢台吉、武笃本贝子，皆不得其缘起。

清制，堂子与太庙并重，皇帝凡遇国家征讨大事，必亲祭

---

① （清）徐畅达：《关帝庙典礼·皇朝祭器乐舞录》，转引自田海林、李俊领："忠义"符号：论近代中国历史上的关岳祀典》，载于《山东师范大学学报（人文社会科学版）》2012年第1期。

告,谓之祷祭。而关帝就是这种"堂子祭"的主神之一。乾隆十二年(1747年)《钦定满洲祭神祭天典礼·汇记满洲祭祀故事》载:

> 我满洲国自昔敬天与佛与神,出于至诚。故创基盛京,即恭建堂子以祀天,又于寝宫正殿恭建神位以祀佛、菩萨、神及诸祀位嗣,虽建立坛、庙,分祀天、佛暨神,而旧俗未敢或改,与祭祀之礼并行。至我列圣定鼎中原,迁都京师,祭祀仍遵昔日之制,由来久矣。而满洲各姓亦均以祭神为至重,虽各姓祭祀皆随土俗,微有差异,大端亦不甚相远,若大内及王、贝勒、贝子、公等均于堂子内向南祭祀。至若满洲人等均于各家院内向南以祭。又有建立神杆以祭者,此皆祭天也。凡朝祭之神,皆系恭祀佛、菩萨、关帝。惟夕祭之神,则各姓微有不同。①

清室皇族对于天、神的祭祀偏重于祝词,同典卷首说:

> 奉上谕,我满洲禀性笃敬,立念肫诚,恭祀天佛与神,厥礼均重。惟姓氏各殊,礼皆随俗。凡祭神祭天,背镫诸祭,虽微有不同,而大端不甚相远。若我爱新觉罗姓之祭神,则自大内以至王公之家,皆以祝辞为重。

所以,堂子祭的关帝祝词尤为繁多,且在祝词前后也有严格的仪式仪轨:

> 正月初三日、每月初一日,坤宁宫祭朝、祭神,预将镶红片金黄缎神幔用黄棉线绳穿系其上,悬挂西山墙所钉之雕龙头、鎏金红漆三角架,以净纸二张各四折,镂钱四挂于神幔两端……
> 皇帝亲诣行礼司香,移司祝叩头小低桌于北首。皇帝进于

---

① (清)允禄等:《钦定满州祭神祭天典礼》,收录于《景印文渊阁四库全书·史部》第657册,台湾商务印书馆,1986年版。

朝祭神位前，正中向上立。司祝先跪，皇帝跪，司祝祝毕，皇帝行礼，兴，退。司祝叩头，兴，合掌致敬，如同皇后。行礼，皇帝在南，皇后在北。行礼司俎官、司俎等俱出外，惟留司俎妇人、太监等在内……

关帝神像于正中，所供之酒并香碟皆移正中，酒罇用净袱幂之。奏三弦琵琶、鸣拍板人等进，坐于原处。司香妇人敛毡，三折之，铺于近炕沿处。司香举台盏，授于司祝。司俎太监等舁一猪，入门置炕沿下，首西向。司俎满洲一人，屈一膝跪按其猪。司俎官及司俎、首领太监、内监等奏三弦琵琶、鸣拍板、拊掌。司祝跪于炕沿下，三折红毡，上斜向西南，举台盏献酒一次。司俎等照前歌鄂啰罗。献毕，司祝致祷，以二盏酒合注一盏中。司俎满洲执猪耳，司祝灌酒于猪耳内，以台盏授司香，一叩头，三弦琵琶、拍板暂止。司俎满洲执猪尾，移转猪首向东。司俎太监等进前舁猪，暂顺放于包锡大桌上，司香举台盏授司祝，司祝接受台盏，舁第二猪入门、献酒、灌酒如前仪。以包锡大桌上猪二，俱令首西向横放，省之。每桌前令司俎妇人二举银里木槽盆接血，司香妇人撤去毡，进红漆长高桌，设于西炕前以接血，木槽盆列高桌上，撤去所供糕酒与果。猪气息后，司俎等转猪首顺桌向南直放，去其皮，按节解开，煮于大锅内。其头、蹄及尾俱不去皮，惟燎毛、燖净，亦煮于大锅内。以脏腑置于锡里木槽盆。舁出另室内，整理洁净，舁进以盛血木槽盆，就地安置。司俎满洲一人进于高桌前，屈一膝跪，灌血于肠，亦煮锅内。司俎太监等置皮于盛皮木槽盆内，撤去包锡大桌二及油厚高丽纸，仍以胆与蹄甲贮红漆小木碟内，置于炕上所设之大低桌北首边上。俟肉熟时，细切胙肉一碗，设箸一双，供于大低桌正中。以二猪之肉分置二银里木槽盆内，前后腿分设四角，胸膛向前，尾桩向后，肋列两旁，合凑毕，置猪首于上。复以膁肶连油整置于鼻柱上，供于神位前长高桌。司香点香，司香妇人铺黄花红毡一，司香举醴酒碗一，司香举空碗齐进，拱立。又一司香举台盏授司祝，司祝进，跪献酒三次。是献也，凡献酒换盏注酒及司俎太监等奏三弦琵琶、司俎等鸣拍板、司俎满洲拊掌、歌鄂啰啰三次，俱如前仪。三献毕，以台盏授于司香，叩头，兴，合掌致敬。

皇帝、皇后亲诣行礼如前仪。神肉前叩头毕，撤下祭肉，不令出户，盛于盘内，于长桌前按次陈列。或皇帝率皇后受胙，或率王大臣等，食肉之处，请旨遵行。如遇皇帝不受胙之日，令值班大臣侍卫等，进内食之。食毕，司俎太监等撤去皮骨皮油，送交膳房。其骨、胆、蹄、甲，司俎官送洁净处，化而投之于河。随将神幔收卷，其所挂纸钱存俟月终，贮高丽纸囊内，除夕送赴堂子，与堂子内所挂净纸及神杆同化之。所有关帝神像，恭贮于红漆木筒。

这种仪式的祝词为：

上天之子、佛及菩萨、大君先师、三军之帅关圣帝君，某年生小子、某年生小子（为某人祭则呼某人本生年），今敬祝者：丰于首而仔于肩，卫于后而护于前，畀以嘉祥兮，齿其儿而发其黄兮，年其增而岁其长兮，根其固而身其康兮，神兮贶我，神兮佑我，永我年而寿我兮！

朝祭灌酒于猪耳祷辞：

上天之子、三军之帅关圣帝君，某年生小子、某年生小子，敬献粢盛，嘉悦以享兮！

朝祭供肉祝词：

上天之子、三军之帅关圣帝君，某年生小子、某年生小子，今敬祝者：丰于首而仔于肩，卫于后而护于前，畀以嘉祥兮，齿其儿而发其黄兮，年其增而岁其长兮，根其固而身其康兮，神兮贶我，神兮佑我，永我年而寿我兮！

每岁春夏秋冬四季献神朝祭的祝词为：

上天之子、佛及菩萨、大君先师、三军之帅关圣帝君，某年生小子、某年生小子，今敬祝者：谨以黄金、白银、蟒缎、龙缎、片金、倭缎、闪缎各色缎布，良马、健牛献于神灵！丰于首而仔于肩，卫于后而护于前，畀以嘉祥兮，齿其儿而发其黄兮，年其增而岁其长兮，根其固而身其康兮，神兮贶我，神兮佑我，永我年而寿我兮！

四月八日"浴佛祭"的祝词为：

上天之子、佛及菩萨、大君先师、三军之帅关圣帝君，某年生小子等，今敬祝者：遇佛诞辰，偕我诸王敬献于神，祈鉴敬献之心，俾我小子丰于首而仔于肩，卫于后而护于前，畀以嘉祥兮，齿其儿而发其黄兮，年其增而岁其长兮，根其固而身其康兮，神兮贶我，神兮佑我，永我年而寿我兮！

《堂子亭式殿祭马神仪注》的祝词为：

上天之子、佛及菩萨、大君先师、三军之帅关圣帝君，某年生小子，今为所乘马敬祝者：抚脊以起兮，引鬣以兴兮，嘶风以奋兮，嘘雾以行兮，食草以壮兮，啮艾以腾兮，沟穴其弗蹈兮，盗贼其无撄兮，神其贶我，神其佑我！

朝祭灌酒于猪耳祷辞：

上天之子、三军之帅关圣帝君，某年生小子，今为所乘马敬献粢盛，嘉悦以享兮。

朝祭供肉祝词：

上天之子，三军之帅关圣帝君，某年生小子，今为所乘马敬祝者：抚脊以起兮，引鬣以兴兮，嘶风以奋兮，嘘雾以行兮，食草以壮兮，啮艾以腾兮，沟穴其弗蹈兮，盗贼其无撄兮，神其贶我，神其佑我！

可见，在满族人的大部分祭天、祭神仪式中，都会祭祀上天之子（努尔哈赤）、佛及菩萨、大君先师以及关圣帝君，但在需要杀猪供肉的祭典中，就只有上天之子和关圣帝君两位神灵了。这说明在满族人的意识中，关帝更为亲切。

清室皇族甚至在求子时也会祭祀关帝，如《神前求福祝辞》：

上天之子、佛及菩萨、大君先师、三军之帅关圣帝君、佛立佛多鄂谟锡玛玛之神位，某年生小子、某年生小子，今敬祝者：聚九家之彩线，树柳枝以牵绳，举扬神箭以祈福佑，以致敬诚。悯我某年生小子，悯我某年生小子，绥以多福，承之于首，介以繁祉，服之于膺。千祥荟集，九叙阜盈，亦既孔皆，福禄来成。神兮贶我，神兮佑我，丰于首而仔于肩，卫于后而护于前，畀以嘉祥兮，偕老而成双兮，富厚而丰穰兮，如叶之茂兮，如本之荣兮，食则体腴兮，饮则滋营兮，甘旨其献兮，朱颜其鲜兮，岁其增而根其固兮，年其永而寿其延兮！

可见爱新觉罗一系对三军之帅关圣帝君的信奉之诚。至今，中国许多地方还有将关帝当作送子神来祭拜的，以至于产生了"关根""关生"等名字，这多少与满族人的关帝文化有些关系。

3. 北洋政府关帝祭祀制度

1912 年 2 月 12 日，清廷皇室发布退位诏书，宣告了在中国实行了两千多年的封建帝制就此结束，历史又郑重地翻过了一页。而关公文化却并没有因此在国家信仰中消失，至少在民国初期的北洋政府时代，关羽还是军队精神的象征，只不过此时多了一位和他同享祭祀的历史人物——岳飞。

民国三年（1914 年）11 月 20 日，袁世凯颁布将关羽和岳飞合祀的告令，令云：

据陆海军部呈称时方多难，宜右武以崇忠。古者以死勤事，以劳定国者，皆在祀典。近则欧西各国范金铸像，日本亦有靖国神社之名，表彰先烈，中外所同。现武成之奠尚在阙如，崇德报功必符名实。关壮缪翊赞昭烈，岳武穆独炳精忠。英风亮节，同炳寰区，实足代表吾民族英武壮烈之精神。谨拟以关岳合祀，作为武庙等情。查关岳两祠近代久崇禋祀，我国人民景仰盛徽，胀蠁之报，几遍里间。诚以忠武者，国基所以立，民气所以强。当此民国肇兴，要在尚武。经传本有祃祭，唐宋亦祀武成，允宜特荐馨香，列诸典礼，为师干之主表，示民族之楷模。著礼制馆妥议关岳合祀典礼，并稽考唐宋武成庙祀遗规，将历代武功彪炳之名臣、名将及民国开国忠烈将士酌予从祀，庶振袍泽之气，用臻强盛之庥。凡我国人民皆当知崇厥武祀，实以壮军志而固国维。既殊叔季丰昵之非，更异释老迷信之指，其咸怀明德，作我干城。本大总统深望也。①

　　遵从袁世凯之令，民国政府的礼制馆在稽考唐宋以来武成庙祭祀制度的基础上，拟定了《关岳合祀典礼》②。礼制馆馆长徐世昌认为"典秩所在，武义之宗"，建议合祀关岳的祭所应该像孔子庙一样以姓氏为名；木主题谥号，而弃用"道家之谬号"；从祀者，"气节为上，武略次之，义贵谨严，宁遗勿滥。前清将帅民国先烈有待论定，暂就缺如。谨拟自蜀汉张飞至明周遇吉，都凡二十四人列位两序，以配胀蠁"。袁世凯批令称："准如所拟办理，即由该馆通行准照折存。"

　　因为财政吃紧，当时政府一时无力为关羽和岳飞建造一座体现民国气派的神祠，于是开始改用前朝旧物。经过一番考量，决定将鼓楼西大街的醇贤亲王庙作为京城关岳庙的改造之所。

---

① 政事堂礼制馆：《为遵令拟订关岳合祀典礼呈请鉴核事》，收录于《关岳合祀典礼》，礼制馆印，1915年版。
② 政事堂礼制馆：《关岳合祀典礼》，礼制馆印，1915年版。

醇贤亲王庙于1899年建成，奉祀清朝道光皇帝第七子即光绪皇帝父亲和宣统皇帝祖父爱新觉罗·奕譞。此庙坐北朝南，分三进院落，其中院又有东西跨院。中轴线依次为琉璃照壁，中门，外为八字墙，两旁各有一座琉璃门；中院内东有焚帛炉，西有祭器亭；正殿7间，殿前有月台一座，东西配殿各5间；后寝祠5间。因为这是晚清皇家于宫廷之外最壮丽豪华的祠庙建筑，所以北京政府并没有在关岳像享殿上大做文章，只是在原祠庙后寝祠雕塑关羽和岳飞神像而合祀之。

1915年3月，徐世昌主持的民国政府礼制馆完成《关岳合祀典礼》。该典礼包括"京师关岳庙祭礼""地方关岳庙祭礼"和"说明书"三部分。

京师关岳庙祭礼是国家祭祀关岳的仪礼。《关岳合祀典礼》对其祭所、祭期、祭礼等做了详细规定。如：

祭所与祭期：京师关岳庙位于德胜门内鼓楼西大街。这座庙没有因袭清代武庙的称谓，原因在于礼制馆认为"关岳本非全是武人，关壮穆长而好学，读《左传》略皆上口；岳忠武家贫力学，尤好《左氏春秋》《孙吴兵法》。二公当时并有国士之目。今第名之曰武庙，殊未足以尽其为人。况孔子庙已不名为文庙，则关岳合祀自应直称关岳庙，乃为得当"。

京师关帝庙祭期确定在每年"春秋分气节后第一戊日"。在礼制馆看来，不将祭期定在春秋二仲的上戊日，是为了避免与上丁祀孔太接近，而造成"礼烦人倦"，"转失敬意"。"春秋分气节后第一戊日"的日期确定，尚不失春秋致祭的传统意味。

关于斋戒与祭礼：京师关岳庙春秋祭祀，如遣副总统或参谋总长、陆海军总长一人将事，则不必斋戒；如果特行崇典，由大元帅袁世凯本人亲诣行礼，则需在祭祀前一日斋戒以示庄严。祭礼为二拜三行礼。为使关岳祭祀与其他大型国家祀典有所区别，将仪典程序中的"答福胙"改为"受袳"。

关于受祭者与献祭者：京师关岳庙主殿内正位在左奉关壮穆侯，右奉岳忠武王，均南向。礼制馆对关岳庙从祀者作了取舍标准："一、忠武可风；二、史传有征；三、通于流俗；四、身为将帅。另有六类不录，功德显著别有庙祀者、文臣死事守土就义者、人所诟病史有恶声者、迹备稗野事轶村坊者、事费数典人待论定者、位秉钧衡名居裨贰者。"据此，确定从祀者24人，具体为：张飞、王濬、韩擒虎、李靖、苏定方、郭子仪、曹彬、韩世忠、旭烈兀、徐达、冯胜、戚继光——东位西向；赵云、谢玄、贺若弼、尉迟敬德、李光弼、王彦章、狄青、刘锜、郭侃、常遇春、蓝玉、周遇吉——西位东向。东西两向均北向。在从祀者问题上，礼制馆避开了清代将帅和民国开国忠烈。另外还规定，由大总统特准予祀者不在此限。

为消除关羽身上的神话色彩，彰显"尚武之精意"，关羽的木主只题写"关壮穆侯"，岳飞的木主也只题写"岳武穆王"。从祀诸将士像孔子庙两庑的从祀者木主一样，直书姓名。

京师帝王庙主持祭祀的献官称谓也因人而异，大总统遣副总统或参谋总长、陆海军总长，称为"承祭官"。大总统亲诣行礼，则称"大元帅"。这也是为了突出"尚武"的用意。

关于祭品与祭器：礼制馆参照清代武成庙和岳庙的祭品与祭器的规制，确定了京师关岳庙的相应制度，具体为主殿正位笾豆案上各爵垫一，其前各登一，实以太羹；铏二，实以和羹；簠二，实以稻粱；簋二，实以黍稷；笾十，实以形盐、藁鱼、棘、栗、榛、菱、芡、鹿脯、白饼、黑饼；豆十，实以韭、菹、醓醢、菁菹、鹿醢、芹菹、兔醢、笋菹、鱼醢、脾析、豚拍。统一设俎，实牛一、羊一、豕一。香案上设炉一、烛台二。从祀位器数悉与孔子庙十二哲位同。

关于陈设与乐悬：主殿"正位笾豆案二，其前香案二，又前统设俎一，皆南向。东序一龛，西序一龛，东向笾豆案各四，统设俎香案东西各一。殿中少东祝案以北，向东尊桌一，接桌一，西尊桌一，接桌一，篚桌一，均北向。正位神龛旁馔桌东西各一，南向东序。从祀位。右供张"。祀乐"设乐悬于殿外阶上，镈钟一，特磬一，编钟十有六，编磬十有六，琴六，瑟四，箫四，篴四，篪四，排箫二，埙二，笙二，建鼓一，搏拊二，柷一，敔一，干戚三十有六，麾一，旌二，东西分列如仪"。另外，祭祀之前"鼍鼓三严"仪节所用鼓，拟用鼗鼓，而不用建鼓。礼制馆认为，关岳庙祭祀应当像祀孔典礼一样，在祭祀之前进行"鼍鼓三严"。二者的不同之处在于：孔子庙取"大昕鼓征"的含义，而关岳庙则取"备守三鼙"的意思。

礼制馆为京师关帝庙祭祀所制祝文云：

惟某年月日，陆海空大元帅某（遣官则云遣某官某）敬祭于关壮穆侯、岳忠武王曰：惟神河岳英灵，乾坤正气，忠诚激于金石，武烈炳于旂常，高义薄云，动寰区之景慕，精忠报国，垂后进之楷模。信大节之相符，宜有功而必祀。奠千秋之俎豆，庙貌长留，靖八表之戈铤，民生受福。震今铄古，元精争日月之光，异代同时，壮采肃风云之气，永虔朌蘄，勿替明禋，尚飨。

祝版用白纸墨书。

祭祀仪节相应乐章如下：

迎神 乐奏建和之章，辞曰：尚武兮新邦景，前徽兮烈光缅，翊汉兮神威启，精忠兮靖康明，祀事兮惟诚，庶居歆兮苾芳乐。

初献 乐奏安和之章，辞曰：飒爽兮英姿，肃灵风兮两旗，椒馨兮始升荐，嘉币兮明粢，来格兮洋洋，神凭依兮在兹。

亚献 乐奏靖和之章，辞曰：振万舞兮宫悬，申式觥兮告虔，赫濯兮声灵，仰神兮亿年。

终献 乐奏康和之章，辞曰：河岳兮降神佑，启我兮后人，清酒兮三申，通精诚兮明禋。

彻馔 乐奏蹈和之章，辞曰：备物兮吉蠲，将告撤兮琼筵，神享兮克诚，垂英灵兮后光。

送神 乐奏扬和之章，辞曰：瞻祠庙兮神归，翩云驾兮骖騑，灵盼兮昭回，承嘉休兮德威。

礼制馆因为"前清孔子未升大祀以前，乐用文舞六佾"，所以祭祀关岳拟改用武舞六佾。

《关岳合祀典礼》规定，京师关帝庙除春秋两戊日隆重致祭外，还在每年国庆节日举行大阅告祭礼。大阅前一日，大元帅遣副总统或参谋总长、陆海军总长一人诣庙告祭关岳。当日夜半，执事官在正位神座南面建国旗、大元帅旗，两序分建所阅军队旗，前庭放置所阅军器。在神位西北设立瘗坎。在殿上正中束牲。主殿南北首偏东设一盟书案，偏西设一馔案，阶下正中设一受馔案。祭品只用酒脯，祭器每案笾豆各一。东阶上设国乐，西阶上设军乐。参加祭祀行礼者皆穿军服，而不用祭服。具体行礼进程为：辨位，献祭（司盟接盟书奉于案，鼋鼓三严，国乐作，奏国歌，告祭官以下咸三肃，乐止），读盟书，受馔，彻馔，送瘗。另外，还规定"凡出师告祭、旋师告祭，一切仪文器数，均与大阅告祭礼同。隆礼有加，则大元帅亲诣行礼"。

礼制馆所拟的京师关岳庙大阅告祭礼，在祭品上袭用了清代关帝庙五月十三日之祭的相应规制。祭器又仿照明代式样。祭礼由二拜三行礼改为"三肃"礼。三肃，是古代着军服者所行的敬礼，取军人凯旋而表达喜庆的含意，与民初的鞠躬礼接近。为简化礼节，像衅鼓、奠矢、酹鸡血酒等前代师祭仪节均废而不用。

民国政府从1915年至1926年之间每年都举行关岳合祀典

第二章 文化考辨

153

礼。因为关羽和岳飞毕竟都是带有军事行伍色彩的忠义神灵，所以祭祀典礼通常由民国政府的陆军总长主持，如1918年4月1日京师关岳庙春戊祀典，即由陆军总长段芝贵恭代行礼，翌年春戊祀典则由陆军总长靳云鹏恭代行礼。这一时期关岳合祀典礼常缓期举行。1918年关岳庙春戊祀典本应在3月22日（戊辰日）举行，后改在4月1日（戊寅日）。1919年秋戊合祀关岳，祭期推迟到10月13日（戊戌日）举行。对关岳合祀仪典的延期，与南北军阀混战有关。

1926年至1928年间，中国国民党领导的南京政府向北洋军阀发动内战。国民革命军连克长沙、武汉、南京、上海等地，最终在西北的冯玉祥和山西的阎锡山加入下于1928年攻克北京。同年，南京政府宣布废除孔子、关岳庙祀。至此，关公这个中华民族的文化符号就在那混乱喧闹的时代，告别了国家信仰体系，回归为纯粹的民间信俗。

十二、关帝信仰与财神崇拜

中国的生意人都知道关帝是"财神"，许多中国人开设的餐馆、公司里都摆着关帝像，但关帝为何是"财神"却鲜有人知，其实这和自古以来形成的商业伦理有关。

财神崇拜来源于人类对于生活富足的美好愿望。司马迁在《货殖列传序》中曾说："天下熙熙，皆为利来；天下攘攘，皆为利往。""夫千乘之王，万家之侯，百室之君，尚犹患贫，而况匹夫编户之民乎！"不过，自古以来，小到个人，大到国家，对于如何获取财富的认知却各不相同。比如，在中西方的传统观念中，商业和生意的概念就完全不一样。从字面意义来说，英文中商业（business）的词根是忙碌（busy），而中文谓之的"生意"，则取自《易经》的"生生之谓易"：

> 富有之谓大业，日新之谓盛德。生生之谓易，成象之谓乾，效法之谓坤，极数知来之谓占，通变之谓事，阴阳不测之谓神。

所以中西方所奉"财神"的神职也完全不一样。古希腊的"财神"是赫尔墨斯，据说他也是畜牧之神、行路者的保护神、商人的庇护神、雄辩之神，是他发明了尺、数、字母和欺骗之术，他还是七弦琴的发明者，又是希腊各种竞技比赛的庇护神。他能像思想一样敏捷地飞来飞去，所以他也是宙斯的传旨者和信使。从赫尔墨斯的众多神职中，我们可以看出，早期的西方人对于如何获取财富的普遍认知是雄辩、快速、忙碌和欺骗。

将"欺骗"也列为"神性"，颇令人费解。这种观念应源于较为原始的游牧或渔猎文明，如生活在美国西部的纳瓦霍人在与外来人交易时常采取欺骗的方式，但这是为公众接受的。这种分配现象出现的原因在于，交换双方的利益对立，并且社会关系并不密切，竞争的关系胜于合作。

而中国很早就进入了农耕文明时代，所以对于财富的看法相对于西方也比较超前。对于中国古人来说，所谓"利"，也就是耕作之后的利益增值，这与"生生之谓易"的观点相通。所以，中国人最初所信奉的"财神"也和这种观点有关。比如"摇钱树"这种在汉代、三国、魏晋时期墓葬中常见的随葬明器，一般由青铜铸造而成，大多纹饰精美，图像丰富。树枝上都挂满了方孔圆钱，似乎只要摇动树干，铜钱就会纷纷落地。这就是中国古人将"利"理解为"生生之谓易"的最好证明。

不过，在门阀政治兴起的两晋以后，"摇钱树"的随葬明器数量就明显减少，原因是人们对于财富的获取方式已经发生了观念上的改变。

自三国时代开始，有些人通过投资军阀而赚取了大量的金钱，同时也得到了显赫的政治地位；也有些人因掠夺和军功得到了巨额的财富，继而也挤进了门阀的行列，所以这种通过战争赚取财富的方式越来越受到人们的关注。

到了唐代，投资战争而获得财富和地位的人越来越多，比如武则天的父亲就凭借投资李渊父子而成为勋贵，继而拥有更多财富。而此时的门阀政治已经衍生出了一个"怪胎"，即节度使制度。当时的藩镇节度使都是大唐帝国中巨额财富的拥有者和支配者，他们对各自的领地"既有其土地，又有其人民，又有其甲兵，又有其财赋"，并且可以世袭。

与此同时，佛教这种强调苦行的宗教在唐初却迎来了"财富增长"的高峰期，君主和显贵们为了表示对往生彼岸的决心和对上师的诚意，每以大量金银珠宝供张佛堂，装饰庙宇，如唐人张鷟《朝野佥载》载：

> 洛州昭成佛寺有安乐公主造百宝香炉，高三尺，开四门，绛桥勾栏，花草、飞禽、走兽，诸天妓乐，麒麟、鸾凤、白鹤、飞仙，丝来线去，鬼出神入，隐起钑镂，窈窕便娟。珍珠、玛瑙、琉璃、琥珀、玻璃、珊瑚、车碟、琬琰，一切宝贝，用钱三万，府库之物，尽于是矣。①

可见其奢华。由此，一位充满战争气息的人格化的佛教财神应运而生，这就是毗沙门天王。

在中国早期的佛教文献中，已出现了有关毗沙门天王的记录，如《增一阿含经·四天王品》《大集经》《金光明经》等经典中都有他护持佛法的事迹。在中晚唐时期，这种信仰在大唐

---

① （唐）张鷟：《朝野佥载》，中华书局，1979年版，70页。

境内盛行。

元和十年（815年）三月，西明寺僧迁毗沙门神像于开业寺，唐宪宗命骑兵"前后翼卫，其段以幢盖引侍，几数里不绝，观者倾都"。长庆三年（823年）十一月，通化门作毗沙门神像，穆宗赐绢五百匹。十二月，章敬寺作毗沙门神像，穆宗赐钱一千贯，又赐"毗沙门神"额。当日"毗沙天王导以幡幢，帝御望仙门观之，遂举乐杂戏角抵，极欢而罢"。可见场面之隆重。现在河南的龙门石窟、甘肃的敦煌壁画、四川的大足石刻中都有毗沙门天王的塑像或绘像，敦煌壁画还常描绘他渡海时眷属随从抛撒金银财宝的情景。

宋代以后，毗沙门的神格逐渐下降，他的很多神职逐渐被分解到其他本土神灵的身上，自己也被降格为佛寺天王殿中持伞的"北方多闻天王"。

随着门阀政治在北宋初年的正式解体，平民意识在各个领域都得到了加强，人们对于如何获取财富也有了更多的理解。

宋元时期，中国经济已达到了极为发达的水平。此时我国境内出现了许多国际性的商业大都市。同时，此时的商税收入已成为国家财政收入的重要组成部分。如宋太宗时一年的商税总额不过四百万贯，而仁宗时就增加到了二千二百万贯。此外，民间商业行会也得到了空前发展，对外贸易包括海外贸易逐步兴盛，纸币也在此期间出现，并且货币流通量在逐年扩大。这些都彰显出一派商业欣欣向荣、繁荣发展的景象。

宋元商业的繁荣发展，离不开商人在其中起到的至关重要的作用，而商人作用的发挥又与商人的商业道德密不可分。但显然，不同身份、不同层次、不同行业、不同境遇的商人崇尚的商业操守并不一致，因而对于整个宋元商业的意义也各不相同。南宋末年的黄震给商贾下了这样的定义："行者为商，坐者为贾,凡开店铺及贩卖者皆是。"

在这种背景下,"财神文化"也就自然地呈现出了多样性的特征。此时,知名的财神有利市仙官、范蠡、五通神、五路神等。

其中,利市仙官为坐商和商贩所供奉的财神。《通俗编》引述夏文彦《图绘宝鉴》说:"宋嘉禾好为利市仙官,骨骼态度,俗工莫及。"到了元代,民间也奉祀利市仙官的配偶为"利市仙婆",《通俗编》引《虞裕谈撰》说:"江湖间多祀一姥,曰利市婆官。"从名称可以得知,这种财神本是做小买卖的商贩为了讨"彩头"而创造出来的。

行商大多远涉江湖河海,将茶、瓷以及各地的特产和朝廷禁售的盐、马等商品贩卖到全国各地,以求异地的巨额差价,所以他们所信奉的财神与坐商稍有不同,比如范蠡。《列仙传》云:

范蠡,字少伯,徐人也,事周师太公望。好服桂饮水。为越大夫,佐勾践破吴。后乘轻舟入海,变名姓,适齐,为鸱夷子。更后百余年,见于陶,为陶朱君,财累亿万,号陶朱公。后弃之,兰陵卖药。后人世世识见之。范蠡衔桂,心虚志远。受业师望,载潜载恺。龙见越乡,功遂身返。履脱千金,与道舒卷。

范蠡在历史上是帮助越王勾践完成霸业的重要人物,长久以来,一直被人们所敬仰,在唐德宗所设武庙配享的六十四员古今名将中,也有他的位置。宋代以后,他更被朝廷尊为"遂武侯"。范蠡因功成身退,而成为"财累亿万"的巨富,被人尊称为"陶朱公",而且他也是武庙中的一员,这在一定程度上也代表了战争与财富之间的微妙关系。

除范蠡外,还有"五通神"也多为行商所供奉。五通神又称"五显""五王",其庙也称为"灵顺庙",本为婺源、德兴一带的地方神灵。这种信仰的缘起在《江西通志》中说得很清楚:

灵顺庙：庙即五王庙，在德兴县东南儒学左。隋驸马张蒙逐猎，遇五神，指山穴双银笋，银宝始发，立庙祀之。唐总章二年，赐额"五通侯"。南唐升元改封公。宋元祐加额"灵顺"，嘉泰间封为王。

可见五通神的信仰来源于唐代德兴银矿的发现，此后历代加封应该也和国家逐步推行的白银货币政策有关。不过，在民间传说中，这几位神灵的人品实在堪忧，宋代志怪小说集《夷坚志》中，五通神所显示出的"神性"有二：一是喜淫，可随心化形，淫占妇女；一是能令人乍富，但微忤其意则又移夺之。可见它们显然是邪神。但宋、元、明三朝，五通神信仰在江浙地区都极其兴盛。《西湖游览志余》卷二六《幽怪传疑·五通神》云："其神能奸淫妇女，输运财帛，力能祸福见形，人间争相崇奉，至不敢启齿谈及神号，凛凛乎有摇手触禁之忧。"

这种现象其实和行商饱受奔波之苦，希望能够快速致富的心理有关。而"淫占妇女"的"神性"恰恰反映出行商常年在外，自身正常的生理需求无法得到满足，其道德观已开始混乱的状态。

与"五通神"在名称上有些相近的财神还有"五路神"，又称"路头神"，取意为行商出门有东西南北中五方五路神保佑，可以得好运，发大财。五路财神都是吉祥神，也是民间吉庆年画中常见的形象，深受人们的爱戴和崇拜。在《封神演义》中，五路财神指的是赵公明元帅、招宝天尊萧升、纳珍天尊曹宝、招财使者陈九公和利市仙官姚少司。

其实五路神应来源于更加古老的民间信仰——五祀。《礼记·月令》云：

（孟冬之月）天子乃祈来年于天宗，大割祀于公社及门闾，腊先祖五祀。

郑玄注："五祀，门、户、中霤、灶、行也。"

可见，五祀即是祭门神、户神、土地神、灶神和行神，而所谓"路头神"，即五祀中之行神。由此可知，五祀最终能演化为"五路神""路头神"，还是与行商和其家人讨彩头的心理有关。

由此可知，宋代民间所崇拜的财神，包含了人们对财富获取方式的几种不同认识，它们是：战争、积福（吉利、讨彩头）、鬼神输运。

北宋亡国以后，南宋的儒生们对国家伦理体系进行了重构，他们强调"忠义"的重要性，并为此身体力行，使得社会风气得到了相应的改善。不过，因为商人更注重自身利益的最大化，因此"忠义观"与其本质似乎有些格格不入。所以南宋林升才咏出"山外青山楼外楼，西湖歌舞几时休？暖风熏得游人醉，直把杭州作汴州"的悲愤诗句，杜牧也写下了"烟笼寒水月笼沙，夜泊秦淮近酒家。商女不知亡国恨，隔江犹唱后庭花"来讽刺在商业繁荣的南宋社会，人们却忘记了北方沦陷的耻辱，只顾醉生梦死的现实情景。就算在南宋业已灭亡之后，在元帝国的统治下，"南人"（包括南方商人）的地位前所未有的低下，而商人阶层的爱国意识却依然没有觉醒，他们现在又开始信奉了新的"财神"——赵公明。

据说赵公明本名赵朗、字公明，《三教源流搜神大全》云：

赵公明，终南山人，头戴铁冠，手执铁鞭，面如黑炭，胡须四张。跨黑虎，授正一玄坛元帅。能驱雷役电，呼风唤雨，除瘟剪疟，祛病禳灾。如遇讼冤伸抑，能解释公平，买卖求财，宜利合和，无不如意。

可知，这位"财神"也是兼具"战神"和"财神"的双重身份。从"授正一玄坛元帅"一句可以看出，他本为龙虎宗之主神。在魏晋南北朝时期成书的《搜神记》和《真诰》中，都有赵公明的神迹，但那时的他只管勾人性命、降瘟和丧葬之事，并无财神的迹象，他能在元代进行"华丽转身"，多少与道士们受到了佛教毗沙门信仰的影响有关。

与此同时，元朝廷正在不断提高关羽在国家信仰中的地位，而漕运系统的逐步完善让关公与国家财政以及千千万万靠漕运为生的平民百姓产生了联系。如元世祖至元六年（1269年），徐州牧董恩建关尉庙，祭祀关羽和尉迟恭，此为漕运祭祀关羽之最初记载。

到了皇庆二年（1313年），赵孟頫撰《关尉神祠碑铭》之时，则以"二公生为大将，殁而为神，其急人之患难，夫岂愆于素志"为由，奉关羽、尉迟恭为漕运护佑神。文中还提到了当时神祠的庙况之盛：

庙成，奉牲酒者争门而入，拜于轩陛之间者，至不能容。人之精神萃聚于此，又挟山川之气以自壮，故祷而辄应，每事必祝其灵赫。然享祀之至，俞久而俞盛。于此见忠义之士，虽千载遗烈，犹不泯也，岂不伟哉！

元代的漕盐、漕粮运输都是由军队负责押送，而当时的"武安王崇拜"正在军队中日渐普及，所以关公信仰也就沿着漕路扩散到了为数众多的州县。据相关资料显示，运河两岸的关帝庙数量极多，沿途杭州、扬州、徐州、济州、通州各地的相关文化遗产也极为丰富。

由此可知，漕运这种关乎国家利益的重大活动应当就是关羽成为财神的主要契机。

明朝立国以后，朱元璋对江南商人进行了残酷地打压。出仕元明两朝的贝琼在《贝清江集》中写下了他目睹的悲惨场景："三吴巨姓享农之利而不亲其劳，数年之中，既盈而覆，或死或徙，无一存者。"与之相反的是，朱元璋出于对元朝势力的担忧，在长城沿线设立军事重镇,从而又促进了山陕商人的发展,这使得全国的商人阶层不得不重新考虑自身与国家利益以及社会伦理之间的关系。

元朝虽已灭亡,但元朝贵族并没有被赶尽杀绝。蒙古人逐渐分化为鞑靼、瓦剌(厄鲁特)、兀良哈三个强大的部落联盟。鞑靼居大漠南北,瓦剌居天山南北,兀良哈居黑龙江南、大兴安岭东。他们一直在骚扰着明朝的边境,并伺机南下。明王朝不得不沿长城设立了一条漫长的封锁线,以抵御侵袭。这条封锁线由辽东、蓟州、宣府、大同、太原、榆林、宁夏、固原、甘肃九个军事重镇(合称"九边重镇")连接而成,东起辽东虎山,西至甘肃嘉峪关。除发生紧急军情从内地调动援军外,九边重镇的平时驻军即达 80 多万人。

如此大规模的军事部署,为明朝廷的财政带来了巨大的负担。《明会典》卷二八载:永乐年间,九镇主、客兵岁支粮食(含屯粮、民运粮、漕粮)共需 469 万石,京运银 43 万余两,此外还需要大量棉花、布匹等。又据《明史·食货志》载:九边主、客军岁支粮食 153 万余石,各项银 587 万两,饲草 753 万余束。

为解决边镇军事消费与供应的矛盾,明王朝采取了不少措施,其中之一就是洪武三年(1370 年)采纳山西行省的建议,对盐业实行"开中制"。这种制度实际上就是国家向商人出让盐的专卖权,以换取边镇所需的粮食供给,它的出台大大降低了九边重镇的经济压力。

操持这种生意的商人多来自今天的山西、陕西等地,在后来的不断发展中,这些地区的商业团体成员之间相互扶持,逐渐形成了中国第一大商帮"晋商"。

当时晋商经销之盐遍及全国主要盐区,行销区域也十分广阔,可以说遍及大江南北,这就让晋商养成了"贸迁四方"的商业习俗。而且，除纳粮外，"开中制"还有纳棉、纳布、纳马、纳铁等方式，这也促使晋商向多行业经营转变。

需要注意的是，此时的晋商已经将自身利益与国家利益牢牢地捆绑在了一起。诚然，他们确实获取了巨额财富，但他们也为国家的安全做出了重大的贡献。关公也是在这个时期成为晋商的"财神"的。

晋商其实是个泛称，在实际称呼中一般被称为商会，其设立的宗旨都是为山西同乡和同业内部的利益服务，防范异乡人和行外人的欺凌。首领称总会首，往往由最有实力的豪绅轮流担任。比较大的商会还会在总会首之下，按行业、姓氏设立会首。无论是会首还是普通的会员，他们在各自的商会里，都会得到相应的资金、策略、人脉等方面的支持，但也要遵守共同制定的规则，一旦违反，就将受到惩罚。

这些商会各自均在商贾集中的地方设立一种供同乡、同业交流和聚会的机构，名为会馆。会馆大都由商帮成员集体捐资修建，并在所在地的官衙报请立案。各商会会首在会馆中的职责除掌管会产，处理调解同乡、同业间的纠纷以外，还有一项很重要的工作，那就是立祭祀。如《晋冀会馆碑记》所言：

> 历来服官者、贸易者、往来奔走者不知凡几，而会馆之设，顾独缺焉……虽向来积有公会，而祀神向来无祠，且朔望群聚类处，不可无以联其情而冷其意也。议于布巷之东蒋家胡同，购得房院一所，悉毁而更新之，以为邑人会馆。

"祀神向来无祠"是会馆建立的重要原因，可见"祀神"是会馆的要务之一，而既然还有同乡之间"以联其情"的功能，那么会馆所祀之神自也有鲜明的地方特色，比如徽州会馆多奉汪公大帝（汪华）和朱夫子（朱熹），潮州会馆多奉天后（妈祖）和韩夫子（韩愈），江右会馆多奉许真君（许逊）和鸣山九郎（石敬纯）。而晋商会馆、山陕会馆则自然供奉关公，如河北舞阳北舞渡山西会馆《创建戏楼碑记》所言：

> 山左有孔子，道德高于万山，世人重其文也。然有文以为之经，必有武为之纬。惟我关羽生于山右，仕于汉朝。功略盖天地，神武冠三军，尤可称秉烛达旦，大节重于史册，洵足媲美孔子，躬身"武夫子"称。护国佑民，由中达外。至今普天有血气者，莫不尊亲。三晋商贾贸易口口上者，凤托神庇，无往不利。

晋商所建会馆的主要特点就是以关庙为主体建筑，并把关羽作为拜祀的主神。一般在山门上的题额即标为关庙，同时又注明山西会馆或山陕会馆。这样就形成了一种会馆即关庙、关庙即会馆的特殊机制，在关公信仰中可谓独树一帜。

无论对现存的所有山西会馆、山陕会馆等进行实地考察，还是对现已无存但尚有碑记文献资料可查的会馆进行研究，都可以发现：晋商会馆中轴线上的主体建筑是直接尊奉关公的大殿、拜殿、春秋楼、寝宫、牌坊以至戏楼歌台。会馆的主要活动除祭拜关帝外，其他有关重大事项的集会、议决、调解也需在"关圣帝君"面前由神明监督进行，连戏楼歌台上的演艺活动，也是娱神娱人兼而有之。会馆的附属建筑如厢房、偏院，在建筑布局和形制上同主体建筑融为一体，在建筑功能上既是筹办祭祀、酬神之处，又是同乡商会和行帮日常办事、接待之所。

晋商会馆关庙的山门门额题名，往往也是把"大关帝庙""关帝庙"和"山西会馆""山陕会馆"等同时并举，巧妙结合。甚至在对会馆的称谓上，当时或当地人多称之为"关帝庙""山西庙"、"山陕庙"，而在书面记载或研究著作中又多称之为"山西会馆""山陕会馆"。因此，可以说晋商所建的关帝庙就是会馆，或者说晋商会馆就是山西或山陕商人行帮捐款集资修建的关帝庙。它是用作"祭神明而联乡梓"的神庙与会馆相结合的建筑，是兼具精神领域里的信仰、教化功能与世俗生活中的商业会馆功能的处所。

随着晋商"贸迁四方"的足迹，这种晋商会馆式关庙在全国几乎所有的商业都会、商埠码头、商业集镇拔地而起，炫金耀彩，令人瞩目。以现有资料来看，有清一代，仅在北京的山西籍工商会馆就多达43所，在天津、上海、山东、江苏、浙江、湖北、湖南、河南、河北、安徽、四川、福建、广东、广西、辽宁、吉林、内蒙古、甘肃、新疆等地也为数众多，几乎所有省区的大都会、大商埠和重要商镇码头都建有山西会馆或山陕会馆。

从明世宗至明末的一百多年时间，是中国经济发展史上的一个重要时期。在这个时期里，商品经济的发展，工商业的繁荣，超过了以往任何一个朝代。与前朝不同的是，这时南方的商人们所崇拜的"财神"，也已经具备了道德品格的特征，比如"增福财神李诡祖"。而且，道教的"武财神"赵公明忽然变成了和关羽有关系的人。据传他本为赵云的兄弟，这种说法最早见于明成化年间的《姑苏志》：

玄坛庙：在玄妙观前。神姓赵名朗字公明，与关羽同时，即赵云子龙之从兄弟也。

这应该和万历十八年（1590年）明廷听从治理漕河的潘季驯建议，封关羽为"协天护国忠义大帝"有关。

随着商业社会的发展，关公又成了许多行业的保护神或祖师爷。据粗略统计，清、民国时期至少有三十多个行业供奉关公。如：

描金业。雍正十二年（1734年），北京《重建慈源寺真武庙碑记》：

兹因描金行整理行规，立十数余年。每有入吾行学艺者，原例先将公用银十两，以作□贺□□神圣诞之费。□年□存公用银五十两，同愿布施于慈源寺助修无量殿，内供玄天上帝、关圣帝君、火德真君、福德财神。愿同在此，永远香火。

香烛业。乾隆二十八年（1763年），北京《香行记事碑序》：

自来香行原有公会，祈谷坛关圣帝君神前进香……赖君之浩然正气。

道光六年（1826年），苏州《烛业东越会馆议定各店捐输碑》：

道光二年九月，公同捐资，于吴邑十一都三十四图建立东越会馆，供奉关圣大帝。逢诞供祝，春秋设筵，朔望相供。

烟草业。乾隆三十五年（1770年），山西《建立罩棚碑序》：

都城彰义门内河东会馆，乃烟行崇祀火神、关圣、财神三圣处也。

绸缎业。乾隆四十一年（1776年），苏州《吴县永禁官占钱江会馆碑》：

（浙杭绸商）公建钱江会馆为贮货公所，外供关帝，内奉文昌。

皮革业。嘉庆二十二年（1817年），苏州《硝皮业重修永宁公所碑》：

据董事赵宗蘧、丁郁文秉称："籍隶金陵，硝皮为业。向在台治北利四图龙兴桥建有永宁公所，供奉关圣帝君神像。"

又《九行十六社》载，包头白皮坊及成衣局联合组织"威震社"，"每年三月十八日在关帝庙过会，供关云长为祖师。"

木作。道光元年（1821年），苏州《苏州府为小木作捐建公所给示禁约碑》：

小木作艺业嘉庆十五年在于吴治憩桥巷内，捐建公所房屋十五间，供奉圣帝、鲁班祖师神像。

漆作。咸丰元年（1851年），苏州《漆作业捐助修理性善公所碑》：

各殿屋面装修漆黝完工，请神像装金，开点明光，现已完毕……关平、周、裴立粉追金……协天大帝装金……协天大帝、弥陀老祖台前坐褥、拜垫两副。

洋布业。咸丰五年（1855年），苏州《咏勤公所恤寡会碑记》：

咸丰乙卯吾吴业洋布者相约集厘，捐为恤寡会……又重建皋桥关帝阁。

纸业。光绪三年（1877年），苏州《纸业兴建两宜公所碑》：

复商举五魁会……于丁丑春造建圣帝正殿、祖师后殿、文昌宝阁。

米业。光绪四年（1878年），苏州《吴江盛泽镇米业公所碑记》：

其厅事三楹，供奉先农、后稷及文武二帝神位。

银钱业。光绪六年（1880年），上海《新建汇号公所碑》：

前厅供奉关圣帝君、火德星君、增福财神、天后圣母……另李长春《京剧长谈·行会戏》载："汇票庄奉关公为祖师爷。"

面业。光绪九年（1883年），苏州《吴长元三县示禁保护重设面业公所碑》：

旧设面业公所，在官巷内长邑元一图，供奉内有口口官、关圣大帝。

洋货。光绪十年（1884年），上海《上海县为洋货公所振华堂议立规条告示碑》：

议公所内供奉关帝圣像，每逢朔望、司年、司月等，早至拈香，以昭诚敬。如有不到者，察出议罚。

酱园业。光绪十四年（1888年），北京《重修临湘会馆碑》：

京师正阳门外有临襄会馆在焉。内供协天大帝、增福财神、玄坛老爷、火德星君、酒仙尊神、菩萨尊神、马王老爷诸尊神像。

木业。同治四年（1865年），苏州《苏州木商捐资重建大兴会馆碑》：

> 窃我大兴会馆……照旧供奉关圣、朱子神位，以为木商集议之所。

此外，还有皮箱业、水炉业、成衣业、厨业、屠宰业、肉铺业、糕点业、干果业、理发业、典当业、豆腐业、骡马业等行业都崇祀关公或拜关公为祖师爷。

如此多的行业商会都敬奉关羽，其实并不是他有"招财进宝"的功能，而是在长期的商业发展过程中，人们已经在财富获取的方式上逐渐达成了一定的共识，那就是无论从事任何行业，伦理道德是一定要遵守的，或者说，严守商业道德是获取财富的重要方法之一。这一点在商帮的产生和发展过程中就能得到证实。

另外，清代商帮在开拓海外市场的同时，也将关公信仰带到了俄罗斯、日本、东南亚等地，致使北至恰克图（今属俄罗斯布里亚特自治共和国）、庙街（今属俄罗斯哈巴罗夫斯克边疆区），南至爪哇、苏门答腊群岛，东至日本，西至天山山脉以西，都建有关帝庙。

中国商人无形之中建立了一个庞大的关公文化商业圈，这种现象无疑是令人惊奇和震撼的。这种现象的产生，和明清时期中国商人在长期从事商业活动中总结出的"以义为利"的价值观是有关系的。明代蒲州商人王文显就曾说过：

> 夫商与士，异术而同心。故善商者，处财货之场，而修高明之行，是故虽利而不污；善士者引先王之经，而绝货利之途，是故必名而有成。故利以义制，名以清修，各守其业，天之鉴也。

清代北京仙城（潮州）会馆的碑文更反复论述说：

然而利与义尝相反，而义与利尝相倚者也。人知利之为利，而不知义之为利；人知利其为利，而不知利自有义，而义未尝不利。非斯馆也，为利者方人自争先后，物自征贵贱，而彼幸以为赢，此无所救其细，而市人因得以行其高下刁难之巧，而牙侩因得以肆其侵凌吞蚀之私。则人人之所谓利，非即人人之不利也耶？惟有斯馆，则先一其利而利同，利同则义洽，义洽然后市人之抑塞吾利者去，牙侩之侵剥吾利者除。是以是为利而利得也，以是为义而义得也。夫是之谓以义为利，而更无不利也。

"利自有义，而义未尝不利"和"以义为利，而更无不利"是这段论述中的重点，这对王文显的"利以义制"是在同一个思想层面上的升华。这表明，明清商人已经将"义"作为获取财富的重要手段。而关公能够如此被商人所敬仰，也正是因为关羽的"义神"形象符合明清商人"以义为利"的商业价值观。

在位于河南南阳市赊店镇的山陕会馆中，有块立于清雍正二年（1724年）的《同行商贾公议戥秤定规矩碑》，碑文记载：

年来人烟愁多，开张卖载者二十余家，期间即有改换戥秤，大小不一，独网其利，内弊难除。是以合行商贾汇同集头等，齐集关帝庙，秤足十六两，戥依天平为则，公平无私，俱各遵依。同行有和气之雅，宾主无棘庋之情。公议之后，不得暗私戥更换，犯此者，罚戏三台。如不遵者，举称禀官究治。惟日后紊乱规则，同众禀明县主蔡老爷，发批钧谕，永除大弊。

为了杜绝商人缺斤少两、欺瞒顾客，商会就组织商人们在关帝庙前设立公平秤，统一秤杆刻度。而对于胆敢继续违规者，商会的惩罚方式也很特别：第一次违规"罚戏三台"，第二次违规"禀官究治"。如此处理，无论是犯规者还是处罚者，双方都不觉得尴尬，大家坐在戏台下，一通锣鼓、一串唱腔，批评和自责、不满和愤怒都在梆子声里烟消云散，双方的面子在娱乐中得到保全，生意秩序也由此获得维持。

粗看起来，这篇《规矩碑》所记述的似乎只是商会内部管理制度，但其实这里面也有晋商财富获取观念的体现，如此制度必然会使得赊店人对商会成员的买卖店铺产生信任感，继而多多光顾。这其实就是"利以义制"和"以义为利，而更无不利""利自有义，而义未尝不利"思想的现实反映，而关帝庙在这里所代表的就是"义"。

"义"又可以延伸为"民族大义"，这也是关公能够最终凌驾于其他财神之上的原因。当清末朝廷腐败、外敌入侵，中华民族陷入危亡时期，有些商人也曾为"民族大义"而捐钱捐物、散尽家财，甚至死而后已。这种情景在唐宋时期的商业社会里是无法想象的。

至此，商人们终于找到了自身利益、国家利益和社会伦理之间的平衡点，那就是"以义取利"。

中国人对于财富获取的认识，从"生生之谓易""战争掠夺""输运财帛"再到"以义取利"，经历了数千年的时间。中国人所敬奉的财神也从"摇钱树""毗沙门天王""五通神""赵公明"，最终演变成了"李诡祖""关公"，这其实是一种思想进化的体现。当然，财富的获取方式，在全球化的今天依然不是一件很容易说清楚的事情，否则也不会有如此多的经济学者皓首穷经地努力研究。在今天的世界上，依靠战争与掠夺而获取财富的国家行为和商业行为依然存在，梦想一夜致富，希望有神灵能为他"输运财帛"的人也随处可见，所以赵公明、五通神的神庙至今依然香火鼎盛。然而，在明清时代，中国人的商业理念中终究已经产生了"以义取利"的思想，中国的财神从此也多了一位关公。就商业伦理学来说，这不能不说是一种进步。

十三、关公文化对海外非华人群体的影响

作为一种国际性的文化，关公文化的早期传播虽然离不开华人，但是一旦通过宗教、战争、商贸、移民等方式成为传播所在地各类文化的一个分子后，这种文化就必然会对当地人产生影响。这在世界各地都有相应的案例。

1. 日本

关公信仰在日本的某些地区已经成为本土风俗。旧本《长崎市史·风俗篇》曾特地把圣福寺关帝祭典列为专章，进行了详尽的描述；在日本辞书《年中行事辞典》中也专门列出了"关帝祭"条，并作为日本比较流行的祭祀活动予以介绍；《长崎图志》也有"有关帝祠，五方五帝之像，制极精奇，祷祝甚验"①的记载。同时，"关帝善本"也很早就开始在日本传播。明末东渡长崎的福清籍文人俞惟和的孙子、曾担任大通事的俞直俊（1681—1731年）刊行的《关帝君遗训》原稿真迹，至今仍完好收藏在长崎县立图书馆中，它是当年关帝圣诞祭祀时必须诵读的经文，今已成为长崎县立图书馆珍藏的历史资料。

现在，日本有很多的关帝庙和关帝堂，它们主要分布在长崎、横滨、大阪、神户、函馆等城市。其中，以横滨、神户、函馆的关帝庙最为壮观，堪称金碧辉煌、美轮美奂。这些庙宇至今香火不断、游人不绝，参拜和游览的人大多为旅居日本的华人，但也不乏日本本地人及其他国家的关公崇拜者。

据日本《平凡社大百科事典》记载，日本人崇信关公始于

---

① 葛继勇、施梦嘉：《关帝信仰的形成、东传日本及其影响》，载于《浙江大学学报（人文社会科学版）》2004年第5期。本文资料多参考此篇论文。

室町幕府的开创者足利尊氏（1305—1358年）。据说当年足利尊氏做了一个梦，梦见他向大元帝国求赐军神，而元朝的皇帝就将关羽赐予了他。梦醒以后，足利尊氏即将关羽的神像供奉在京都左京区真如町灵芝山的大兴寺，并举行了隆重的请神大典。从此，关公信仰开始在日本传播。这条记载对于了解日本的关公文化具有重要的意义。

日本本土最早的军神、战神、武神为八幡神，也称八幡大菩萨，其起源可能来自《日本书纪》中的彦火火出见尊。《续日本纪》中记载：在六世纪中期，八幡神就被钦明天皇看作是应神天皇的化身；天平十二年（740年），日本发生了藤原广嗣之乱，当时的圣武天皇曾下诏命大将军大野东人祈请八幡神平息动乱。

因为是天皇祖神，所以八幡神也被看作是源自皇室的源氏一族（足利尊氏本族为清和源氏）的氏神。自佛教传入日本以后，他又成为佛教的护法神，而有八幡大菩萨的称号。据说在文治元年（1185年），源赖朝建立镰仓幕府以后，八幡神就一直被当作全日本的战神而受到人们的祭祀。这个传统延续至今，现在的日本还有很多的八幡神社，民众每年都会定期在神社前举行祭祀活动。由此可知，至少在今天的在日本民众心中，关公并没有替代八幡神的位置。

不过，《平凡社大百科事典》在日本具有很高的权威性，可信度较高。而且，从足利尊氏所处的时代背景来看，他以关羽为军神也是完全可信的。

元弘三年（1333年），足利尊氏起兵推翻了镰仓幕府的统治，并在建武三年（1336年）赶走了后醍醐天皇，拥立明院统丰仁亲王为光明天皇。延元三年（1338年），足利尊氏得到了征夷大将军的封号，并开创了两百多年的室町幕府时代。

然而，足利尊氏的统治并不稳固。首先，后醍醐天皇逃到了吉野山，建立了南朝政权，并与室町幕府对抗，从此拉开了南北朝时期的序幕；之后，足利尊氏与其弟足利直义在观应三年（1352年）发生内斗，史称"观应之乱"，尊氏在这场内斗中杀死了直义。从此，足利家族内部的纷争直到足利尊氏去世的时候也没有得到平息。

"八幡神"正是天皇和足利家族的守护神。足利尊氏先是驱逐了天皇，而后又杀死了兄弟，这时的他如果还奉"八幡神"为军神的话，就显得名不正言不顺了。这位大神已经无法帮助足利尊氏鼓舞士气，更无法护佑他号令群雄，他必须为他的军队寻找新的神明。

当时的元帝国是世界上最强大的国家，元朝的军队是世界上最强大的军队，对于这一点，日本上至天皇下至庶民都有清醒的认识。所以，对于足利尊氏来说，元帝国的军神也许是他最合适的选择，而此时的元朝军神正是"显灵义勇武安英济王关羽"。所以，日本《平凡社大百科事典》所记载的足利尊氏以"梦请关公"为名在灵芝山大兴寺举办祭祀活动的事情应该是真实的。

日本明治维新以后，军权重归天皇，在经济、军事、文化、社会飞速发展的同时，日本的"皇国史观"和极端民族主义思想也开始大行于世。在这个时期，日本政府有意识地、系统性地修改和掩埋了很多真实的历史，足利尊氏也在此时因反叛过天皇而被认定为"逆贼"。这样一来，他曾经的所作所为自然都是无耻的叛逆行为。此后，虽然第二次世界大战以来日本的政治环境有所松动，但大部分学者和民众却早已将足利尊氏与军神关羽的渊源忘得一干二净。

实际上，足利尊氏之所以能够"梦"到关羽，完全是出自他对政治、军事状况的清醒考虑。既然能够"梦"到，那么他必然早就知道关羽，这也恰恰能够说明关公文化在室町幕府执政之前就已经在日本广为传播了。

早在宋元之际，中国已经产生了资本主义萌芽，当时的朝廷实行重商主义政策，注重发展海外贸易。作为向来资源匮乏的日本自然不会放过这种"致富"的机会，所以自平清盛执政（1159—1181年）以后，日本就积极派遣成批的商团至中国买卖商品。南宋地方志《开庆四明续志》卷八《序》中载："倭人冒鲸波之险，舳舻相衔，以其物来售。"中日之间的商贸活动从此开始频繁起来，关公文化最迟应是在这个时期传播到日本的。

足利尊氏于1338年建立室町幕府后，即派遣半官方性质的贸易商船与元进行贸易（即所谓"天龙寺船贸易"），在获取高额利润的同时，他也汲取了大量的中华文化。也许就是在这个时期，他受到了关公的启示，并开始"做梦"的。

到了明清时期，关公信仰已经扎根于日本。从郑若曾《日本图纂·五岛图》中"关王祠"的注释就可以看出，当时被"大倭寇""海贼王"王直占据的五岛列岛中已存在关帝信仰。

五岛列岛位于日本列岛南端的萨摩，而萨摩从7世纪开始就与中国保持着特殊的贸易往来关系。到了足利幕府时期，为了与明帝国进行勘合贸易，萨摩藩曾对遣明船加以保护，因此民间的走私贸易也都经萨摩辗转赴日，往返于中日间的使节船舶及贸易商船也多取道五岛列岛，所以这个地方应该很早就有关公文化的存在。

日本对于中国的传统文化向来非常重视，儒、释、道三教都曾对日本文化产生过巨大的影响。关公文化在日本的普及也与儒学、佛学的东传有直接的关系，比如理学大师朱舜水①与禅宗高僧心越就曾为关公文化在日本的传播做出过重要的贡献。

朱舜水是关公的坚定信奉者，他曾言：

关帝者，蜀汉大将，云长，讳羽，封汉寿亭侯，以正直忠为神，尤显于明朝。故薄海内外，无不尸祝。②

所以，在他的教学过程中，关帝信仰也会潜移默化地影响到他的弟子。在二十余年教学生涯里，朱舜水结识了众多的日本弟子，其中不乏地位显赫者，代表人物之一就是水户藩藩主德川光国③。

宽文五年（1665年），朱舜水到水户后，德川光国为表达敬意，在筵席中大展手艺。舜水为表达感激之情，于日后举办答谢筵席时，也亲自制作藕粉扁条面回请光国，面汤是用猪肉火

---

① 朱舜水（1600—1682年），本名朱之瑜，字楚屿，又作鲁屿，号舜水。他与黄宗羲、王夫之、顾炎武、颜元一起被史家称为中国明末清初的五大学者。顺治元年（1644年），清兵入关，他流亡在外并参加了抗清复明的活动。南明灭亡后，朱舜水东渡日本，在长崎、江户（今东京）授徒讲学，传播儒家理学思想。其学说特点是提倡"实理实学，学以致用"，认为"学问之道，贵在实行，圣贤之学，俱在践履"。这些观点得到日本朝野人士的推崇，理学自此在日本大盛。
② （明）朱舜水：《舜水集》，中华书局，1981年版，404页。
③ [日]德川光国（1628—1700年），日本江户时代"御三家"大名，字子龙，号梅里，为德川家康之孙。宽文元年（1661年），继任水户藩（今茨城县水户市）藩主。万治二年（1659年），朱舜水抵达长崎，德川光国得知他学识渊博，于是将他请至水户，协助管理藩政，重振藩学，致使儒家理学在水户藩确立了主导地位，世称"水户学派"。他还接受了朱舜水的很多建议，如重实学，实行劝农政策；兴教育，广招贤士；设寺院，进行宗教改革，并且以儒家礼仪制定藩规。这些举措让水户藩经济繁荣，民风淳朴，社会稳定。德川光国也因政绩显著而在日本各藩中享有盛名。

腿煮成的,这就是有名的"朱舜水明面"。据说日本拉面(又称"中华面")即由此而来。朱舜水还曾向德川光国介绍中国特有的五种辛辣的佐料:川椒、青蒜丝、黄芽韭、白芥子、芫荽。此后在水户家的史料中,将这些佐料统称为"五辛"。由此可见,朱舜水与德川光国关系之密切。

如此密切的关系必然使德川光国深入地了解了关公文化,而且就在这时,一位信奉关帝的高僧也来到了日本,他同样得到了德川光国以及几乎所有日本人的尊重,这位高僧就是心越禅师。①

心越俗兄的夫人就是关氏后裔,他在赴日之前又曾隐于杭州永福禅院,而杭州人自南宋开始就尤为信奉关公,也许是这两个原因让他产生了关帝信仰。所以,他赴日时就携带有《关圣帝君觉世真经》。1677年,心越在日本将这部经书大量印刷,并广为发放,开始传播关公文化。在接受了德川光国的邀请成为祇园寺的主持以后,他更是经常举行祭祀关帝的法事活动。据本祇园寺所藏《初祖杂赞集》记载,1690年4月,心越在对关帝进行祭祀后,还会将妈祖置于天德寺的关帝堂再加以祭祀②。

当时日本长崎的关公文化发展得已经很好,每年一、五、九月长崎的几大唐寺都会举办"关帝祭",场面颇为壮观,但在关东一带却未见祭祀关公的活动,心越弥补了这个空白。但就算是在长崎,关公文化也多在华人及一般民众间传播,以大名为代表的日本贵族之中鲜有关帝的信奉者,而德川光国却开启

---

① 心越禅师(1639—1694年),姓蒋名兴俦,字心越,别号东皋,是自唐鉴真东渡以来,再次对日本文化产生过重大影响的佛教人物。
② 在《初祖杂赞集》中还载有心越"关夫子赞庚子(误,应为庚午)四月末旬作"的诗句。

了这个先河。他曾献小宝塔秘藏于寿昌山春德寺关帝堂[①]，这证明他确实曾经是关公的信徒。

然而，也许是出于强烈的民族自尊心，德川光国在接触了关公文化之后，就在日本的历史上寻找类似人物来创造属于本民族的"忠义军神"。令人深思的是，他所找到的这个人正是一位曾和足利尊氏对抗的南朝大名——楠木正成。

楠木正成，幼名多闻丸，出生于河内国石川郡赤坂村，其姓出自日本五大姓氏之一的橘氏。1331年，后醍醐天皇密谋消灭镰仓幕府，在逃出京都以后，他号召天下起兵勤王，楠木正成加入了勤王的队伍。他当时的人马很少，但因为善于用兵，所以成功地拖住了镰仓幕府的主力军队，这是楠木正成的一大功绩，但此次战役最终还是失败了。1333年，后醍醐逃离拘禁他的隐岐岛，足利高氏在这时也倒戈相助，并和其他拥护天皇的大名一起推翻了镰仓幕府的统治。战争胜利后，后醍醐赐足利高氏为"尊氏"。

1335年，镰仓幕府的后人北条时行发动"中先代之乱"，足利尊氏借口平叛率大军离开京都，并在打败了北条时行之后宣布反对后醍醐天皇，很快就率军攻回了京都。后醍醐在震惊之后策划反扑，此时的楠木正成仍然全力效忠于后醍醐，并再次以弱胜强，击败了足利尊氏的大军。然而，由于后醍醐在消灭幕府之后颁布的新政损害了武士阶层的利益，导致各地武士纷

---

① 参考李献璋《媽祖信仰の研究》，日本泰山文物社，1979年版。关于春德寺关帝堂，《常陆国名胜图志二·茨城》有记载，其文曰："关羽庙在寿昌山祇园禅寺内，有关羽像板，押金印施众。"据春德寺所藏的《关帝金印由来记》可知，此金印为关寿亭侯印七组之一，可禳灾生福。在《地中全图》上可以看到，春德寺下的东禅院、传灯院内也都建有关帝堂。

纷支持足利尊氏。所以，足利尊氏很快就集结了数量庞大的军队，再次向京都进发。

楠木正成通过衡量形势，认为这次的战争不太可能以少胜多，如果强打必将失败，所以建议后醍醐避其锋芒、迁都别处，但遭到了后醍醐的坚决反对。自知必败的楠木正成选择了尽忠到底，抱着必死的决心率军应战。结果，弱小的天皇军队在强大的足利大军面前彻底崩溃，楠木正成也战斗到最后一刻与弟弟互刺身亡。史料记载：

正成回战数次，士卒歼尽，躬被十一创。退入民屋，谓正季曰："今日送死九泉，吾子欲何所托魂？"正季笑曰："愿七生人间，以灭贼徒。"正成怡然，与之交刺死。①

楠木兄弟死后，足利尊氏重新占领京都，废黜了后醍醐天皇，另立新君，并开创了室町幕府时代。在这个时代中，楠木正成一直被定性为"朝敌"。

如此看来，楠木正成确实算是个忠勇之士。但是，以上关于这个人物的历史资料都来自一部日本史书《大日本史》，而这部史书的最初作者正是德川光国。

在这位水户藩主的大力推崇之下，楠木正成的社会影响力逐渐提高，后世的日本甚至出现了"楠木流军学"这一学术流派，比如著名的"庆安之乱"②的主谋由井正雪就自称是"楠木流军学"的传人。

德川光国六十四岁时隐居在茨城县的"西山庄"③，专心编

---

① [日]德川光国等：《大日本史·楠正成传》，日本吉川弘文馆，1911年版。
② 按："庆安之乱"又称"由井正雪之乱"。日本庆安四年（1651年），自称军学者的由井正雪与浪人丸桥忠弥商议推翻幕府统治，由于计划泄露，正雪被迫自杀，忠弥在江户被捕。
③ 此时德川光国已改名为德川光圀。

纂《大日本史》。该书的编纂工作从 1657 年开始,到他去世时,只完成了一小部分。水户藩世代承袭了这项艰辛的编史工作,就算明治政府发布"废藩置县"政策时,也没有让他们半途而废。到了 1906 年,这项长达二百五十年的家族事业终于大功告成,德川光国的子孙将它作为特别的礼物献给了明治天皇。

此后,楠木正成的地位被日本当权者无限拔高。因为他是为效忠天皇、反对幕府而战死的,十分契合明治天皇的实际需要。就这样,楠木正成被作为当时政治宣传的头号标杆和军人的绝对模范而得到大力推广,"尊皇攘夷派"都视其为精神偶像,楠木正成墓更成为当时日本人的朝拜圣地。

明治维新成功后,明治政府在楠木正成战死之地建立了凑川神社,专门供奉楠木一族。迁都东京以后,明治政府更是在皇居广场前树立了楠木正成的铜像,使他俨然成了天皇的守护神,并为他追赠正一位,尊称他为"大楠公"。"楠木流军学"更成为当时各大军校的必修科目。这种现象在日本历史上实属罕见。但如果仔细分析,不难发现明治政府推行楠木正成信仰的一系列举措,与中国明代嘉靖、万历年间朝廷对关羽的崇拜方式几乎是一模一样的,只是因年代、背景不同,略有改动而已,如关羽曾被封帝,但在"天皇至上、万世一系"的日本,这种称号是绝对给不了楠木正成的。

第二次世界大战时期,日本军国主义政府出于侵略野心的需要,将楠木正成的地位再一次拔高,《大日本史》中楠木正成的弟弟临死前那句"愿七生人间,以灭贼徒"的誓言也被精简成了"七世报国"四个字。这四个字后来成为日本军人的精神格言,从日本侵略军在战争期间的表现来看,这种格言确实充满了自杀式的恐怖力量。

第二次世界大战结束后,由于宣传"和平宪法"的需要,楠木正成的地位终于有所回落。但随着战争的远去，楠木正成又开始重新受到日本右翼势力和一些年轻人的追捧，而且他的铜像至今还伫立在日本东京的皇居广场前，似乎是在激励着日本民众向他学习。

实际上，"军神"楠木正成的产生，就是关公文化在日本被人为变异的一种表现，这种变异的动机来源于日本贵族们的政治野心。不过，楠木兄弟效忠天皇的豪言壮语在历史上也许并没有真实出现过。

水户藩主用悲壮而凄美的笔法为日本创造了一个类似关羽的"忠义军神"，但同时他们也不可避免地犯下了史家"曲笔"的大忌。也就是说，在楠木正成的传记中，德川一族因太重视情节的戏剧性，而犯了低级的错误。比如人们就很难理解在手下士兵全部战死的情况下，楠木正成和他的弟弟于自杀前躲在民居中说的话，是如何被流传出来的。德川光国家族用二百五十年的时间编纂的《大日本史》，其史学价值可见一斑。

朱舜水在清康熙十一年（1682年）四月卒于日本江户，棺椁留在了位于茨城县常陆太田市郊外瑞龙山的水户德川家族的墓地之中；心越禅师也于清康熙二十三年（1694年）九月三十日圆寂，日本民众把他的舍利分葬于清水寺、达摩寺，碑铭为"寿昌开山心越大和尚之塔"，每遇忌辰，僧俗就会持香供奉，迄今不衰。

这两位文化巨人不远万里去到日本，将毕生绝学全部献给了那里，日本民众也回报给了他们相应的尊重。但从文化的发展来说，忠、义、仁、勇的伦理思想至今也没有在日本得到正确的传播，而"春秋大义"的儒家见解与"普渡众生"的佛教情怀却被改造成了"七生报国"这样极端的军国主义价值观，这不能不让后人为这两位先贤感到惋惜。

2. 韩国

战争从来都是文化传播的重要手段，这在人类文化史上不乏例证。关公文化也是因为战争而传播到韩国的，但与历史上其他战争传播文化的方式不同，这场战争的性质不是侵略，而是反侵略，更确切地说，关公文化是因为一场在人类历史上罕见的义战而得以流传到朝鲜半岛的。中国将这场战争叫作"万历朝鲜战争"，日本叫作"文禄之役"和"庆长之役"，韩国称作"壬辰倭乱""丁酉再乱"，现合称"壬辰卫国战争"。

1590年，绰号为"猴子"的羽柴秀吉结束了从应仁之乱起长达一百多年的战国时代，统一了全日本，被天皇赐姓丰臣，其军力空前强大。1591年，他为了平息国内大名对分封不均的愤懑情绪，决定侵略朝鲜、中国、印度，以获取更多的土地。在他的侵略计划中，朝鲜是第一站。

明万历二十年（1592年，壬辰年）四月，丰臣秀吉以宇喜多秀家为总大将，以小西行长、加藤清正为先锋，出动近十六万人，编成九个军团至朝鲜作战，另命德川家康等东日本大名将其旗下十万余人的部队集结在名古屋城（位于今佐贺县唐津市）作为预备队，同时，还令九鬼嘉隆、加藤嘉明、胁坂安治率领四万水军分三路从海上攻击朝鲜。在这场战争中，丰臣秀吉总共动员了三十余万人的军队，可谓倾全国之力，志在必得。

而此时的朝鲜因国内长期和平，武备松弛，全国三百多个郡县大多没有设防，再加上朝堂之上党争不断，大臣们互相倾轧，使得日本侵略军4月14日于釜山登陆后，一路上势如破竹，如入无人之境。他们5月2日克王京汉城（今韩国首尔），6月15日陷平壤，短短两个月就几乎占领了整个朝鲜。无奈之下，朝鲜国王宣祖李昖逃亡到中朝边界的义州，紧急向明朝求援。

明神宗万历皇帝同意了李昖的请求。他先对李氏王朝提供了政治保护，允许他们居住在辽东半岛的宽奠堡，然后开始组织军队，以兵部右侍郎宋应昌经略备倭军务，以名将李如松为东征提督，令其准备出兵朝鲜的相关事宜。12月25日，李如松率领四万大明将士渡过鸭绿江，开赴朝鲜战场。

李如松早在万历八年（1580年）任马水口参将之时就曾修建过关侯祠，并请徐渭为其撰写碑文，可知他对关公的崇拜之深。其实，此时的关公已经成了大明帝国的象征，所以李如松所率领的这些士兵大都有关公信仰，而其中的四川副总兵刘綎、戚家军将领吴惟忠等一批骁勇战将更是关公的"铁杆粉丝"。

万历二十一年（1593年）正月，李如松率部抵达朝鲜，击溃了小西行长军团，收复平壤（史称"平壤大捷"），小西行长带着仅剩不多的残兵败将狼狈逃往汉城。紧接着，李如松又陆续收复黄海、平安、京畿、江源四道，并烧毁了日军在龙山仓的粮库，迫使日军于4月19日放弃汉城，败退至去年的登录地点釜山。在四个多月的时间里，明军收复了朝鲜的大部分失地。

6月，日本在无奈之下派使节至北京议和。7月，明朝廷宣诏援朝军队退兵以对日本进行封贡事宜，于是李如松大军撤退，只留副总兵刘綎继续扼守军事要道。9月，朝鲜国王李昖上表答谢明军的援助。12月，明朝命蓟辽总督顾养谦打理朝鲜事宜。1594年10月，日本议和使者小西行长到达北京议和。1595年1月，明朝遣使封丰臣秀吉为日本国王。至此，第一次日军侵朝战争（即"壬辰倭乱"）结束。

万历二十五年（1597年）初，日本再次倾举国之力出动十四万军队，水陆并进入侵朝鲜，这让万历皇帝大怒，明廷再次出兵。2月，明朝立麻贵为备倭总兵官，统率南北诸军。3月，以山东右参政杨镐为佥都御史，经略朝鲜军务，以兵部侍郎邢玠为尚书，总督蓟、辽、保定军务。

此时，日军数千艘兵船集聚于釜山，并逐渐向梁山、熊川逼近。8月，日本攻破朝鲜闲山岛、南原，兵锋直指王京汉城。

麻贵率军抵达汉城后，即派副将解生与朝鲜都察使李元翼一起出兵迎战，在稷山将日军击溃，迫使日本第一军司令官小西行长退守井邑，第二军司令官加藤清正退守蔚山。

第二年（1598年），明军水师提督陈璘与朝鲜名将李舜臣率水师进驻全罗道，在海上痛击日军，屡战屡捷。

同时，明朝都察院右佥都御史、天津巡抚万世德受朝廷调令挥师北上，在辽东杏山大破日军，然后率军至朝鲜与麻贵、邢玠等人会和。

9月，麻贵在邢玠、万世德等人的运筹帷幄下，与刘綎、陈璘、董一元兵分水陆四路进击日军。正在此时，日本太阁丰臣秀吉因战事不利忧郁而死，日军斗志全无，明军趁势发动猛烈进攻。

11月，日军再也无心恋战，分批由蔚山出逃。明军水师提督陈璘以战舰数百，分布忠清、全罗、庆尚各个海口，围堵日军，并击杀引舰来援的小西行长部属石曼子。明军副将邓子龙与朝鲜名将李舜臣联合出击，在露梁海上痛击日军，焚溺数以万计，但最终不幸和日本士兵同归于尽。同时，明军陆军都督刘綎配合陈璘的舰队一同焚烧百余艘日本战舰，致使日军死伤无数。

12月，日本军队最后的残兵由乙山偷渡，妄想逃回日本，但因畏惧悬崖峭壁，不敢下山，被陈璘全部擒获。至此，"丁酉再乱"再次以日本彻底的失败而告终。

自万历二十年开始，万历朝鲜战争共历七载，大明帝国为此丧师数万，糜饷甚多。但战争结束后，明朝随即撤回军队，没有向李氏王朝提出额外的要求。帮助国对被帮助国没有索要回报，这在人类战争史上极为罕见。从这一点来看，朝鲜之役是一场真正意义上的正义之战，当时的大明军队也是一支真正意义上的正义之师。

关公文化正是伴随着这支军队来到朝鲜半岛的。在大明将领的心中，这场战争的胜利有赖关王显灵之功，正如《海东圣迹志》所言：

> 皇明万历壬辰、丁丑之间，倭寇朝鲜，蹂躏三京，皇帝命师东援，平壤之捷、岛山之战、三路驱倭之役，关帝辄显灵。每见神兵攘攘，云雾滨渤间，有戈甲声，将卒勇气益倍，擒斩累千百，渠魁授首，余孽潜奔，迅扫七年气，恢复八域旧界。①

这让关公文化在朝鲜半岛的传播之初，就带着浓烈的英武之气和雄壮之风。

朝鲜半岛最早的关王庙是全罗道康津郡的古今岛关王庙，由明军水师提督陈璘于朝鲜宣祖三十年（1597年）修建。朝鲜显宗七年（1666年）以后，这座庙成为朝鲜的国家祭祀场所，以陈璘、李舜臣、邓子龙配享。

1597年所建的关庙还有两个，分别是明军游击茅国器在庆尚道星州郡所建的星州关王庙（以祖承训、茅国器、卢得功配享），明将蓝芳威在全罗道南原府所建南原府关王庙（也称"诞报庙"，以刘綎配享）②。1598年，明军真定营都司薛虎臣也在庆尚道安东郡建造了武安王庙。

---

① 韩国首尔东庙：《东庙材料集》，韩国钟路文化院，1997年版，第10页。
② 据孙卫国《试论朝鲜王朝崇祀明朝东征将士之祠庙》载：此庙为蓝芳威所建，"肃宗四十二以中军李新芳、千蒋表、千夫长毛承先配享，另立一祠享祀都督刘。今存，为韩国地方有形文化财第 7 号"。也有说此庙为明军都督刘綎于1599年所建，见具银我《首尔的关王庙与关帝信仰》所引之注，及刘宝全《韩国的关王庙与关圣教小考》。

汉城（今首尔）的首座关王庙为南关王庙，俗称"南庙"，建成于宣祖三十一年（1598年）四月。当时，明朝经理朝鲜军务的杨镐，选定在汉城明军驻屯地（崇礼门，近今首尔南大门）附近建造关王庙，负责督建的人为明朝游击将军陈寅。

关王庙建成的几天之后，正是明制中五月十三的关公祭日，陈寅恳请宣祖亲临祭典。宣祖李昖对此迟疑不定，令大臣查考关庙的祭祀典制。副提学吴亿龄与应教申钦考《大明会典》，遂以"关庙在山川各神之列，春、秋降香，以此具奏"，李昖这才决定亲临关庙，下诏曰："平倭之役亦赖显助，本国固当尸祝之。"①但似乎因为天降大雨而没有成行。可知这时朝鲜君臣对于关公文化多少还有些抵触。

不过，当时身在汉城的明军将领们大都参加了南关庙祭典，据说场面非常壮观，"天朝将官齐会祠下，备呈杂戏，都人饫观"②。后来很多朝鲜人认为五月十三是关王到达朝鲜的日子，因此也都在这天祭祀关公。

宣祖三十二年（1599年，万历二十七年）四月，明神宗诏赐李昖四千金在汉城兴仁门外再建一座关庙，由此时已升任为都察院右副都御史的万世德负责督建。到了宣祖三十四年（1601年）七月，在朝鲜满朝大臣的反对声中，关王庙终于竣工。明神宗为这座关王庙亲赐匾额"显灵昭德武安王庙"，这就是"东关王庙"，俗称"东庙"。

此后，"南庙"和"东庙"遂成为朝鲜国家祭祀的场所，李

---

① 吴庆元：《小华外史》卷五，1914年版，第299页。
② 申钦：《象村集》卷十《南关王庙送客有感》，收录于中国社会科学院历史研究所文化史研究室编《域外所见中国古史研究资料汇编·朝鲜汉籍篇》，西南师范大学出版社，2013年版，第1册。

昖还专门任命了"参奉"(从九品)来负责庙务的管理,为了筹措祭祀费用,李昖曾指示参奉购买部分田地,以俾用度。

自此,在明军将士的坚持与宣祖李昖的支持下,关公文化植根于朝鲜半岛。明军撤走以后,这种文化依然在这片土地上传播,并渐渐成为本土文化的组成部分。那些曾向李昖提出修建关王庙的明军将领们,也大都被李氏王朝立祠祭祀,供后人敬仰。

光海君时期(1608—1623年),朝鲜王廷继续加强对关王庙的管理,曾下令追究疏于管理的官员的责任,洗刷墙上的涂鸦,对损坏的部分加以维修,等等。1618年,为了迎接明朝来访的官员,光海君命人修缮关王庙和杨御史(即杨镐)碑阁。自此以后,明朝使臣抵达朝鲜王京后参拜关王庙,逐渐成为一种惯例。

明朝灭亡以后,关公文化并没有在朝鲜消失,反而发展得更加迅速。自肃宗[①]开始,每年的惊蛰和霜降,朝鲜王廷都会派重臣到东庙、南庙主持关王祭典,有时国王也会亲自主祭。据柳义养《春官通考·吉礼》"关王庙"条记载,祭典的仪式十分复杂。简要来说,除国王亲自主祭的活动以外,仪式前要先选出一名从二品以上级别的武官作为"献官",献官要在祭仪前三天斋戒沐浴;祭祀当日,献官身着甲胄,行四拜礼;然后,行"饮福"和"受胙";最后是宣读祝文、敬献币帛。祝文以"朝鲜国王"的名义,祈愿关王能宣扬武威,保佑朝鲜,大致行文如下:

维岁次,某甲某月某朔某日干支,朝鲜国王谨遣臣某官姓名,敢昭告于关武安王,伏以肃肃其灵,烈烈其武,愿扬神威,佑我东土。谨以牲币醴齐粱盛庶品式陈明荐,尚飨。

---

① 肃宗李焞(이순 Yi Sun,1661—1720年),幼名龙祥,字明普,李氏朝鲜第十九代君主,公元1674—1720年间在位。父亲为朝鲜显宗李棩,母亲明圣王后金氏。李焞为显宗李棩独子,继承王位较为轻松,后长期执政达46年。

如果说在宣祖时期李氏王朝对于接受关王信仰还有些勉强的话，到了肃宗时代，这种情况已出现了根本的改变。肃宗李焞已经将关王信仰融于他的政治管理体系之中，充分发挥了关公文化在社会和军队中的伦理教化功能，使得朝鲜出现了坚持《春秋》义理、颂扬节义之人、崇尚忠义之气的社会风气。同时，肃宗在每次进行军事训练时都会住在关帝庙，以便随时检查军队的训练情况，这显示出他想要通过关王精神振兴朝鲜武备的决心。他的这些努力大大提升了国家内部的凝聚力，为后来英祖、正祖时期朝鲜王朝的中兴打下了良好的基础。

到了英祖时期（1724—1776年），朝鲜王廷提高了关王的祭祀规格，把关帝庙祭祀列入了"国朝续五礼仪"的"小祀"之中。英祖李昑本人曾分别于1739年5月、1746年8月、1750年8月三次亲赴关王庙祭拜。在1746年的那次，李昑下令修缮东、南关王庙，以及安东、星州、古今岛等地的关王庙，还为东、南两庙御书"显灵昭德王庙"匾额，为两庙的关王像新制衮龙袍、翼善冠，并以拜孔子之礼至两庙祭拜。①判尹李献庆曾作诗曰：

至尊每下拜，祀礼亦已崇。山河鼎吕力，雄镇久无戎。②

值得一提的是，英祖李昑也是历代朝鲜国王中第一个穿戴盔甲举行过军礼的国王，这似乎能够说明，英祖祭拜关庙也和他重视国家武备有关。

正祖李祘（1776—1800年在位）甚至亲为关王庙的祭礼谱制《关庙乐章》，并把关庙祭祀升为"中祀"，随之关庙祭品的

---

① 吴晗辑：《朝鲜李氏实录中的中国史料》第十一辑，中华书局，1980年版，4530页。
② 申钦：《象村集》卷二，收录于中国社会科学院历史研究所文化史研究室编《域外所见中国古史研究资料汇编·朝鲜汉籍篇》，西南师范大学出版社，2013年版，第1册，105—106页。

种类和数量也增加了许多。在此以后，亲自参拜过关王庙的朝鲜国王还有纯祖和哲宗。纯祖于1829年2月参拜过东庙，哲宗于1861年2月亲往南庙祭酌行礼。

随着关王在国家祭祀体系中的地位不断升高，以及小说《三国演义》《壬辰录》的广泛流行，加之正祖以后，王廷又向民间印发了许多弘扬关公文化的经书善本，在朝鲜的民间社会中，关王已是"忠义的守护神"，同时也是求雨、驱鬼、祛病、赐福之神。朴趾源曾在《燕岩集》卷七十《婴处稿序》中云：

雩祀坛之下，桃渚之间，青甍而庙，貌之渥丹而须俨然，关公也。士女患疟，纳其床下，慑神褫魄，遁寒祟也。①

可知当时朝鲜的关公信仰已经与中国无异。

甲午战争以后，李氏王朝脱离了与清朝的藩属关系，在1897年改国号为"大韩帝国"。帝国的首任皇帝高宗李熙不仅没有取消关王信仰，反而将这种信仰提到了朝鲜历史上前所未有的高度，他将"关王"封为了"关帝"，并大量修建关帝庙。②

光武二年（1898年），李熙下令依原东、南关王庙之建制，在汉城宋洞（今首尔成均馆附近）修建关帝庙。

1901年，高宗诏令将汉城北门的"关羽庙"③改为"关帝庙"。1902年，高宗又下令在汉城西门修建了"崇义庙"。至此，汉城的东西南北四门都已建有关帝庙。再算上宋洞关帝庙，大韩帝国的首都以五行方位设立关庙的布局已经基本形成。

---

① [朝鲜]朴趾源：《燕岩集》，转引自具银我《首尔的关帝庙和关帝信仰》，载于《宗教学研究》2013年第3期。
② 虽然中国早在万历年间就封关公为帝，但在朝鲜关公还一直是王，这是因为朝鲜在李氏王朝时期，没有国君称帝，而"神"的级别自也不能高过国君。
③ 此庙俗称"北庙"，于1883年由受到明成皇后宠爱的巫堂真灵君在东小门内建立，旨在保护王室、推广关帝的忠义。

在汉城以外，高宗政府也修建了为数众多的关庙，如江华岛的南关庙、东关庙、北关庙和仁川花渡津关王庙、全罗道智岛关王庙、全州关圣庙、开城关帝庙、平壤关王庙等。

同时，高宗又在朝鲜各地大量发行关帝善书，其中《关圣帝君明圣经谚解》完全用最浅显易懂的文字表述，让很多识字较少或不懂汉字的普通农民也能明白关公文化的内涵。

在帝国政府对关公文化的大力推动下，民众也开始自发地修建关帝庙。汉城曾有多少民众修建的关帝庙已难考证，但知名的就有钟路中央关帝庙、麻浦关羽祠堂、中区茶洞关王神堂、龙山和下往十里的关帝庙等。汉城以外的关庙大部分为武人和胥吏所修建，如今可考的曾修建过关庙的地方有平壤、开城、全州、丽水、江华、仁川、东莱（今釜山）、义州、泰仁、智岛等。

不过，这种热潮在1908年被熄灭了。其原因是，朝鲜半岛沦为了日本的殖民地。

1908年，大韩帝国的纯宗皇帝已经完全是日本政府的傀儡，他在7月23日颁布了第50号"敕令"，即关于"享祀厘整"的命令，其中的第七条规定：

废止大报坛①、万东庙、崇义庙、东关庙、南关庙、北关庙及地方关庙的祭祀，大报坛基址由宫内府保管，崇义庙、北关庙归属国有，万东庙、东关庙、南关庙及东方关庙下付各地方官厅管理，根据人民信仰，别定管理办法。②

从此，"帝国"境内所有政府主办的关庙祭祀活动被一律废

---

① 肃宗时期修建的纪念援朝明军将士的祭坛。
②《大韩帝国官报》1908年7月27日，收录于韩国国会图书馆编《韩末近代法令资料集（Ⅶ）》，转引自孙卫国《试论朝鲜王朝崇祀明朝东征将士之祠庙》，载于《韩国学论文集》第11辑。

止,关公文化逐渐在韩国的官方记载中消失。不过在民间社会中,关帝信仰却依然存在。

1920年,也就是在大韩帝国并入日本版图的10年后,一种以关帝信仰为基础的民间宗教组织在汉城东关庙成立,这个组织名为"关圣教"。

据说关圣教由"东部名唱"朴基洪和金龙植所创,初期成员来源于汉城的殿内巫堂和崇神团体。他们认为,朝鲜在壬辰倭乱之后,因关帝的教化,世风日善,但是对关帝教教理的阐明和教律的宣扬尚不够完善,因此,为了广泛宣传"关圣教趣旨书",遏制弊习,教化大众,遂创设该教。其"趣旨书"主要是《明圣经》《觉世真经》《三圣经》等关帝善本。其教义认为关羽向人类指明了永远真实的道德,鼓励教众按照关圣帝君指明的道德戒律进行修行。其教理认为关圣帝君之"灵"升天以后,掌管人间所有善恶,如人们精诚信奉,关圣则会显灵。

日本学者村山智顺曾说在关圣教成立之前,汉城已有春秋社、日诚社、永明社、敬明社、千寿社、笃诚社、月诚社、汉明社、忠真社等崇神团体,这些团体组成了汉城的工商团体——同业组合。其中以东庙和南庙为中心的团体就有30多个。①虽然现在还并不知道这些团体的教义与教理,但从这些团体的名字上就可以看出,他们基本都是"尊明思周"或信仰关帝的组织。关圣教的教义和教理也应该多少受到过这些"崇神团体"的影响。

关圣教立教时间为63年。1973年以后,东庙被韩国政府指定为首尔市公园,庙中与关圣教相关的所有附属建筑随即被拆除,关圣教也因此解散。

---

① [日]村山智顺:《朝鲜的类似宗教》,转引自具银我《首尔的关帝庙与关帝信仰》,载于《宗教学研究》2013年第3期。

目前韩国的首都首尔还保留有四座比较知名的关帝庙，分别为过去用于国家祭祀的南庙和东庙，以及由官署建立的圣帝庙和关圣庙。在首尔之外，韩国目前尚存的关庙还有全罗道南原府关王庙、庆尚道安东关庙、庆尚道星州关庙、全州关帝庙、忠清道永同堂古里关庙及江华岛等。

这些关庙大部分都已成为韩国国家级或地方级别的宝物和有形文化遗产。而现在韩国的关帝庙里，往往同时还供奉檀君、山神等本民族神灵，这说明至少曾有一部分韩国民众还是将关公当作本土神灵来看待的。

3. 越南

相比日本和韩国，关公文化最初在越南的传播方式比较特殊，它主要是以"国家行政干预""民族自我认同"的方式进行传播的。甚至可以这样说，越南人之所以信奉关公，是因为关公就是他们的神灵。

自公元前 207 年开始，越南北部在一千余年的时间里，都是中华帝国的直接领地，而且在越南人的民族认同中，他们的祖先本和中华始祖炎帝有着千丝万缕的关系。

据《大越史记全书》《越甸幽灵集》《岭南摭怪》等书记载，越南民族的始祖——雒龙君是泾阳王的儿子，雄王乃泾阳王之孙。而泾阳王则是炎帝神农三世孙帝明之子。帝明先有长子帝宜，然后与一仙女又生一子，是为崇缆。崇缆自幼聪慧圣明。帝明欲使其嗣位，但崇缆坚决让位于长兄。于是，帝明令帝宜继承父位，掌管北方，又封崇缆为统治南方的领袖，是为"泾阳王"，其国号曰"赤鬼国"。可见炎帝与越南的关系之深。

而且，越南汉文古籍《大南实录》各卷中均用"汉人"来指越南的主体民族——京族，"汉民""汉音""汉俗"也指的是京族的百姓、语言和习俗。如"嘉隆年间,设置职管员役,耳濡目染,渐入汉风。若加之政教,用夏变夷,想不出数十年,可使与汉民无异","凡一切常需均要学习汉民,勤于生理,以至言语,则使之渐习汉音,饮食、衣服亦使之渐从汉俗"。

在越南主体民族的语言——越南语中,不管是外来的信仰还是固有的信仰,有关信仰的词汇大多数都是以掺杂汉语的汉越语形式出现的。如越南语中的信仰(tin nguong)、崇拜(sung bai)、龙(long, rong)、神(than)、仙(tien)、鬼(quy)、精(tinh)、妖(yeu)、怪(quai)、圣(thanh)等都是汉越词。还有一些跟信仰和崇拜活动有关的词,诸如祭拜(te bai)、祭祀(te tu)、供奉(tho cung)等也都是汉越词。①

所以,越南的许多民间信仰也与中国相通。比如伏羲、神农、后稷、祝融(南海广利王)、天后(妈祖)、真武大帝、玉皇大帝、太上老君、文昌帝君、姜太公、城隍、土地、石敢当等信仰,关公信仰自然也在其中。

关公在越南语中被直接用汉译音称为"Quan Cong"或"Quan thanh De Quan",但在越南的关帝庙也叫"CHUA ONG",即"男人寺"②或"翁寺"。值得注意的是,"男人""翁"这种称谓与我国壮族人民对关羽的称谓相同。壮族(僚)在唐宋时期就已经有了关公崇拜,而壮族又和越南第三大少数民族"侬族"有着密切的亲缘关系。这也许能够说明,越南的关公信仰最早就是由壮族的先民传播过去的。

---

① 参见韦凡州:《越南人信仰中的中越共同神研究》,广西民族大学硕士学位论文。
② "ONG"在越南语中指男性;"Chua"是在越南的一种流行和亲切的叫法,是从汉语"寺"翻译过来的,一般指佛教的比较正式的寺院,在语气方面朴实亲切且极富尊严性。

在越南百姓的意识里，关公的"神职"也和中国古荆州地区的民间认知相同，即驱鬼除魔、辟邪禳灾、除病赐福、主持公道、伸张正义和抗敌御辱。

据越南学者阮光颖介绍：

如今，在越南的北部、中部、南部，几乎每个地方都有关公殿。特别是在越南北部，笔者曾有幸拜访过首都河内的一家道馆，馆内布置得庄严肃穆，经过前殿，来到供奉关圣帝君的神案，上面供奉一尊纯黑铜质的关圣像，面容沉思，手执青龙刀，威风凛凛的样子令人肃然起敬。据碑文记载，这尊关羽像是由越南李太祖于1010年铸造的，高3.96米、重4000公斤。①

1010年即北宋大中祥符三年，这个时间比关公信仰正式北传的元丰三年（1080年）还要早70年。需要注意的是，越南北方的直辖市海防市在唐代武则天大足元年（701年）四月，曾被置为"武安州"，隶安南都护府，而宋代以后关公的第一个"王号"也是"武安王"，关公信仰也正是因宋军和交趾（今越南）的战争而开始北传的，甚至，在今越南河内寿昌的关公殿也是"相传建于唐朝"。这些蛛丝马迹也许是在说明，越南的关公信仰与中国一样，都可谓是"本土"信仰。当然，目前这段历史还待不断地深入研究，暂不能妄下定论。

明代以后，中越之间的民间贸易市场已经非常繁荣。当时两国之间的主要通道都在广西，除镇南关（今广西凭祥友谊关）是越南朝贡的必经之口外，民间边贸主要通过水口关（今广西龙州县）、平而关（今属广西凭祥市）和由村隘（今广西宁明县）出入境。这些地区在当时都有军队驻扎，而此时明军的关公信

---

① [越]阮光颖：《试论关公信仰文化在越南的传播》，载于《东南传播》2008年第4期。

仰已在理学的设计下而"汉化"。而且,小说《三国演义》也在明代晚期传到了越南。另外,在明末清初的时候,有一批忠于明朝、不愿意接受清王朝统治的"明乡人"迁居越南,他们对关公的笃信无疑为越南民间的关公崇拜产生了重要影响,但同时也淡化了关公信仰在此地的多民族特性。这些因素使得越南的关公崇拜在经历了一次"回传"之后,成为"外来信仰"。

其实,关公文化早已经深入到越南人的日常生活之中,比如每年的五月十三日和六月二十四日也是越南公认的"关公诞"纪念日,届时会有很多人携带祭品到就近的关庙祭拜。而且,很多越南人也在家里设神台拜祭关公,供台上或摆着他的塑像,或放着他的画像。在画像里,关公位居正中,左边是他的侍卫周昌(周仓),右边是他的儿子关平。这些习俗都和中国无异。

越南的历代统治者也多对关公青睐有加,比如《广南省志略》中载:"关公祠,在延福县会安铺,明乡人会造。明命六年驾幸广南,过其祠,赐银三百两。"①

1850年,嗣德帝亲命朝臣负责顺化关庙的重修工作并命撰碑铭以资纪念,碑铭赞关公曰:

惟公忠义正气塞乎天地间,壮哉崇祠,荣哉褒衮,关公崇拜在越南 为此江山增色,其所以佑我民,为世世忠臣烈士劝,皆于是乎在,岂仅皇州一壮观已哉!②

维新帝、启定帝亦曾分别给其他省所奉的关公像颁布敕封:

敕旨富安省绥安府富山村从前奉事翊保中兴关圣帝君,扬

---

① 不著撰人:《广南省志略》,越南汉喃研究院,转引自谭志词《关公崇拜在越南》,载于《宗教学研究》2006年第1期。
② 潘廷选:《顺化关公祠碑铭》,越南汉研究院,拓片号19300。转引自谭志词《关公崇拜在越南》,载于《宗教学研究》2006年第1期。

威御侮保障健顺和柔含光翊保中兴白马上等神，厚济广施博惠敦凝翊保中兴土地之神，节经颁给敕封，准其奉事。维新元年普光大礼，节颁宝诏，覃恩礼隆登秩，特准依旧奉事，用志国庆而伸祀典。钦哉。维新叁年捌月拾壹日。

敕旨海阳省东和义利甲从前奉事翊保中兴关圣帝君，护国庇民，显有功德，节蒙颁给敕旨，准许奉事。肆今正值朕四旬大庆，节经颁宝诏，覃恩礼隆登秩，特准依旧奉事，用志国庆而答神庥。钦哉。启定玖年柒月贰拾五日。①

就连越南的革命领袖胡志明主席，也曾写过与关羽有关的诗句：

树梢巧画张飞像，赤日长明关羽心。
祖国终年无信息，故乡每日望回音。②

可见关公文化在越南的传播之广，影响之大。

越南的关庙也曾经和中国一样遍布全境。在今天河内粤东会馆内的《重建关圣庙碑记》中就有这样的记载：

关夫子之庙满天下……关夫子之祀亘古今，穷南北，巍然而独盛也……故都兵变之后，其存者寡矣。③

现今，在越南全国的58个省和5个直辖市中，至少有22个省、3个直辖市共40多个宗教建筑都曾供奉关公。

---

① 《神迹神敕》，越南社会科学院图书馆藏书，编号14893、9536，转引自谭志词《关公崇拜在越南》，载于《宗教学研究》2006年第1期。
② 梅国联等编：《胡志明诗歌全集》，转引自谭志词《关公崇拜在越南》，载于《宗教学研究》2006年第1期。
③ 范贵适：《重建关圣庙碑记》，越南汉喃研究院，拓片号172，转引自谭志词《关公崇拜在越南》，载于《宗教学研究》2006年第1期。

4. 美国

1880年（清光绪六年），华人移民在美国加州建立了金山华人会馆，该会馆就是一座关帝庙，庙额为"威宣海澨"[1]。也就是说，关公文化至今在美国已经延续了一百余年。考虑到美国于1776年建国，总共不过两百多年的历史，所以这个时间已经不短了。

19世纪40年代以来，在西方列强的军事、经济、宗教、文化的多重侵略下，中国自然经济和封建社会秩序土崩瓦解，纺织、运输、出口贸易等领域也遭到严重打击，致使大批的船员、搬运工、手工业者纷纷失业。这样一种政治动乱和经济破产局面，形成了强大的推力，迫使很多人不得不背井离乡，另寻出路。

与此同时，美国人詹姆士·马歇尔（James W. Mashall）在加州亚美利加河流域清理水轮锯木机水道时，意外地发现了黄金。此消息一经传出，很快就震动了全世界。

1848年10月前后，一种用蹩脚中文撰写的传单，由外国船务的华人经纪散发到香港、广州以及附近的各个乡村。其内容如下：

美国人是非常富裕民族。彼等对华人前往，极表欢迎。彼处有丰富工资，大量上等房舍、食物和衣着。你可随时寄信或汇款于亲友，我等可负责传递与驳汇，稳当无误。此是一个文明国家，并无大清官吏或官兵；全体一视同仁，巨绅不比细民为大。现有许多中国人，已在彼处谋生，自非一陌生地方。在彼处，承祀中国神祇，本公司亦设有代办。你无需畏惧，会逢幸运，有志者请莅临香港或广州本公司接洽，当竭诚指引进行。美国金钱极丰富而有盈余，如欲赚取工资及保障工作，可向本

---

[1]《清德宗实录》，转引自田海林、李俊领《"忠义"符号：论近代中国历史上的关岳祀典》，载于《山东师范大学学报（人文社会科学版）》2012年第1期。

公司申请，便得保证。①

　　这无疑让那些正苦无活计的中国沿海居民看了一线朦胧的希望，所以到了 1849 年的夏季，一位访问香港的丹麦人曾在他的日记中写道："香港人普遍狂热，甚至是那些属于绅士阶层的成功律师也被这激动人心的消息所诱惑，决定去那里碰碰运气。"

　　据相关记载，1851 年至 1860 年间，大约 41000 名中国劳工到达美国西部，他们几乎全部集中在加州，84%在金矿劳作。至 1882 年，美国华裔劳工的人数已达到 37 万。

　　然而，这些怀揣着"黄金梦"来到美国的中国人，很快就感受到了现实的残酷性。在美国这片冷漠的土地上，可让中国人赚取的黄金其实少之又少，更多的却是无休止的劳作和白种人的有色目光。而且，这里的一切与中国完全不同，包括衣食住行与道德信仰。

　　美国是一个由大量的清教徒组成的基督教国家，它的主流人群信仰上帝，而移民至美国的华人却信奉一个红脸、长须、手拿大刀的中年男人，这位中年男人被那些留着长长的辫子的"蒙古人种"称为"关帝""关公"，这对美国人来讲，显然是难以理解的。

　　20 世纪 40 年代，一位名叫林语堂的中国人向美国主流人群简要地介绍了一下关公，他说：

　　关公是中国历史的一个军人楷模，死后变成战神，保护正直的人，谴责那些残酷、不诚实的人。②

---

① 刘伯骥：《美国华侨史》，台湾黎明文化事业公司，1976 年版，第 37 页。
② 林语堂：《唐人街》，转引自张龙海《时代的思考与关怀——赵健秀的关公形象探究》，载于《外国文学研究》2016 年第 1 期，71 页。

林语堂尽量用美国白人能懂的话语来阐述这个问题，但是，对于鼓吹"信仰自由"的美国来说，到底有多少人能够明白就很难说清了。至少在 2007 年，美国 B 级片著名影星布鲁斯·坎贝尔（Bruce Campbell）还自导自演了一部妖魔化关帝的电影，名为《我叫布鲁斯》(*My Name Is Bruce*)。

影片的背景是，1870 年美国一座名叫金砾镇的地方发生了矿难事故，一百多位华人劳工被埋葬在了矿井之下。华人的神灵关帝（被称为"豆腐之神"）被召唤而来，并在井下守护着这些遇难的亡灵。直到一个多世纪以后的一天晚上，一群无知的年轻人闯入这个矿井，他们肆意毁坏亡灵的墓碑，惊醒了关帝。就此，这位"豆腐之神"大开杀戒，他挥舞着锋利的大刀，对镇上的男女老少个个枭首……

这是一部典型的粗制滥造的商业片，谈不上什么艺术性，倒是自始至终贯彻影片的带有浓厚乡村风格的插曲令人印象深刻，歌词大意为：

在一个叫作金砾镇的矿业小镇，时间是 1870 年
中国人来到这里打工赚钱
突如一夜，灾难发生
地底传来隆隆声，中国人困在里面

一个老中国人，为他珍爱的人祈祷
请求"豆腐之神"
来守护他们的亡灵

他的名字叫关帝
他的名字叫关帝
关你，关我，关帝

他的名字叫关帝

中国人相信，一切都有一位神主宰
日神，月神，风神，雨神
有些难以想象，甚至荒唐可笑
连豆腐都有一位保护神

他的名字叫关帝
他的名字叫关帝
关你，关我，关帝
他的名字叫关帝

眼中闪着红光
颌下飘着白须
人人都知道
他是一位值得敬畏的神

他的名字叫关帝
他的名字叫关帝
关你，关我，关帝
他的名字叫关帝

也许其中的一段情节可以暴露出影片制作者的初衷：当主角询问金砾镇上的人（已全部是白人），谁的祖先是当年矿难事故的凶手时，所有人都举起了手。这就是《我叫布鲁斯》想反映的主题思想：你们都是凶手的后代，他们的神会向你们复仇。

美国的华裔作家们为了消除白人对华人信仰的不理解（甚至是敌视），曾做过很多努力。他们将关公的形象进行了选择性

第二章 文化考辨

地改造。如在《杜老鸭》(*Donald Duk*)中,华裔作家赵健秀就将修建横贯铁路的华工"关姓汉子"描写成白人所能接受的"牛仔"形象:

关姓汉子手握科洛克的六响枪。在科洛克还来不及面露惧色之前,他已经跃上马鞍,手舞着缰绳。他勒着马忽东忽西。科洛克浑身溅满了淤泥。关姓汉子转头对唐老鸭说:"上来,孩子,我要你听着……"他抓住唐老鸭,往身后的马鞍上一放,就朝中国人的帐篷飞奔而去。科洛克追赶在后……关姓汉子在飞溅的淤泥中疾驰奔往卖点心的帐篷,用科洛克的六响枪连开三枪……"明天!十英里!"关姓汉子吼道,"十英里的铁轨!"①

然后故意将"关姓汉子"与关公形象融为一体,说"关姓汉子"的双眼就是关公那双"可以杀人的眼睛",关公像中的关公与"关姓汉子"有一双"一模一样的眼睛"。

在另一位华裔作家汤亭亭的笔下,关公虽然与传统形象大致相同,但也出现了诸多变异。如《中国佬》第三章《内华达的祖父》中就有一大段描写受到迫害、四处逃亡的"阿公"看关公戏的情节:

阿公的心顿时为之一振,他认出了出现在美国荒原上的英雄和他的战马。关公杀了仇人——阵锵锵!"咚咚!"的锣鼓声——离开了家乡——奏起悲凉哀切的笛子乐曲。

关公单手交锋,搏杀敌方最大的头目,旋转、腾跳的剑舞给那些看戏的华人们增添了力量。

他的两个伙伴在远方听说了关公——这个有着一匹聪慧无比的马、长着红脸膛的男子汉——所做的英雄业绩。三个朋友

---

① 张龙海:《时代的思考与关怀——赵健秀的关公形象探究》,载于《外国文学研究》2016年第1期,71页。

重新团聚，一直战斗到他们打下江山，那本属于他们的江山。

阿公感到自己精神焕发。他也像观众中的鬼佬一样高声喊"好"，鬼佬们以前从未看过戏。关公是位武神，也是文神，他文武双全，已经来到美国——关公，关爷爷，他是作家、武士、演员和赌徒们的祖先。他惩恶扬善，是我们的亲人。他不是我们相隔千年的祖先，而是我们的祖父。

又如《女勇士》中：

无论怎样，我们总会获胜。关公，这位战争和文学之神总是助我一臂之力。

在《引路人孙行者：他的伪书》中，汤亭亭又把关公描写成为"战神""祖父""忠义的象征""财神"和"戏剧之神"。①

也许正是因为这些华裔作家所塑造的变异了的关公形象，让一贯对华人心存偏见的美国主流社会对关公文化更加不理解，并导致了妖魔化关公的产生。但是，应该肯定的是，那些自19世纪开始就漂泊海外的华人及其子孙，正是在用关公精神来维系相互之间的亲情、友情、甚至爱情，更是在延续他们对中华民族的认同感。如果有一天，关公这个符号在他们的记忆中完全消失，那才是中华传统的伦理道德真正被"妖魔化"的开始。

如今，美国的华裔居民已超过百万，他们在美国各地修建了为数众多的关帝庙，其中面积最大的是位于休斯敦的得克萨斯州关帝庙。该庙创建于1999年1月，是得克萨斯州休斯敦及全美各地多团体多族裔人民同心协力共同创建的。其建庙宗旨是："服务广大亚裔同胞和其他族裔善信大众，继承和弘扬传统

---

① 参见付飞亮《关公形象在美国的变异》，载于《河南科技大学学报（社会科学版）》2012年第30卷第4期。

东方道德和文化，促进世界各族裔人民相互了解、团结友好而共创繁荣。"

此外，美国知名的关帝庙还有纽约关帝庙、洛杉矶关帝庙和旧金山关帝庙。

据说，1999年旧金山市长布朗在参加连任竞选之时，还亲自到关帝庙求神祈福，并求了一签，签上写道："营为期望在春前，谁料秋来又不然，直遇清江贵公子，一生活计始安全。"后来布朗在复选中一举获胜，连任旧金山市市长。胜选当天，布朗参加了华侨祝捷会，然后到关帝庙还愿，并按照华人的习俗，备果品三牲为祭品，恭恭敬敬地摆放在关帝像前以谢神恩。第二天，旧金山的各大报纸竞相出现了醒目的新闻标题，如《关帝保佑布朗，顺利连任市长》《布朗市长关帝庙还神》《华人小区为布朗市长庆功》。①

旧金山正是19世纪中叶华人梦想中的"金矿"所在地，尽管现在早已不见金矿的踪影，但是华人占这里总人口的百分之十二，是一支历届政府都无法忽视的政治力量。布朗在此地朝拜关帝庙，与拉选票的现实目的是分不开的，但对于当地的华人来说，这终究是政府对中华传统文化的一种友善表现。它至少能够说明，在美国的主流人群之中，至少还有人在关注着关公文化，无论他们是否把关帝当作神明。

5. 其他国家

自宋元以降，随着华人开拓者的脚步，关帝庙与关公信仰被带到世界各地。

据粗略统计，现仅菲律宾就有关帝庙数十座。清末民初，

---

① 资料来源于关公网 http://www.guangong.name/View.asp?Id=1359。

怡朗有华商陈督戈捐地建造关帝庙，供奉泉州通淮关岳庙关帝；马尼拉里萨尔大街现有一座菲华通淮庙，也供奉关帝；北怡罗戈省建有泉州涂门关夫子庙；1984年，岷伦洛区务礼牙购物中心大厦9楼也创建了一座供奉关帝的正义庙。大多菲律宾的华商都将关公祀为主神，如菲律宾华侨早期的同业公会或工会大多供奉关帝和福德正神，中华木商会与福联和布商会则分别自称为"关夫子会"和"关帝爷会"。

印度尼西亚也有关帝庙多座。巨港在清光绪年间（1875—1908年）就建造了关帝庙。万隆南区中段因建造了奉祀关帝的协天宫而被称为"庙街"。此外，棉兰市的清音禅寺及雅加达的金德院、南靖庙也都奉祀关帝等神明。

只有700多平方千米面积的新加坡，却有30多家大大小小的关帝庙。其中通淮关帝庙每年要举行多次朝圣大典，并组织信众远赴中国谒祖进香，声誉已传遍海内外。宁阳会馆、应和会馆及天福宫也都供奉关帝。在广福古庙、双林寺及普陀寺中，同样也有关帝神位。忠义馆的关帝像背景，是一条巨大的腾飞的金龙，每天都在向人们展示着中华传统文化的辉煌。

马来西亚的马六甲青云亭、槟榔屿的广福宫等寺庙，都主祀关帝。以槟榔屿来说，这里在1786年以后，曾是英国经营的殖民地港口，也是各国海商出入马六甲海峡与印度洋之间的枢纽，同时还是华人劳动力与生产品进出邻近各城乡的跳板。至迟在19世纪初，已经有一些以关帝为主祀的华人组织在此地成立，比如1800年成立的增龙会馆和嘉应会馆，1822年成立的惠州馆。此外，在1827年正式选址建馆的槟城台山宁阳会馆，以及1837年的顺德会馆等，都是主祀关帝的文化场所。现在槟榔屿信奉关帝的会馆除以上所举之外还有很多。而在首都吉隆坡，现有1889年建立的广肇会馆，其主体建筑就是一座关帝庙，100

第二章 文化考辨

年来香火鼎盛。

在缅甸、泰国、东帝汶等国也建有不少关帝庙。

缅甸八莫滇侨的腾越（腾冲）会馆即为关帝庙，勃生粤侨兴建的三圣宫也祀有关帝神位，猛拱也有华侨所建关庙。掸邦东北部果敢县的果敢大庙，是当地人的信仰中心，其关帝座旁有两对楹联，很具震撼力："伐魏抗吴，皇皇忠义参天地；兴蜀立汉，耿耿赤胆贯山河。""立志破曹瞒，万古英明垂竹帛；忠心扶汉室，一身勋业足千秋。"在每年的大年初一，果敢的善男信女都会到大庙烧香，祈求新的一年事事顺利，身体健康。

在泰国的曼谷、苏梅岛也有多座关帝庙，都是清朝末年的客属华侨所建。如1872年，华侨杨金玉等人发起，建造了苏梅岛关帝庙，1916年又把该庙改建为三层楼，三楼奉祀关帝，二楼为会所，一楼为学校。

东帝汶首都帝力市的关帝庙更是当地华人的文化中心，据说此庙历经多次战火也没有遭到破坏。

此外，加拿大维多利亚、本拿比与澳大利亚墨尔本、悉尼、巴特瑞拉等地均建有庙宇奉祀关帝，古巴哈瓦那的唐人街也建有关帝庙，就连南非毛里求斯路易港也耸立着多座关帝庙，可谓哪里有华人，哪里就有关帝庙。在法属留尼汪的圣丹尼市关帝庙，导游会向所有来此旅游的人讲述一个古老的传说故事，这个故事的主角名叫作关帝，他是一位英雄，也是留尼汪人的祖先。

十四、关公文化的时代价值

在历史上，关公文化曾经产生过巨大的影响，在现代社会里，关公文化也依然有其存在价值和发展空间。

1. 道德价值

钱穆先生曾说："关羽为什么遭受中国人如此般地崇拜呢？正因为关羽有他的道德精神。"关公虽然兵败被杀、事业未成，"但无损其道德精神之长存千古"。在今天，我们弘扬优秀传统文化，就包括对关公所体现的这种诚信忠义精神价值的弘扬。因此，关公崇拜的历史渊源、信仰嬗变、社会影响和对民众的心灵感染等，都值得进行系统研究。我们当然也可以从文化学的角度对其加以思考和探索，在我们今天的中华文化战略视野中体现出中华传统文化的厚重及其价值。①

文化价值，实际上是一种价值判断。不同的文化有着不同的价值观和价值标准。在以农耕为主的中国封建社会里，文化价值主要表现为一种道德价值，以道德伦理来标示个人，强调人对道德的遵守与认同。②

因此，文化中的一些积极因子可以依附于语言和其他文化载体，形成一种社会文化环境，对生活于其中的人们产生同化作用，为他们的价值观、审美观、是非观、善恶观涂上基本相同的"底色"，也为他们认识、分析、处理问题提供大致相同的基本点，进而化作维系社会、民族生生不息的巨大力量。可以说，文化就是凝聚社会的黏合剂。

中国是伦理本位的社会，中国传统文化是伦理型文化。关公文化作为中国传统文化，既是儒、释、道诸家文化的组成部

---

① 引自中国社会科学院学部委员、世界宗教文化研究所所长卓新平先生对《关公文化学》立项的评议意见。
② 孟祥荣:《信仰、崇拜、价值、仪式——荆州地区关公文化断想》，收录于《2012 中国荆州·国际关公文化学高峰论坛论文汇编》。

分,又是中国人伦理、道德的核心内容之一。关公文化作为一种精神现象,它对社会生活最直接的意义就是在伦理道德方面,也就是说,关公文化精神价值的核心在于道德价值。关公对国以忠,待人以义,处世以仁,作战以勇,体现了中华民族的传统美德。千百年来,人们崇拜关公,本质上也是在崇拜这位英雄的高尚人格。

随着中国市场经济的发展,中国已从传统的农业社会向工商业社会成功转型。在历史上,以忠、义、仁、勇为核心精神的关公文化在宋元以后的流动商品社会中也曾起到极其重要的社会伦理教化作用。继承和发扬关公文化所蕴含的道德精神,将有利于克服市场经济条件下出现的某些"道德滑坡"现象,有利于形成良好的社会道德风尚,有利于精神文明的建设。

2. 政治价值

关公文化的政治价值,首先表现在民族凝聚力方面,特别这种文化所代表的"春秋大一统"思想,对促进两岸统一、"一带一路"倡议、构建人类命运共同体等国家战略具有重要意义。

关羽生前勇猛无敌,威震华夏,但这并不是历代政权重视关公文化的最主要原因。关羽之所以被后人称王封帝,主要是因为他是一位在汉末道德日渐沦丧、人性日渐扭曲的时代里,用自己的生命为代价来体现一种集体文化认同的人,这种文化认同叫作"春秋大一统"。

《汉书·董仲舒传》云:"春秋大一统者,天地之常经,古今之通谊也。"关公为之奋斗的最高理想,就是匡扶汉室,一统天下。这种思想包含着实现国家统一的积极因素,是中华民族历久不衰、团结统一的内在根据。福建东山铜陵关帝庙的楹联:"数定三分,扶炎汉平吴削魏,辛苦备尝,未了一生事业;志存一统,佐熙朝降魔伏虏,威灵丕振,只完当日精忠。""忠义二字,团结了中华儿女;《春秋》一书,代表着民族精神。"精辟概括和歌颂了关公"志存一统"的精神。充分发挥关帝文化连接海峡两岸人民的精神纽带的作用,可以为两岸民众共同形成强大的向心力。

另外,关公还是中国民间信仰之中有限的几个被多民族共同信奉的神祇之一,重视关公文化的发展对于促进民族和谐与团结不无裨益。关公文化既是民族的,也是世界的,同时也是联结民族文化与世界文化的纽带。从华人开始走向世界的那一天,关公文化就被陆续传播到朝鲜、日本、韩国、东南亚国家和西方世界,从而加深了国外民众对中华传统文化的了解,推动了整个中华民族文化的国际化发展,至今这些国家的关帝庙依然香火鼎盛。

3. 艺术价值

艺术是一种很重要、很普遍的文化形式,有着非常复杂而丰富的内容,与人的实际生活密切相关。艺术作为一种精神产品,具有无限发展的趋势,并在整个社会产品中占有越来越大的比重。艺术的本质就是通过某种特定的媒介符号如绘画、雕塑、建筑、诗歌、音乐、舞蹈、戏剧、小说等来反映和描述事物及其价值关系的运动与变化过程,从而对人的情感、知识和意志进行交流、感化和训练。艺术价值是重要的精神价值,其客观作用在于调节、改善、丰富和发展人的精神生活,提高人的精神素质(包括认知能力、情感能力和意志水平)。

千百年来,关公文化在艺术领域有丰富的表现形式,从建筑艺术(关庙)、造像艺术(绘画和雕塑)到文学艺术(小说、诗歌、民间口头文学)、舞台艺术(戏曲、曲艺)、影视艺术(电影、电视剧)、礼制艺术(祀典、庙制、庙额、碑文)、祭祀艺术(人们在祭祀过程中产生的舞蹈、音乐、祝词等艺术形式),可谓种类繁多,异彩纷呈,充斥于关公精神文化、物质文化、制度文化、信息文化的各个方面。

现存于北京故宫博物院的绢画《关公擒将图》就是难得的艺术珍品。该画为明代宫廷画家商喜所作,描绘的是《三国志》中关羽水淹七军、生擒庞德的故事。全图人物共六人,主角是关羽和庞德。庞德上身裸露,赤脚,双目怒睁,咬牙切齿,毫不畏惧;两裨将在敲桩、绳缚、揿身,压抑被审者的咆哮;关平拔剑威慑,周仓从旁吆喝——把整个审讯场面激化到了绷弦欲断的程度。而关羽蓝巾绿袍,全身披挂,丹脸凤眼,长髯飘拂,气宇轩昂,集儒雅和勇毅于一身。画面人物间互有呼应,特别是庞德掉头不理,一裨将似欲扭转他的头颅逼他听审,而关羽庄重的表情上又展现了一丝"英雄相惜"的神态,这一描绘增强了戏剧性的冲突。此图人物高大,气势雄壮,线条刚劲流畅、顿挫有力,色彩红绿金粉、鲜艳夺目,是难得的艺术佳作。单纯从这幅画的工艺水准来说,已经价值连城,如果我们将明代的关公文化进行了解之后,就会发现它更多的历史价值。

据嘉靖《徐州府志》记载,宣德七年(1432年),朝廷曾经重新修缮徐州的"关尉神祠",并将其列入官方祀典,岁以春秋上丁三日致祭。商喜是宣德时期的宫廷画家,他的《关公擒将图》又有鲜明的壁画风格,这应该能够说明,此画正是为"关尉神祠"所作。由此,人们可以重新评估这幅画的文物价值和艺术价值。

此外,关公文化的研究成果也会为当代的艺术家提供创造灵感,为现代人理解古代人的美学思想提供一个崭新的视角,同时也对传统文化的发展以及现代产品的创新具有一定的指导意义。目前，海内外每年都有很多与关公有关的艺术作品问世，包括雕塑、绘画、影视作品等，了解关公文化当然会对这些艺术品的创作者们有所裨益，关公文化对现代艺术市场的价值也体现于此。

4. 宗教价值

在历史上，宗教与哲学、道德、法律、政治、文学、艺术一样，是社会意识形态的重要组成部分之一，是一种特殊的文化形式。

一个宗教之所以成为宗教，是因为它包括三个层面：一为宗教的思想观念及感情体验（教义），二为宗教的崇拜行为及礼仪规范（教仪），三为宗教的教职制度及社会组织（教团）。从这个意义来说，在历史上的大部分时间里，关公信仰并不能算是一种宗教，因为它缺少专门而必要的教职制度及社会组织。但是，自从天台宗的"荆南正法"一系将关公借取到佛教体系之中以后，关羽就从单纯的地方民间信仰对象跨入了宗教的殿堂，成为伽蓝神（寺院的保护神）。宋、明两代，道教正一、全真二派的极力推崇；元、清两朝，佛教密宗、禅宗的不断推动又使得关公成了一个极具影响力的宗教符号，再加上儒家的大力扶持，使得清末的许多民间宗教争相奉关公为主神，甚至在海外已经出现了崇拜关公的教职制度及社会组织，如韩国的"关圣教"就是一例。

不过，无论是何种宗教，宗教人士对于关公这个"符号"的借取最初都应该是来自人们对于宗教发展的考虑，在此之后的关公文化却又无一例外地对它们起到了道德指引作用。比如，佛教天台宗自"玉泉山显圣"的故事流传以后，就开始以关公来监督僧侣的日常修行；道教正一派自"关公战蚩尤"的传说流行以后，就开始为天下苍生祈福，并强调本派的"及物之功"；清朝西藏的佛教密宗更是通过修建关帝庙和国家利益紧紧地捆绑在了一起；在福建、台湾地区的鸾堂、斋教等民间宗教组织，甚至会运用关公信仰与侵略者、殖民主义者展开英勇顽强的斗争。这是因为，关公文化所代表的精神在深深地影响着这些宗教的信众们人生观与价值观。

因此，关公文化不仅是学者需要研究的问题，也应是宗教人士需要关注的事情。对于关公文化的理解，可以让宗教界更好地是理解宗教与社会、宗教与国家、宗教与民族之间的关系，这在宗教经济和宗教发展方面产生的价值将是难以估量的。

5. 经济价值

关公文化的经济价值首先表现在它为经济活动所提供的精神动力上。就目前的社会理解程度而言，关公的"财神神职"是其受到群众尤其是商人阶层的虔诚崇拜的主要原因，而其实在古代，商人们之所以崇拜关公，是因为他代表着"先义后利"的商业伦理道德。因为在大众的心目中，关公既讲信义又讲诚信，所以人们一般认为信仰关公的人一定不会"见利忘义"。"利"与"义"之间的关系，其实早在明清时期就已经得到了以晋商为代表的中国商人们的足够重视，并衍生出了具有时代先进性的商业理论，关公也正是因此才成为"财神"的。因此，关公文化的经济价值首先表现在"以义取利"的中国传统特色的经济思维之中。

其次，关公文化的存在也为商品经济的发展创造了有利条件。比如可将现在已知的关帝庙进行修复并对外开放，因它们大都建在风景名胜之地，都是发展文化旅游业重要而又宝贵的资源，本身就可以创造良好的经济效益。关公文化在民众间的广泛影响力，也会使关帝庙所在地成为群众的集结场所，形成经济活动中心。而且，全国现有为数众多的关帝庙大多已成为各地的文物保护单位，这也为各地开展关公文化旅游创造了良好的条件。以成熟的经济价值理论作为支撑的物质消费文化，也将在关公文化的整体发展过程中创造更多的经济效益。

经济常被看作是一个相对独立的研究领域。经济学主要是研究人类如何将有限或者稀缺资源进行合理配置的社会科学。其实，经济不仅是一个关于生产、分配和消费的体系，同时也是文化体系的一部分。文化研究中的许多问题都涉及经济问题，反之亦然。不同的生产方式会产生不同的文化内涵和生活习俗，不同的文化内涵也会产生不同的分配和消费体系。

文化是经济发展的助推器，它对经济的支撑作用主要表现在三个方面：一是文化的导向赋予经济发展以价值意义。经济制度的选择、经济战略的提出、经济政策的制定，无不受到社会文化背景的影响以及决策者文化水平的制约。文化对物质生产、交换、分配、消费以思想、理论、舆论的引导，在一定程度上影响经济发展的方向和方式。二是文化赋予经济发展以极高的组织效能。人作为文化的主体，不仅受文化熏陶，而且也依一定的原理相互感通，相互认同，从而形成社会整体。文化的这种渗透力是人的社会性的体现，它能够促进社会主体之间相互沟通，保证经济生活与社会生活在一定的组织内有序开展。三是文化赋予经济发展以更强的竞争力。经济活动所包含的文化因子越厚重，其产品的文化含量以及由此带来的附加值也就越高，在市场中实现的经济价值也就越大。

目前国内的经济学者多把着眼点放在西方经济学的研究上，对于中国传统经济的重视不够，特别是对于中国宋元以后商品经济的发展历史了解甚少。通过对关公文化的研究，有助于经济学者认识中国传统经济社会之中的商业文化及其历史作用，特别是商业伦理文化的作用，这必然会为建设中国特色社会主义市场经济产生价值。

第三章 历代艺文

一、唐

壮缪侯庙别友人[①]
郎士元

将军秉天姿,义勇冠今昔。走马百战场,一剑万人敌。
谁为感恩者,竟是思归客。流落荆巫间,徘徊故乡隔。
离宴对祠宇,洒洒暮天碧。去去勿复言,衔悲向陈迹。

郎士元,生卒年不详,字君胄,中山(今河北定县)人,唐代诗人。天宝十五年(756年)登进士第,"安史之乱"中避难江南。宝应元年(762年)补渭南尉,历任拾遗、补阙、校书等职,官至郢州刺史。郎士元与钱起齐名,世称"钱郎",他们诗名甚盛,当时有"前有沈宋,后有钱郎"之说。

[①](清)张镇:《解梁关帝志》,山西人民出版社,1992年版,256页。

荆南节度使江陵尹裴公重修玉泉关庙记[①]

董侹

玉泉寺覆船山，东去当阳三十里。叠嶂回拥，飞泉迤逦，信途人之净界，域中之绝景也。寺西北三百步，有蜀将军都督荆州事关公遗庙存焉。将军姓关名羽，河东解梁人。公族功绩，详于国史。先是，陈光大中，智𫖮禅师者，至自天台，宴坐乔木之下。夜分忽与神遇，云："愿舍此地为僧坊，请师出山，以观其用。"指期之夕，前壑震动，风号雷虩，前劈巨岭，下堙澄潭，良材丛木，周匝其上，轮奂之用，则无乏焉。惟将军当三国之时，负万人之敌，孟德且避其锋，孔明谓之绝伦。其于殉义感恩，死生一致，斩良擒禁，此其效也。呜呼！生为英贤，殁为神灵，所寄此山之下，邦之兴废，岁之丰荒，于是乎系。昔陆法和假神以虞任约，梁宣帝资神以拒王琳，聆其故实，安可诬也？至今缁黄入寺，若严官在傍，无敢亵渎。荆南节度工部尚书江陵尹裴均曰："政成事举，典从礼顺，以为神道之教，依人而行，禳彼妖昏，祐我蒸庶，而祠庙堕毁，厥悬断绝，岂守宰牧人之意也耶？"乃令邑令张愤，经始其事，爰从旧址，式展新规，栾栌博敞，容卫端肃。唯曩时禅坐之树，今则延袤数十围，夫神明扶持，不凋不衰，胡可度思。初营建之日，白龟出其新桥，若有所感。寺僧咸见，亦为异也。尚书以小子曾忝下介，多闻故实，见命纪事。文岂足征，其增创制度，则列于碑石。

贞元十八年记。

董侹（？—812 年），又作董挺或董颋，字庶中，武陵人，唐代才子，元和中任荆南从事。董侹出生于官宦人家，其祖父

---

① （清）董浩等：《全唐文》，中华书局，1983 年版，7001 页。

思简，官至汝南太守；父亲承祖，卒时为太子舍人。董侹自幼嗜诗，至老不倦，与他唱和的都是当时的"青云之士"，如杜甫、刘禹锡、卢象、包佶、李纾等。刘禹锡曾形容他"心源为炉，笔端为炭，锻炼之本，雕砻群形，纠纷舛错，逐意奔走，因故沿浊，协为新声"。裴公即裴均，唐绛州闻喜（今山西闻喜东北）人，字君齐，时任荆南节度使。

关将军索木①

段成式

  武宗之元年，戎州水涨，浮木塞江。刺史赵士宗召水军接木，约获百余段。公署卑小，地窄不复用，因并修开元寺。后月余日，有夷人逢一人如猴，着故青衣，亦不辩何制，云："关将军差来采木，今被此州接去，不知为计，要须明年却来取。"夷人说于州人。至二年七月，天欲曙，忽暴水至。州城临江枕山，每大水犹去州五十余丈。其时水高百丈，水头漂二千余人。州基地有陷深十丈处，大石如三间屋者，堆积于州基。水黑而腥，至晚方落，知州官虞藏□及官吏才及船投岸。旬月后，旧州寺方干，除大石外，更无一物。惟开元寺玄宗真容阁去本处十余步，卓立沙上，其他铁石像，无一存者。

  段成式（803—863年），字柯古，晚唐邹平人，唐代著名志怪小说家。其父段文昌，曾任宰相，封邹平郡公，工诗，有文名。在诗坛上，他与李商隐、温庭筠齐名。段成式信佛读经，饮酒赋诗唱和，以解其忧，诗中多流露出超脱世俗的情绪。

---

① （唐）段成式：《酉阳杂俎》，中华书局，1985年版，195页。

二、宋、金

威胜军关帝侯新庙记①

李汉杰

夫辰象之精,岳渎之灵,□□□□融粹,爰生英烈。英而秀者,华国以文;烈而毅者,卫时以武。将军关侯,禀武之烈,而为虎臣。遗风可□庙□□□□。汉道微于建安之间,二袁方锐,三主未定,四方锋扰,英雄驰骛。谋臣猛将,如雨如云,斗智角力,水陆并攻,未决成败。当是时也,兵皆□□□□□□不解鞍,捐躯必死,赴白刃中,杀其相吞,流血相溅。递捷□递衄,其勇益备。有类刘项相持,未指鸿沟,割为楚汉,则构兵争雄焉。能少息□□□□□□战始定其地。壮哉!魏武挺超世之姿,而据中原;先主乘险固之利,而据巴蜀;孙权绍父兄之业,而尽有江东之地。彼三人者,当干戈□□□□□略,仗剑鞭马,握兵数十万,辟地数千里,慨然以英武相高。胜不骄,拜不沮。各得其志,列为敌国,皆强对也。世之言者,谓孙不如曹,刘不如孙,□□□□似不然也。凡用兵以智攻愚,则智者胜;以怯拒勇,则怯者负;以智勇相配,则可以抗衡而不可独擅。愚谓刘之为蜀,如苍鹰逢秋,翘翩□横飞,而鹰击魏吴。孙之为吴,如猛虎踞山,爪牙虽具,不能肆其杀心,而虎噬蜀魏。曹之为魏,如孤鲸跨海,首尾虽长,不能纵其巨力。而鲸□□□。□□安得天下,鼎立正朔有三?固其藩篱,缮其弓戟,守以诈力,而仅能持久者,率由收击豪俊,指示驱策,内卫外捍,乐为之用而辅成。偏霸蜀□□□□□得士冠于一时。

---

① 冯俊杰:《山西戏曲碑刻辑考》,中华书局2002版,18页。"□"字漫漶难识,下文同。"曹"字为原书编者所加。

孔明运筹，关张御侮，魏与吴不敢出师西顾剑门，忌三人耳。孔明善建良策，两国谋主开陈□病多矣，未闻奇□之□□□□右者，优劣岂暇议哉！关张将略，达于合变。世言魏之张辽、吴之周瑜，可与并驱争先，愚窃料之，又不可也。其言□以张辽募散徒八百，□□□□合肥；周瑜请精兵三万，破曹公以赤壁。幸而一胜，乌足道哉！且张辽胆薄，岂孙权之比；周瑜智小，非曹公之敌。设使孙不恃众而□城，曹不□□□□江持重固守，待其师老而袭之，则两将之头可至戏下。愚谓按其风绩，较得失而论之，则飞可在前，辽当居后，而瑜处其中。□□逸□□□□远甚。

建安二十四年，尝率精锐进围樊城。将军善攻有术，不在矢石，在于权□机制胜，密不可窥。坐降于禁而威震华方，曹公议徙□□□□其锐。曹公明略盖于天下，闻其威名，勇气几夺，况下者乎？每建旗临阵，作愤轩昂，横刀而前，□奋于臆，顾眄小宇宙，叱咤生风，霆□上冲□□□□□。万众睹其勃如之色，人人不寒而股栗，虽生而魄碎。雄棱未霁，虏势已摧，威之盛也。此识将军之面，而未识将军之心。其心岂易□□□□随先主不避艰险，张忠胆，冒贼锋，力战不息，积功居多，累封为荡寇将军、汉寿亭侯。与群臣决大议，□先主为汉中主□□一心□□□□□□之诚，凛逾霜雪，忠之至也。报曹公杀颜良，解白马围，功成弃赏，脱身还蜀。去就两端，不负主知，刚果之气，上薄云天，义之高也。□□□传□□□□□为万人之敌，言其威也；称有国士之风，言其忠且义也。后知之将军者，不独取其临战却敌之威，而取其佐君之忠、行己□义，此为□□□□□之心也。迄今江、淮之间，尊其庙像，尤以为神。

向也交阯入寇廉白，熙宁九年，今上矜恻下民，诏元戎举兵问罪。沁州□□□□趫捷应募者，由任真而下，凡二百三十七人，隶于左第一军前锋之列。搋金伐鼓，行踰桂州，驻□□补，过将军之祠。下□其始，得□□□□佑中，侬贼陷邕州，祷是庙，妄求福助，掷杯不应，怒而焚之。狄丞相破智高，表乞再完。仁宗赐额以旌灵贶。众□其□□□□□□军誓：假威灵平蛮得俊，长歌示喜，高躅太行，而北归故里，当为将军构饰祠宇。复请木□绘马，执为前驱，入践贼界，上气□□□□□□□钲鼓，望风乞降，余众弃城而遁。进军临富良江，蛮酋遣将，乘蒙冲斗舰，举楫若飞，急趋争岸，迎官军陆战。江北神虎□鼓□□□□□□□□自相腾轹，斩首及溺死者数万余人。既捷，荣雄受爵赏者二十六人。任真、贾信、□宁并指挥使，节以功之高下，递补有差。□□□□□□□□□南地多多深林，密于栉比。蛮人欲伐，横绝其路。结营息众，势莫能前。夜有大风暴发，怒号之声若挝万鼙。迟明□之卧未□□□军□□□□□□□□也，众与房均。俄有阴兵，旗帜戈甲，弥亘山野，敌人顾望，惴恐而败。精诚所招，助顺之灵。暴风夜至，阴兵昼见，神以符效应□□□□□□□行，深入万里，果立战功。归而建庙，人以享祀答神之休。庙制一新，高堂峻庑，雕焕□严。费逾千计，出于众心悦助，其□成□□□□□□□于辞，久则寂无所闻。乃砻石镂记，永传嘉应，于神无愧负矣。人之生也，种繁类殊，参差不齐。庸鄙常□□英□常寡惟□□□□□□□□其铁肠石心，不以一毫小挫于人，是以生兮，为将死兮，为神英魂不散，修扬江表，飘激于□为风、为兵，助□□□□□□□□□能静乱。金坚玉碎，有时而销。刚毅之操，确乎不变。止于报国而已。古之良将非一，今人未尝置齿耳闻，惟大汉云长之勇□□□□□□搴其功名之略。殊灵伟迹，未遮其详，请观诸碑。

大宋元丰三年孟夏望日乡贡进士李汉杰记。

李汉杰，生卒年不详，仅知为乡贡进士，约生活于北宋元丰（1078—1085年）前后，其余无考。宋代威胜军在今山西沁县，此庙主体建筑今已不存，唯留一牌楼，为三门四柱庑殿顶，等级很高。1993年县政府重修，将牌楼南移十几米，改作县政府大门。

咏辞曹事①

张商英

月缺不改光，剑折不改铓。月缺白易满，剑折尚带霜。
趋利寻常事，难屈志士肠。男儿有死节，可杀不可量。

宋元丰四年重建关将军圣帝庙记②

张商英

道出陈隋间，有大法师名曰智顗，一时圆证诸佛法门，得大总持辩说无碍，敷演三品，摩诃止观。是三非一，是一非三，即一是三，即三是一，随众生根而设教。后至天台，止于玉泉，宴坐林间，身一心湛寂。此山先有大力鬼神与其眷属，怙恃凭据，以帝神力故法行业，即现种种诸可怖畏：虎豹号掷，蛇蟒盘瞪，鬼魅嘻啸，阴兵悍怒，血唇剑齿，毛发鬇鬡，丑形妖质，剡然千变。

法师愍言："汝何为者，生死于幻，贪著馀福，不自悲悔？"作是语已，音迹消绝。顾然丈夫，鼓髯而出，曰："我乃关羽，生于汉末，值世纷乱，九州瓜裂。曹操不仁，孙权自保，虎臣

---

① （清）张镇：《解梁关帝志》，山西人民出版社，1992年版，256页。
② （清）兰第锡：《关帝圣迹图志全集》，台湾新文丰出版有限公司，2001年版，718页。

蜀主，同复帝室，精诚激发，洞贯金石，死有余烈，故主此山。谛观法师，具足殊胜，我从昔来，本未闻见。今我神力，变见已尽。而师安定，曾不省视，汪洋如海，匪我能测。大悲我师，哀愍我愚，方便摄受。愿舍此山，作师道场。我有爱子，雄鸷类我，相与发心，永护佛法。"师问所能，授以五戒。帝诚受已，复白师曰："营造期至，幸少避之。"其夕晦冥，震霆掣电，灵鞭鬼筆，万壑浩汗，湫潭千丈，化为平址。黎明往视，精蓝焕丽，檐楹栏楯，巧夺人目。海内四绝，遂居其一。以是因缘，神亦庙食千里，内外庙供云。委玉泉之田，实帝之助。

岁越千稔，魔民出世，寺纲颓紊，槌佛虚设。帝既不祐，庙亦浸弊。元丰庚申，有蜀僧名曰承皓，行年七十，所作已辨，一大众请，倏然赴感。有陈氏子，忽作帝语："自今以往，祀我如初。"远近播闻，瞻祷愈肃。明年辛酉，庙宇鼎新，尔时无尽居士闻说其事，以偈赞曰：

关帝父子为蜀将，气盖中原绝等伦。喑呜叱咤山岳摧，义不称臣曹孟德。

愤烈精忠贯金石，英灵死至玉泉山。阴兵十万部从严，铁骑咆哮汗金甲。

架鹦鞴鹰走獒犬，鞭笞虎豹与龙蛇。脍肝脯肉饮头颅，无上菩提岂知有？

智者南来为利益，嘿然宴坐乔木荫。法力广大不思议，溪山动荡失安据。

妖怪百千诸怖畏，神道究竭誓归依。大威大猛大英豪，弃置爱恋如泥滓。

将此山峦奉佛土，受持五戒慑身心。仰山南岳及高山，佛佛道同五异化。

见在住持承皓老，宗风孤峭帝所钦。未来补处出家人，万木岩前希审细。

宏我如来像季法,长风十里碧云寒。

施山造寺盖玉泉祠祀之所由,崇唐宋二记述载甚详,是以录之。

张商英(1043—1121年),字天觉,号无尽居士,蜀州新津人,宋代宰相。他倡导三教圆融,是关公文化发展中的重要人物,曾在荆南府做税官长达七年,后官至相位(尚书左仆射),著有《神宗正典》六卷、《护法论》一卷、《无尽居士集》等。

宋元祐七年解州知州张东之重修关帝庙记[①]

郑咸

帝以忠义大节事先主,为左右御侮之臣,名闻于天下后世,虽老农稚子,皆能道之。然皆谓帝英武善战,为万人敌耳,此不足以知侯也。方汉之将亡,曹孟德以奸雄之资,挟天子以据中原,虎视邻国,谓"本初犹不足数,而况其下哉?"独先主区区,欲较其力,而与之抗。然屡战而数败矣。士于此时,怀去就之计者,得以择主而事之。苟不明于忠义大节,孰肯抗强助弱,去安而即危者?夫爵禄富贵,人之所甚欲也。视万钟犹一芥之轻,比千乘于匹夫之贱者,岂有他哉,忠尽而义胜耳。帝以为孟德名为汉臣,实汉仇也。而先主固刘氏之宗种,帝尝受汉爵号矣。苟为择其所事,则当与曹乎?与刘乎?曹、刘之不敌,虽愚者知之。巴蜀数郡,以当天下之半,其成功不可待也,而帝岂以此少动其心哉?秋霜之严,见晛则消;南金之坚,遇刚则折。而侯之忠义凛然,虽富贵在前,死亡居后,不可夺

[①](清)兰第锡:《关帝圣迹图志全集》,台湾新文丰出版有限公司,2001年版,711页。

也。孔融、杨彪皆巨德元老，一日少忤孟德，乃戮而囚之。帝为孟德所得，不敢加无礼焉；比其去也，熟视而不敢追。然则帝之所本，胜孟德多矣。盖有以服其心而折其气，岂在行阵间乎！帝本解人，庙于郡城之西。庙久不治，里中父老相与经营，加完新焉。时维太守张公，别乘张公，相与为雍容镇静之政，而解民熙然乐之，日有余暇，可以致力于帝矣。然则帝安其宅，厥有由哉。

郑咸，北宋士人，生卒年不详，按《义勇武安王集》《关帝圣迹图志全集》等记载，曾任解县尉。

解州闻喜县新修武安王庙记[1]

阮升卿

历史为将者，奋身决战，视死如生，苟临利害，不顾名节，此匹夫之勇，往往皆是也。及其风尘毕起，群孽争驰，忠以报上，勇以戡乱，虽千万中，盖难其人矣。尝阅诸信史，载其勋烈，较其成败，固有优劣之异，及其临大节而不可夺，辉耀今古，舍忠勇轶群，孰得而跂及。惟王以义从昭烈帝，与飞为御辱，恩固虽厚，未尝鲜礼，誓以共死以事先主，可谓忠矣！至于率众攻曹，水溃七军，斩魏诸将，群盗畏服，威震华夏，曹公避锐，可谓勇矣！观其曹公感义而终不能久留，虽图报曹公而□心于先主，始终不变，卓然过人。何异夫镆邪之剑，至刚而不挠；松柏之干，岁寒而不易。其遗风余烈凛凛乎，如秋霜之严也。

王，解人也，去古浸远，神灵不替，故能阴相我朝廷，屡

---

[1]（清）胡聘之：《山右石刻丛编》卷十七，转引自胡小伟《关公信仰研究系列》第二卷《宋代儒学与关羽崇拜》，香港科华图书出版公司，2005年版，98页。

有显烈，由是累加封爵，以达神休。闻喜，解之支邑也，中条稷山，南北相望，土广民饶，最为繁剧。崇宁初，二寇扰民，当职者深以为患。弓级董政，实领诸众，仅二十余年，盗贼畏惧。挺然建议曰："我辈以擒捕为职，戮力用命，匪神佑于其间，不能屡捷，故临出入，常祷于王，无不获功，信乎！王之德生而忠勇，其名不陨，降灵在人，应于不测。故上可以佑国家，远可以镇边境，迩可以保乡闾。昭然鉴□，若在左右，何其一乡之人不能建立庙貌？尊加严事，归报神德。"于是与同列□立、郭安协力营干，罔有异□。遂卜县城之西，择为庙所，环垣周围计地三亩。至大观三载孟秋望日，殿庑方就。离轩之前，崇以为门堞；乾位之隅，敞以为花圃。植木之繁，以聚清阴；面山之峰，以增远目。故岁时乡社之人，得以陈俎豆，备乐舞于庭。逮至政和七年，会令佐贤明，讼简刑清，政修废举，命使立石，乐其功之罔坠。噫！尝谓王之行事，其忠节勇功，炳若丹青，乡人之所详闻。今略述其大概，俾忠义之士，激昂奋励以报朝廷，岂不伟欤？里人从政郎郎洪嘉，其诚意相嘱，为文以纪其实。

时政和七年九月望日记。

阮升卿，生卒年不详，仅知为北宋末年颍川人。

特封关羽壮缪义勇武安英济王诏①

赵眘

敕云：生立大节，与天地以并传；殁为神明，亘古今而不朽。荆门军当阳县显烈神壮缪义勇武安王名著史册，功存生民，

---

① (清) 张镇：《解梁关帝志》，山西人民出版社，1992年版，66页。

一方以依，千载如在。凡有祷于水旱雨赐之际，若或见于焄蒿凄怆之间。英烈岩岩，可畏而仰；庙貌奕奕，虽远益新。爰启王封，仍加美号，岂特显尔神威德之盛，亦以慰此邦父老之情。尚祈灵聪，服我休显。可特封壮缪义勇武安英济王。奉敕如右。

赵昚（1127—1194年），字元永，即宋孝宗，南宋第二位皇帝。宋孝宗是南宋最杰出的皇帝，在位27年，他平反岳飞冤案，起用主战派人士，锐意收复中原。在内政上，积极整顿吏治，裁汰冗官，惩治贪污，加强集权，重视农业生产。宋孝宗专心理政，百姓富裕，五谷丰登，太平安乐，史称"乾淳之治"。

关将军智者大师问对[①]

志磐

十二月，师至荆州旋乡答地。将建福庭，乃于当阳玉泉山创立精舍，及重修十住寺。道俗禀戒听讲者，至五千余人。

初至当阳，望沮漳山色堆蓝，欲卜清溪以为道场，意嫌迫隘，遂上金龙。池北百余步有一大木，婆娑偃盖，中虚如庵，乃于其处趺坐入定。一日，天地晦冥，风雨号怒，妖怪殊形，倏忽千变。有巨蟒长十余丈，张口内向，阴魔列陈，炮矢如雨，经一七日，了无惧色，师叱之曰："汝所为者，生死众业，贪着余福，不自悲悔。"言讫，众妖俱灭。其夕，云开月明。见二人威仪如王，长者美髯而丰厚，少者冠帽而秀发。前致敬曰："予即关羽，汉末纷乱，九州瓜裂，曹操不仁，孙权自保。予义臣蜀汉，期复帝室，时事相违，有志不遂。死有余烈，故王此山。

[①]（宋）志磐撰，释道法校注：《佛祖统纪校注》，上海古籍出版社，2012年版，178页。篇名为整理者所加。

大德圣师，何枉神足？"师曰："欲于此地建立道场，以报生身之德耳。"神曰："愿哀闵我愚，特垂摄受。此去一舍，山如覆船，其土深厚。弟子当与子平（蜀先主拜羽前将军，率众攻曹仁不克，孙权已据江陵。羽因遁走，吴马忠获羽及其子平，于章乡斩之。《唐书》：羽生侍中兴，其裔孙播相德宗）建寺化供，护持佛法，愿师安禅七日，以须其成。"师既出定，见湫潭千丈化为平址，栋宇焕丽，巧夺人目，神运鬼工，其速若是。师领众入居，昼夜演法。一日神白师曰："弟子今日获闻出世间法，愿洗心易念，求受戒品，永为菩提之本。"师即秉炉授以五戒。于是神之威德昭布千里，远近瞻祷，莫不肃敬。

志磐，号大石，生卒年不详，南宋末年禅宗、天台宗僧人，佛教史家。精通天台宗教义，尝住四明（今浙江鄞县）福泉寺及东湖月波山，弘宣教纲。著有佛教通史《佛祖统纪》，另有《法界圣凡水陆胜会修斋仪轨》六卷。

盐池除蛟[①]

佚名

崇宁五年，夏，解州有蛟在盐池作祟，布气十余里，人畜在气中者，辄皆嚼啮，伤人甚众。诏命嗣满三十代天师张继先治之。不旬日间，蛟祟已平。继先入见，帝抚劳再三，且问曰："卿此翦除，是何妖魅？"继先答曰："昔轩辕斩蚩尤，后人立祠于池侧以祀焉。今其祠宇顿弊，故变为蛟，以妖是境，欲求祀典。臣赖圣威，幸已除灭。"帝曰："卿用何神，愿获一见，

[①] 佚名：《大宋宣和遗事》，商务印书馆，1937年版，16页。
篇名为整理者所加。

少劳神庥。"继先曰："神即当起居圣驾。"忽有二神现于殿庭：一神绛衣金甲，青巾美须髯；一神乃介胄之士。继先指示金甲者曰："此即蜀将关羽也。"又指介胄者曰："此乃信上自鸣山神石氏也。"言讫不见。帝遂褒加封赠，仍赐张继先为视秩大夫虚靖真人。

《大宋宣和遗事》的编者不详，一般认为是宋人作，元人或有增益。该书由历代帝王荒淫误国的教训开始，一直写到宋高宗定都临安为止，间插了一些奸臣把持朝政致使民不聊生的故事和宋徽宗时代的野史，是了解宋代文化的重要资料。

义勇行[①]

张珣

忆昔天下初三分，猛将并驱谁轶群。桓桓胆气万人敌，卧龙独许髯将军。

威吞曹瞒欲迁许，中兴当日推元勋。惜我壮缪功不就，竟令豺狼还纷纷。

血食千年庙貌古，岁时歌舞今犹勤。君不见天都、灵武巢未覆，抚髀常思汉寿君。

张珣，金朝士人，生卒年及生平皆不详。

嘉泰重修庙记[②]

田德秀

夫忠而识暗，不能择有道之主，当代无以建其功，若范增

[①]（清）张镇：《解梁关帝志》，山西人民出版社，1992年版，257页。
[②]（清）张镇：《解梁关帝志》，山西人民出版社，1992年版，172页。

为项楚书计，虽怒撞玉斗，未免为彭城之废人矣。勇而义寡，不能坚事君之节，没世无以成其名，若吕布反复无定，虽巧中戟支，未免为白门之缚虏矣。忠而远视，勇而笃义，事明君，抗大节，收大功，蛰英名，磊磊落落，挺然独立千古者，惟公之伟矣。

昔汉火灰冷，群龙斗野。曹操以奸雄之心，挟天子以令四方，窥图神器，坐拟西伯，虽名汉相，其实汉贼。先主以汉之宗裔，禀宽厚之资，负英雄之气，下将解黔首之倒悬，上则惧高光之不血食也。屈体待士，冀完旧物。公于是时，意谓予曹则助贼为虐，逆也；予刘则辅正合意，顺也。于是委质于先主，如云风之从龙虎左右，御侮周旋，有死无二。及董督荆州，降于禁，戮庞德，梁郏陆浑，遥受印号。威声赫然，震叠华夏。曹操谋从许，以避其锋；江东请求婚，以结其好，使西南僻陋之蜀，屹然为鼎足强国。

二敌睥睨而莫敢妄动者，非公之力矣？当时，诸葛孔明自谓管乐之流，于人不易许可。尝谓"马孟起兼资文武，雄烈过人，一世之杰，当与益德并驱争先，犹未及髯之绝伦逸群也"。世说多称策马刺颜良于万众中，遂解白马围，为公之美事，岂真知公者哉？且公平昔好《春秋左氏传》，方先主在许与曹同猎，公劝先主杀曹而不从。及在夏口，飘飘江渚，公曰"往日若从所言，岂有今日之困"。以是知公好学通古，深识远见，又有大过人者。公当下邳之败，尝为操所得，礼遇甚厚。公视高爵重赏，藐如草芥，尽封所赐而去。于此而见王之节义不凡。方曹氏势炽，炎刘力弱，事君不忘其本，见利不失其义，岂是增、布可同日论哉！

公在汉为汉寿亭侯，在蜀为前将军，逮宋封武安王。解实公之故里，庙在郡城之西，春秋祈祀，送迎奔走，四远之人，惟恐其后。本朝虑公之庙岁久将弊，特降明命而完新之。今既喜叙公之忠节休烈，亦将律天下后世之人臣者。

田德秀，金朝士人，生卒年不详，按《义勇武安王集》等载，曾任解州知州，吏部员外郎。

三、元

重建庙记[①]

郝经

高、光以仁义得天下，而桓、灵失之一时，豪杰莫不欲代汉受命，比迹高、光，只事于诈力、智计、土地、甲兵。独昭烈帝始终守一仁，武安王始终守一义，尽心复汉，无心代汉，汉统卒归之。袁氏徒为僭伪，曹氏徒为篡窃，孙氏徒为偏霸，竟不能以有汉。

初，王及车骑将军飞与昭烈帝为友，约为兄弟，死生一之。及昭烈取益州，留王镇荆州，独当一面，犄角麾操。昭烈取汉中，王威镇许、洛，几复汉矣。不幸而操、权合谋以图王，王死而曹氏篡。昭烈与飞出师伐权以诛仇，飞死而帝崩。始则王与飞以死事昭烈，终则昭烈与飞以死报王。呜呼！仁之至，义之尽也。

王讳羽，字云长，姓关氏，解梁人。起义于涿郡，争战于徐、兖，奔走于冀豫，立功于江淮，而殁于荆楚。其英灵义烈遍天下。故所在庙祀，福善祸恶，神威赫然，人咸畏而敬之，

---

① （清）张镇：《解梁关帝志》，山西人民出版社，1992年版，177页。标点有改动。

而燕、赵、荆、楚为尤笃，郡国州县、乡邑闾井皆有庙。夏五月十有三日，秋九月十有三日，则大为祈赛，整仗盛仪，旌甲旗鼓，长刀赤骥，俨如王生。千载之下，仰慕而犹若是，况汉季之遗民乎？

顺天当燕赵之冲，而府中之庙二，皆庳俯垫逼，不称王之威灵。岁丁酉，权帅府事苑德于鸡水湖之右创为新庙，耽耽弈弈，神居巍然。初为庙貌，并昭烈皇帝、车骑将军及王为三。万户张公来享于庙，退谓德曰："庙无二主，尊无二上。君臣同祀，而王侍侧如昔，享觐不专，非制也。"遂议别为昭烈皇帝庙，而王始正南面之位焉。己酉秋，大享礼毕，请碑其事。故推君臣之义，以昭不朽，乃作以佑神诗，曰：

汉季草泽生英雄，王自蒲坂来山东。结交四海皆儿童，燕南壮士忽相逢。

义气许与开心胸，楼桑五丈即沛丰。破屋半夜喷长虹，指天誓日除奸凶。

万折不易以死从，唸如两虎夹一龙。风雷荡天汉火红，谁知京都遽芜空。

尽为曹氏妖狐踪，忽尔陷贼当天穷。跃马斩将万众中，侯印赐金还自封。

横刀拜书去曹公，千古凛凛国士风。跨有荆益事战攻，直指许洛期一戎。

操为喘气谋避锋，权为鲸枭示象恭。肘腋掩袭有吕蒙，遂令大业弗克终。

飞死帝崩永安宫，三人在天义烈同。唯王神威地天通，血食庙祀仍军容。

操骨已朽王爵隆，操鬼不食王礼崇。作诗颂王兴义功，愿如东坡赞孔融。

第三章 历代艺文

郝经（1223—1275年），字伯常，祖籍泽州陵川（今山西陵川），生于许州临颖城皋镇（今河南许昌），元初名儒。1256年受诏于忽必烈。1260年赴南宋议和，被权臣贾似道秘密囚禁16年，即著名的"郝经南囚"，时人称之为"南国苏武"。1274年宋崩溃之际，郝经被救，北归后的第二年七月便去世。作为政治家，郝经反对"华夷之辨"，推崇四海一家，主张天下一统；作为思想家，郝经推崇理学，希望在蒙古人汉化过程中，以儒家思想来影响他们，使国家逐步走向大治；作为学者文人，郝经通字画，著述颇丰，有《陵川集》传世。本文又题作《元顺天府权帅府苑德重建汉义勇关帝庙记》。

徐州关尉神祠碑铭[①]

赵孟頫

曰神有所依凭，则灵载于有国之典。人得通祀者，惟山川之神与古圣贤之祠。山川则能藏天地之精气，古圣贤则能有功德于民。有以圣贤而兼主山川之祠，则向往加多，享祀亦加数焉。徐州之水，合于吕梁，而入于淮，近世乃兼受河之下流。徐州之山，自西南来，乱流而东，复起为冈峦，累累焉相系不绝。水中横石数百步，其纵十倍，其上下如纵，得十之二三，高出于水上者，齰齰然象人齿牙，水势少杀，则悍急尤甚。舟行至此，百篙枝柱，负缆之夫流汗至地，进以尺寸。计其难也，乃几于登天。舟中之人常号呼，假助于神明。

有元混一天下，凡东南贡赋之输，皆引道至此，故舟至益多，日百千万艘。有庙在洪之西隩，所祀二神：一为汉寿亭侯

[①] （明）梅守德、任子龙：《嘉靖徐州志》，收录于《中国方志丛书·华中地方》第430号，台湾成文出版社，1983年版，571页。

关公，公事汉昭烈，尝为徐州牧；一为唐鄂国公尉迟恭。传二公治水吕梁，徐州盖有二公遗迹。二公生为大将，殁而为神，其急人之患难，夫岂怼于素志也哉？先王制《礼》：能御大灾，捍大患，则祀之。如二公者，盖庶几其人焉。二公所治，乃扼乎天地之巨险，在人所尤急难之地。始作庙者董恩，庙成，奉牲酒者争门而入，拜于轩陛之间者，至不能容。人之精神萃聚于此，又挟山川之气以自壮，故祷焉辄应，每事必祝其灵，赫然享祀之至，愈久而愈盛。于此见忠义之士，虽千载遗烈，犹不泯也，岂不伟哉。

恩，下邳人，尝为驿官。性淳朴，笃于事神。予往年被召，数往来洪上。恩鸷巨石为碑，征予为文。余至京师，文成，书以遗之。皇庆二年十月十七日也。铭曰：

　　于赫二神，奋发雄武。际会风云，服事英主。维时英主，遇合无间。

　　左顾右盼，力剪祸乱。生为大将，死为明神。能介景福，以佑下人。

　　徐合众流，浩浩南注。石扼中路，增悍兴怒。舟人至此，罔不震惧。

　　日进万艘，谒庙致祭。刲羊割豚，罗拜轩陛。神所主治，多部将吏。

　　号呼乞灵，缓急如意。拔人于险，振人于扼。水循故道，湍弛崩迫。

　　鼋鼍蛟龙，各守其宅。神依于人，英威凛然。千载不泯，祷祀益虔。

　　作庙距涯，允壮且丽。碑铭我词，以告来世。

赵孟頫（1254—1322年），字子昂，号松雪、松雪道人，生于吴兴（今浙江湖州），元代书画大家，官至翰林学士承旨，封魏国公，谥"文敏"。赵孟頫善篆、隶、真、行、草书，尤以楷、行书著称于世。其书风遒媚、秀逸，结体严整、笔法圆熟，世称"赵体"，与颜真卿、柳公权、欧阳询并称为楷书"四大家"。

关大王单刀会（节选）[①]

关汉卿

【粉蝶儿】天下荒荒，却周秦早属了刘项，庭君臣遥指咸阳。一个力拔山，一个量容海，这两个一时开创。想当日黄阁、乌江：一个用了三杰，一个力诛了三将。

【醉春风】一个短剑一身亡，一个净鞭三下响。暗想祖宗传授与儿孙，却都是枉！枉！献帝又无靠无挨，董卓又不仁不义，吕布又一冲一撞。

【十二月】那时节兄弟在范阳，兄长在楼桑，关某在解梁，诸葛在南阳。一时英雄四方，结义了皇叔关张。

【尧民歌】一年三谒卧龙岗，早鼎足三分汉家邦。俺哥哥称孤道寡作蜀王，关某匹马单刀镇荆襄。长江，经今几战场，恰便似后浪催前浪。

【石榴花】两朝相隔汉阳江，写着道"鲁肃请云长"。这的每安排着筵宴不寻常，休想道画堂别是风光，休想凤凰杯满捧琼花酿，决然安排着巴豆砒霜。玳瑁筵摆列着英雄将，休想肯开宴出红妆。

【斗鹌鹑】安排下打凤捞龙，准备着天罗地网。那里是待客

[①] 兰立冀:《汇校详注关汉卿集》，中华书局，2006年版，356页。

筵席,则是个杀人的战场。他每诚意诚心便休想,全不怕后人讲。既然他谨谨相邀,我与你亲身便往。

【上小楼】你道他"兵多将广,人强马壮",大丈夫双手俱全,一人拼命,万夫难当。你道"隔汉江,起战场,急难侵傍",交他每鞠躬送的我来船上。

【幺】你道"先下手强,后下手殃",一只手攥住宝带,臂展猿猱,剑扯秋霜。他待暗暗藏,紧紧防,都是狐朋狗党,小可如我千里独行,五关斩将。

【快活三】小可如我携亲侄访冀王,引阿嫂觅蜀皇。霸陵桥上气昂昂,侧坐在雕鞍上。

【鲍老儿】战鼓才挝斩了蔡阳,血溅在沙场上。刀挑了征袍离了许昌,怔了曹丞相。向单刀会上,对两朝文武,更小可如三月襄阳。

【剔银灯】折末他雄赳赳军排成杀场,威凛凛兵屯合虎帐,大将军气锐在孙吴上,倚着马如龙人似金刚。不是我十分强,硬主仗,题着厮杀去摩拳擦掌。

【蔓菁菜】他便有快对才,能征将,排戈戟,列旗枪,对仗,三国英雄汉云长,端的豪气有三千丈。

关汉卿(约1220—约1300年),号已斋(一作一斋)、已斋叟,祁州(今河北省安国市)人,元代杂剧作家,是中国古代戏曲创作的代表人物,与马致远、郑光祖、白朴并称为"元曲四大家"。

四、明

宁海县庙碑①

方孝孺

古之享天下万世祀者,必有盛德大烈被乎人人。其或功盖一时,名震一国,祀事止于其乡,而不能及乎远。惟汉将关侯云长,用兵荆蜀间,国统未复,以身死之,至今千余载,穷荒远裔,小民稚子,皆知尊其名,畏其威,怀其烈不忘,是孰致然哉?盖天地之妙万物者,神也;神之为之者,气也。得其灵奇盛著,则为伟人。当其生时,挥霍宇宙,顿摧万物,叱电风云,雄视举世。故发而为忠毅之业,巍巍赫赫,与日月并明,与阴阳同用。不幸其施未竟,郁抑以没。其炳朗灵变者,不与众人俱泯,而复为明神,无所不之,固其理也。人多谓侯特武夫之勇,非有损益于世,此非知侯之心者。当侯之时,势莫完于曹操,力莫强于孙权,昭烈败亡之余,削弱为特甚。操欲诱侯为己用,毅然不从;权欲为子请婚,骂辱其使如狗彘。左右昭烈,誓复汉室,此其忠义之气,固足以伏天下,而岂一世之雄哉!使侯不死,与孔明戮力,孔明治内,侯治其外,汉贼可诛,孙氏可虏,而高祖天下可复矣!然则侯之存,岂惟蜀人赖之,海内实赖之;无成而卒,非惟蜀痛之,凡尝为汉民者,皆宜为之悼惜也。感之深,思之久,事其在天之神,以致尊慕之心而不废,岂非出于天理民意之正也哉!宁海固有侯庙,邑人奉虔如侯尚存。咸愿纪德,刻之柱石,俾永世无惑。词曰:

---

① (清)张镇:《解梁关帝志》,山西人民出版社,1992年版,186页。参考其他版本有改动。

汉光中灭寰宇分，奸雄巨猾胥啖吞。秽腥上闻帝为颦，大统重畀高皇孙。

饬令神人下天阍，虬髯虎眉画赤璊。宝刀白马提三军，驱斩贼盗为狐豚。

扼荆取益声势震，东吴喘恐睨且蹲。中原万里杀气昏，意欲扫荡无留痕。

厌世悠忽弃厥勋，神灵在天烨若暾。奉帝之命施威恩，旌善诛恶康黎元。

孙曹凶虐罪莫原，羁鬼号呼遭杀焚。孰若我侯久愈尊，海内庙尊莫敢谖。

春秋荐献罗庭门，酒笙芳硕萧鼓喧。侯乘飞龙云骈轩，万骑扈从持旌幡。

来如飙驰去星奔，惠民以德不以言。嗟哉我民甚慎洁虔，懋德致福无尤愆。

德凉媚渎神不飨，至理甚昭千古存，侯神行事同敬眸。

方孝孺（1357—1402年），字希直，一字希古，号逊志，宁海人，明建文年间重臣、学者、文学家、思想家。曾以"逊志"名其书斋。因拒绝为发动"靖难之役"的燕王朱棣草拟即位诏书，牵连亲友学生870余人遇害，成为中国历史上唯一一个被"诛十族"的人。明末追谥"文正"。

御制京师关庙祭文[①]
朱见深

惟神天挺英豪，而号万人之敌，理涵麟史，以兴一统之图。

[①]（清）兰第锡：《关帝圣迹图志全集》，台湾新文丰出版有限公司，2001年版，463页。

酬德报功，列侯嘉谥。逮于有宋，敕命灵魂，复统阴府之兵，剿灭蚩尤之怪。妖氛既绝，旱虐随消。天降甘霖，池水若镜。生民获利，国课充输。公快私忻，惟神是赖。

朱见深（1447—1487年），即明宪宗，又称成化帝，明朝第八位皇帝，1464—1487年间在位。朱见深英明宽仁，在位初年恢复了朱祁钰的皇帝尊号，平反于谦的冤案，任用贤明的大臣商辂等治国理政。在位期间，风气清明，朝廷多名贤俊彦，宽免赋税，减省刑罚，使社会经济渐渐复苏。

常州新建关帝庙记①

唐顺之

嘉靖三十四年，倭寇继乱东南，天子命督察赵公文华统师讨之。师驻嘉兴，军中若见关帝灵响，助我师者。已而师大捷，赵公请于朝立庙嘉兴以祀帝，事俱公所自为庙碑中。明年倭寇复乱，赵公再统师讨之。师过常州，军中复若见帝灵响如嘉兴。赵公喜曰："必再捷矣！"未几，赵公协谋于总督胡公宗宪，渠魁徐海等悉就擒。赵公益神帝之功，命有司立庙于常州。帝之庙盛于北，而江南诸郡庙帝，自今始。

或谓：江南古吴也。吴，帝仇国，吴不宜祀帝，帝亦未必歆吴祀。此未为知帝之心与鬼神之情状者也。先儒有言：人皆谓曹操为汉贼，不知孙权真汉贼也。按帝所事与所同事，当时所谓豪杰明于大义者，先主、武侯而已。武侯犹以为吴可与为援，而不可图。先主亦甘与之结婚，而不以为嫌。惟帝忿然绝

---

① （清）兰第锡：《关帝圣迹图志全集》，台湾新文丰出版有限公司，2001年版，743页。

其婚、骂其使，摈不与通。窃意，当时能知吴之为汉贼，志必灭之者，帝一人而已。权逊君臣，亦自知鬼蜮之资必不为帝所容，非吴毙帝则帝灭吴，此真所谓汉贼不两存之势也。帝不死则襄樊之戈将转而指于建业、武昌之间矣，然则灭吴者，帝志也。帝之志必灭吴，岂有所私仇于吴哉？诚不忍衣冠礼乐之民困于奸雄乱贼之手，力欲拯之于鼎沸之中而凉濯之，使吴民一日尚困于乱雄，帝之志一日未已也。然则，帝非仇吴，仇其为乱贼于吴者也。仇其为乱贼于吴者，所以深为吴也。帝本欲为吴民毙贼，而先毙于贼，赍志以没，帝之精灵宜其眷眷于吴民矣。由此言之，帝之所仇莫如乱贼。其所最仇而不能忘，尤莫如为乱贼于吴者。倭夷恣凶，稔恶以毒螫我吴民，是乱贼之尤未有甚焉者也。其为帝所震怒而阴诛之，所必加翼王师而助之攻也，亦何怪乎？神人之情不相远，未可以为杳冥而忽之也。窃谓：吴人宜庙帝，帝亦必歆吴之祀。

于是郡守金君豪以赵、胡两公命，择地得城东隅，巍然一突，下视城郭，方可二亩。相传所谓中军帐者，旷无人居。君以为庙帝莫此地宜。于是树以穹宫而地益胜，古树数株，适当宫前。林荫悠忽，若帝降止。郡人来观，莫不喜跃。强者益勇，弱者思奋，抵掌戟手，若神慭之。然则诸公之为此举，非特以答帝之功，其所以作郡人敌忾之气，以待寇者，所助不小也。久之，金君迁去，邵君惟中代守，有嘉成绩，增之式廓，爰勒碑以纪其成，而请文于郡人唐顺之。其词曰：

揭揭关帝，惟万人敌。天禀异姿，志必歼贼。北向挥戈，七将皆殪。

匪曰后吴，势有未及。欲拯吴民，为贼所先。精灵在吴，死而炳然。

阴鸷吴民，至千余年。东南不淑，天堕妖星。岛酋海宄，

第三章 历代艺文

凶逊复生。

竟为长蛇,荐食我吴。帝灵在吴,能无怒乎?夷刀如雪,手弯不展。

渠魁倔强,悉就烹脔。帅臣避让,岂我之力?阴有诛之,寔徼帝福。

维何作庙以祀,东南庙地,自今其始。

唐顺之(1507—1560年),字应德,号荆川,武进人,嘉靖八年(1529年)会试第一,著名学者、武者、抗倭英雄。在学术思想上,他突破了王学左右两派的壁垒,融合朱王两学之精髓,开创了"实学",著有《荆川先生集》《史纂左编》《右编》《文编》《武编》等;同时文武兼修,刀枪骑射,无不娴熟。戚继光曾向他讨教过枪术,令倭寇丧胆的"鸳鸯杀阵"也来源于唐顺之的著作。

蜀汉关侯祠记①

徐渭

蜀汉前将军关侯之神,与吾孔子之道,并行于天下。然祠孔子者止郡县而已,而侯则居九州之广,上自都城,下至墟落,虽烟火数家,亦靡不醵金构祠,肖像以临,毡马弓刀,穷其力之所办。而其醵也,虽妇女儿童,犹欢忻踊跃,惟恐或后,以比于事孔子者,殆若过之。噫,亦盛矣。

愚以为侯之所以致此于人者有二。其君子见其大,则以为仲谋以大国之君,请婚于侯,而骂其使。羁旅于强曹,汰其礼

---

① 刘祯选注:《徐文长小品》,文化艺术出版社,1996年版,110页。

遇，一夕去弗辞，最后见逼，至欲徙避此，宜若举将帅中无与伍者。众庶见其小，则多取裨官小说中语，群居而窃异，或播诸弦歌，往往自相咄嗜，如所谓操闭侯与嫂于一室，及手刃布妻，皆正史所无事，而人共信且诧之。

然而愚以为此皆不足以尽侯也。论人者贵举其全，而见许于人者，亦问其许者之人为何等。孔明，大贤也，翼德至亲且贵，且犹见短，自翼德以下，皆无当其意者，而独许侯为逸伦绝群。先主，英君也，为侯报吴，宁失其国而不悔。彼二人者立论佳，皆亲见侯于平日而深得其全。宁若后人所云君子与众庶从区区一二事间，各据所见，数其美而称者比哉。若孟子之称孔子，不同也。要其极，则直举其高弟若宰我、子贡、有若之所称者以答公孙。而后孔子之圣，始不可以名言。故予之论侯，亦惟据孔明、先主之所以致意于侯者，而后侯之美，殆不可以数而尽。不如是，而后之祠侯者顾独盛于孔子，不亦有遗议耶？

马水口在万山中，为备胡要地，比设参将领众三千人。辽东李君某为今宁远伯冢嗣，世称名将军，以才勇忠廉，奉朝命领其事。至则节缩已奉，营侯祠。为殿者三，为门者一，并三楹而两庑之。壮洁勿侈，役始欢趋。君戒勿亟，越若干月而成。适公书抵其，某至自燕。令记之，遂记。

徐渭（1521—1593年），初字文清，后改字文长，号天池山人、青藤居士、金回山人、山阴布衣等，绍兴府山阴（今浙江绍兴）人，明代诗人、画家，与解缙、杨慎并称"明代三大才子"。徐渭曾是剿倭名帅胡宗宪的幕僚，据说他"自负才略，好奇计"，多次为消灭倭寇的战争献策。

万历重建洛阳关王冢庙记[1]

杨逢吉

洛阳县南门外离城十里，有关王大冢，内葬灵首，汉时有庙，及今年旧毁坏。河南卫宣操秋班队长王禄等，仰念圣明，精忠神武，悬若日月，奋如雷霆。具状察院，御史陈公准行，分巡首崔公行，河南府知府张公、同知任公贴行，洛阳县知县钱公、河南卫掌印指挥孙公、李公准行，择日动工。状内指名，功德主令陆应选、赵可大、张九韶、蒙县即著令陆应选等为首修建。王禄等又施买地基银拾两，若夫共成盛事，自当别竖石。书此，惟使后之观者知所自云。

杨逢吉，生卒年及履历不详，明万历年间宜阳县廪膳生员。

太上大圣朗灵上将护国妙经[2]

张国祥

尔时兴国太平天尊、义勇武安王、汉寿亭侯关大元帅敕封崇宁真君，圣父聪明正直忠翊仁圣明王，圣母助顺明素元君，神子圣孙，参谋大将，麾下左右统兵分兵之神，伏兵降兵之神，藏兵收兵之神，布阵摆阵之神，团阵走阵之神，水阵火阵之神，八方八煞、四方四勇天丁，掣电轰雷、腾云致雨、鸣锣击鼓、发号施令将军，合司文武公卿，玉泉山得道仙真。

吾授玉帝敕命三界都总管、雷火瘟部、冥府酆都御史，提典三界鬼神。吾今登坛示知尔众：日在天中，心在人中。日在天中，普照万方。心在人中，不容一私。宁为忠臣而不用，毋

---

[1] 郭挺彩：《洛阳关林志》，三秦出版社，2009年版，46页。
[2] 《道藏》，文物出版社，上海书店，天津古籍出版社，1988年版，第34册，746页。

邪媚以欺君。宁为孝子而不伸，毋忿戾以怼亲。无论纲常伦理，无论日用细微，皆当省身寡过，不可利己损人。一念从正，景星庆云。一念从邪，疠气妖氛。善恶明如观火，祸福应若持衡。凡我含生，总盟此心。吾司雷部霹雳，奏疏速上天庭。昼察阳元功过，夜判冥府鬼神。若人传写千本，胜看一藏真经。吾遣天丁拥护，自然百福来臻。即说咒曰：

大圣馘魔纠察三界鬼神刑宪都提辖使、三界采探捕鬼使者、元始一气七阶降龙伏虎大将军、崇宁真君、雷霆行符伐恶招讨大使、三十六雷总管、酆都行台御史、提典三界鬼神刑狱公事大典者、提督刑案神霄大力天丁、三界都总兵马招兵大使、统天御地诛神杀鬼大元帅。

尔时与会文武圣众，闻是经说，莫不踊跃赞叹称善。若人虔心讽诵，上至帝王，下及民庶，即得星辰顺度，社稷安宁，人物康阜，灾厄蠲除。凡有请祈，悉应其感。一切人天，均沾利益。信受奉行，作礼而退。

大明万历三十五年岁次丁未上元吉旦。

张国祥（？—1611年），字文征，号心湛，正一派第五十代天师。万历五年（1577年）袭位，赴京觐见，气宇超尘，上加礼遇，赐印、赐婚，御书"宗传"字额赐之。留京师十三年，宠遇有加，赐金冠玉带，娶驸马谢公之女为妻，补写《天师世家》，辑《龙虎山志》三卷，编《续道藏》等书。后还山，万历三十九年（1611年）无疾而卒，诰封"正一嗣教凝诚志道阐元宏教大真人"，赠太子少保，葬金溪明阳桥。此处既是"校梓"，则此经非其所作。从"酆都行台御史"来看，这篇经文应产生于元代，因为"行台御史"是元代的特有官职。

御制三界伏魔大帝建醮文[1]

朱翊钧

切念朕躬，奉天御世，尊为亿兆之君；法祖保邦，位称神人之主。精勤图治，默赖神庇，凡有护国之灵，悉证尊崇之祀。恭惟关圣帝君，生前忠义，振万古之纲常；身后威灵，保历朝之泰运。除邪辅正，圣德神功；保劫康民，福幽利显。既赞乾元之化，宜宣帝号之封。所传《三界伏魔大帝关圣经忏》，足以师世淑人，安供名山福地，以垂久远用。朕发诚心，颁赐帑金，印造伏魔经忏。特命全真道士周宏真等赍请，前去彼处供安，镇静方隅，肃清中外。

以今万历四十二年十月十五日，加封三界伏魔大帝之号。自今伊始，永安地位，不在将班。鉴观万天，巡游三界，悉清人鬼之妖，全消未萌之患。方方阐教，处处开坛，永昭定乱之神功，安享帝君之尊奉。其道坛朗灵上将、三界馘魔元帅，以宋忠臣鄂王岳飞代；其释教伽蓝、崇宁护国真君，以唐忠臣鄂公尉迟恭代。默护国家，永垂宏佑。

是故特命全真道众，启修祈天庆贺醮典三昼夜。借此经忏之功，祈释民物之厄，清时丰岁，佑国宁邦。伏愿位镇丹天，暗助皇图之景远；威加海内，殄除庶域之妖氛。庶使万灵振伏，三界肃静。朝野莫安，海宇乐生平之化；边陲镇静，四方无干扰之虞。凡兹岁月，悉荷神功。

朱翊钧（1563—1620年），即明神宗，明朝第十三位皇帝，也称万历皇帝。曾作为一代英主，主持"万历三大征"，巩固了

---

[1] 王复礼：《季汉五志》，转引自张志江《关公》，中国社会出版社，2009年版，141页。

明朝疆土。后期罢朝近 30 年，在这一时期内，江南一带的商品经济高度发达，出现了资本主义生产关系的萌芽，全国经济总量达到了中国古代的巅峰，使大明王朝的经济得到了空前的发展。但也有论者认为他穷奢极欲，横征暴敛，应该背负千古骂名。

关王告文①

李贽

唯神忠义贯金石，勇烈冠古今。方其镇荆州、下襄阳也，虎视中原，夺老瞒之精魄；孙吴犹鼠，藐割据之英雄，目中无魏、吴久矣。使其不死，则其吞吴并曹，岂但使魏欲徙都已哉！其不幸而不成混一之业，复卯金之鼎者，天也。然公虽死，而吕蒙小丑亦随吐血亡矣。盖公以正大之气压狐媚之狐，虽不逆料其诈，而呼风震霆，犹足破权奸之党；驾雾鞭雷，犹足裂逸贼之肝。固宜其千秋万祀，不问海外足迹至于不至，无不仰公之为烈。盖至于今日，虽男妇老少，有识无识，无不拜公之像，畏公之灵，而知公之为正直，俨然如在宇宙之间也。某等来守兹土，慕公如生，欲使君臣劝忠，朋友效义，固因对公之灵，复反复而致意焉。彼不知者，谓秉烛达旦为公大节。噫！此特硁硁小丈夫之所易为，而以此颂公，公其享之乎？

李贽（1527—1602 年），明代官员、思想家、文学家，泰州学派的一代宗师。初姓林，名载贽，后改姓李，名贽，字宏甫，号卓吾，别号温陵居士、百泉居士等。嘉靖三十一年（1552 年）举人。历共城知县、国子监博士。万历中为姚安知府，旋弃官，

---

① 张建业、刘幼生：《李贽文集》，社会科学文献出版社，2000 年版，111 页。

寄寓黄安、麻城。在麻城讲学时，从者数千人，中杂妇女。晚年往来南北两京等地，被诬下狱，自刎死。著有《焚书》《续焚书》《藏书》等。

汉前将军关侯正阳门庙碑文①

焦竑

正阳门庙者，祀汉前将军关侯祎也。侯庙祀遍天下，而称正阳门者，为都城作也。侯名在百世，封号在累朝，而称汉前将军者，侯志也。侯方崎岖草泽中，以一旅之微卒，能佐汉扶将倾之鼎，摧强破敌，威震天下，可不谓雄哉！及艰危之际，矢死不回，以毕其所志。此其人与孔子所称杀身成仁者岂有异也？古忠臣烈士，欲有立而中废者，其未竟之志郁于生前，未尝不赫赫于后世。矧侯之节，皎然与日月争光者哉。余行天下，顾瞻庙庭，叹蜀至今千三百年，事之废兴磨灭者不可胜数，独侯之祠，荒边夷徼，在所有之。而芸夫牧竖，妇人女子，咸奔走恐后，可谓盛已。都城自奠鼎以来，人物辐辏，绾四方之毂，凡有谋者必祷焉，曰吉，而后从事。中间销沮奸谋，振发忠义以助成圣化者非细。呜呼，为君子而谋有同易，筮拒不正之问无殊严卜，非盛德其畴能之。

国朝受命宅中，百灵效职，乃太微营室之间侯实居之，俨如环卫。盖四方以京师为辰极，而京师以侯为指南，事神其可不恭？余少知向往梦寐之中，累与侯遇，属兹士大夫，谓笾逗

---

① （清）兰第锡：《关帝圣迹图志全集》，台湾新文丰出版有限公司，2001年版，753页。书中碑文名为《正阳门关帝庙碑记》，内容与原碑不同，现参照原碑改动。原碑现存于京南，碑上刻"万历辛卯冬日翰林院修撰焦竑撰"和"庶吉士董其昌书"。

有严而琬琰未列，惧无以歌颂遗烈垂之将来也，乃命予碑而铭之。

其词曰：

桓桓关侯，天挺神武。金节赤旌，如罴如虎。逸气千霄，英风绝侣。流连草昧，归心汉绪。羽飞轶超，为帝御侮。大厦颠隮，极力掌柱。灵锋电耀，威策霞举。勇摧七将，气吞群旅。报曹讵鳌，誓吴非忤。炳炳丹心，天高日午。惟期一战，还都帝所。凶衰扫除，万国安堵。方倚长城，遽停相杵。郁郁遗魂，骇霆怒雨。岂其湮沦，草木朽腐。蒸哉文皇，鹰杨启土。莫鼎幽燕，飞龙九五。郁屈觚棱，穹窿禁籞。侯呵护之，如栋斯础。晻霭阴风，弓刀楚楚。森然环卫，雄趾是扈。伏腊缤纷，有来士女。盛之湘之，阯兰洲莽。卜以筳茅，如答桴鼓。子孝臣忠，弟友兄序。匪耳提之，凛面相语。义举长信，奸谋遄沮。侯其冥冥，庇厥区宇。矧国熙恬，边陲中盐。翳日腥云，有纷獯虏。侯甲皑皑，亦赭其马。乘风奋扬，天兵鬼斧。尚截狐豕，披攘羯牡。永祚皇图，为百神主。牲牷既黼，松桂翔舞。孔盖低临，霓裳纷下。枕龟趺钟，横石虡敬。敬勒铭词，流芳终古。

焦竑（1540—1620年），字弱侯，号漪园、澹园，生于江宁（今江苏南京），祖籍山东日照，明代著名学者。明万历十七年（1589年）会试北京，得中一甲第一名进士（状元），官翰林院修撰，后曾任南京司业。著作甚丰，有《澹园集》（正、续编）、《焦氏笔乘》《焦氏类林》《国朝献征录》《国史经籍志》《老子翼》《庄子翼》等。

恭谒正阳门关帝庙有纪①

王思任

筵簟鹊聒挤黄昏，七尺英风帝觊存。

只把人中提万国，大明先谒正阳门。

王思任（1574—1646年），字季重，号谑庵，又号遂东、稽山外史，山阴（今浙江绍兴）人，明末文学家、殉节官员。万历年进士，曾任兴平、当涂、青浦三县知县，又任袁州推官、九江佥事。清兵破南京后，鲁王监国，以王思任为礼部右侍郎，后进为尚书。清顺治三年（1646年），绍兴为清兵所破，他绝食而死。王思任为文笔意放纵诙谐，时有讽刺时政之作，以《游唤》《历游记》两种游记成就最高，《小洋》《天姥》诸篇尤为著名。有《王季重十种》传世。

五、清

皇帝御制重建忠义庙碑记②

爱新觉罗·福临

朕闻国家灵长之运，必凭藉高穹元觊，而乃永于无疆者，其明堙崇报，当何如耶！兹都城北德胜门外土城前，旧有关圣庙一座，创自明朝，已历多年。其间污漫倾颓，瞻礼不雅。朕念神威赫奕，忠义昭然，有感必应，有祷即灵。随发诚意，遣

---

① （明）刘侗、于奕正：《帝京景物略》，北京古籍出版社，1983年版，100页。
② （清）于敏中等：《钦定日下旧闻考》，北京古籍出版社，2000年版，1776页。

官重饰庙宇，庄严圣像。复建东西两廊，山门围墙，皆焕然一新。是岂无缘而致之也哉！今已功成，噫嘻盛欤！作庙翼翼，亿万斯年。

爱新觉罗·福临（1638—1661年），即清顺治皇帝，清朝入关后的首位皇帝，他六岁登基，共在位十八年。

关帝庙后殿崇祀三代碑文[①]

爱新觉罗·胤禛

自古贤圣明臣，各以功德食于其土，其载在祀典，由京师达于天下郡邑，有司岁时以礼致祭者，社稷、山川而外，惟先师孔子及关圣大帝为然。孔子祀天下学官，而关帝庙庙食遍薄海内外，其地至通都大邑，下至山陬海澨、村墟穷僻之壤。其人自贞臣闲士、仰德诵义之徒，下至愚夫愚妇、儿童走卒之微贱，所在崇饰庙貌，奔走祈祷，敬畏瞻依，凛然若有所见。盖孔子以圣，关帝以神。神之陟降，上下显赫，鉴观以警动觉悟，保佑扶持，与斯人呼吸相应答者，感而通微，而著洋洋乎忠义正直之气，充塞于宇宙之间，与日月星辰同其明，江河山岳同其体，风雷雨露，同其功用。宜其英灵之振古常新，而为历代贤豪所莫能并也。

本朝崇奉，典礼綦隆。我世祖章皇帝顺治九年敕封神为"忠义神武关圣大帝"，较往代封号尤尊且正。京师白马关帝庙为奉神之所，岁遣大臣将事惟谨。朕缵绪膺国，尊隆轶祀，登极之初，既加封先师五代，以展尊师重道至意，更念神福国庇民，

[①]（清）爱新觉罗·胤禛：《世宗宪皇帝御制文集》卷十五，收录于《景印摛藻堂四库全书荟要》，台湾世界书局，1988年版，第350册，123页。

御灾捍患，英风贯古，浩气不磨，生有自来，钟灵孔厚。宜追封三代，晋爵上公。

爰允礼臣之议，加封神曾祖光昭公，祖裕昌公，父成忠公。博稽史册，名讳弗传。特用阙疑，以彰敬慎。虔制木主，于雍正五年六月供奉后殿，春秋崇祀，著为令典。夫礼由义起，而善则称先。事神事人，理无二致。神威灵赫濯，昭灼于千万世，则神之先人，享明禋崇，美报历千万世而勿替，以称国家昭事明神之盛典。礼制攸宜，至宏远也。是用勒文贞石，纪奉祀所始，以贻示来兹，俾有考焉。

爱新觉罗·胤禛（1678—1735 年），即清雍正皇帝，1722 年 12 月 20 日登基，时年 45 岁。1735 年 10 月 08 日，胤禛驾崩，享年 58 岁。他在位期间，清朝显示出一片繁荣昌盛的景象。

御制重修关帝庙碑记[①]

爱新觉罗·弘历

人之道，非圣无以臻其极，至圣不可知而谓之神，如《书》所谓"乃圣乃神"，与夫炎帝而谓神农，夏帝之为神禹者，希焉。若神之道。旼旼穆穆，自日星河岳，虞逮坊庸门雷之各颛其职，靡不缘司契以定主名，则纯乎神，而非人之所得预者。生为英，殁为灵，其功德勿沫于世，世亦相与俎豆尸祝以神之，然未有不推本乎正直聪明，足立万祀人伦之表，故景仰皋然，尊而宗之，以为神圣焉。盖圣而神之，所以著圣道也；稽神而圣之，所以明神道之正若是者。尝求诸先圣先师而外，厥惟关圣大帝，

[①]（清）万清黎、周家楣等：《光绪顺天府志·祠宇》，转引自胡小伟《关公信仰研究系列》，香港科华图书出版公司，2005 年版，第 5 册，497 页。

克以当之。

考神生值炎汉之季,炳大节,锄奸回,本末具在志传。要之超伦轶群,其志在《春秋》,其气浩然,常塞乎天地,以故前代屡致褒崇,至我朝而愈显,且神迹不可殚记,而于行师命讨为益彰。自顺治九年敕封忠义神武,迨康熙雍正间,诏晋三代公爵,增置五经博士。及朕临御,以神原谥因袭陈寿旧史,名义未孚,每廑于怀。我国家久仰灵威,近于西师之役,复昭蒙佑顺,因特敕封曰忠义神武灵佑,并允太常议,于地安门神庙恭书新号神牌,门殿易盖黄瓦。其岁渝旧葺陊剥者,垩之髹之,俾称茂典。以今年仲冬月讫工。宋臣苏轼言:"神在天下,如水之在地中,无所往而不在。"顾由断港绝潢,达乎河济江淮,不能不以溟澥观其汇;由墟落廛市,赴乎赤畿望紧,不能不以都会统其归。于焉求神之所凭依,讵惟是褒大其封,鼎新其宇,用备昭报之靡文云尔哉!将阐夫神与圣之所从来,所以为人道扶植纲常,助宣风教,即制祀之原,胥不外是。其他稗野所载,怪伟荒忽,事迹不见正史者,阙而不书,惧亵神并诬圣也。

爱新觉罗·弘历(1711—1799年),清代第六位皇帝,定都北京后第四位皇帝。年号乾隆,寓意"天道昌隆"。弘历在位期间武功赫赫,在捍卫国家主权和多民族国家建设方面取得了巨大成绩。同时,他开博学宏词科,招纳天下人才,在文化建设方面采取了一系列有利政策,指示编纂了很多有价值的书籍。弘历文武兼备,能诗善画,精于骑射,他实际行使国家最高权力长达六十三年。庙号"高宗",谥"纯皇帝"。

磨盘山关帝庙碑文[①]

福康安

乾隆五十有六年秋,廓尔喀自作不靖,侵陵藏界,并抢掠札什伦布庙,皇上赫然震怒,谓卫藏自策零敦多卜殄灭后,隶职方者百余年,使斩徵调之,烦从移驻班禅达赖之议,其济咙聂拉木等地势将尽委之贼,此后受戎者,当不止前后卫藏矣。特贲纶音,福康安为大将军,一等公海兰察、四川总督惠龄为参赞大臣,统领劲兵,大张挞伐,大司空和琳飞刍挽粟,专司策应为后路声援,大学士孙士毅复自昌都驰赴西招协理军储,于五十七年夏,由宗喀济咙整旅遄进。

先是驻军前藏征兵筹饷,谒札什城关帝庙。见其堂皇湫隘,不可以瞻礼。缅神御灾捍患,所以佑我朝者,屡著其孚格,于是度地磨盘山,鸠工庀材命所司董其役。默祷启行荐临贼境,七战皆捷。距阳布数十里,廓酋震詟军威乞降至再。皇帝鉴其诚欵,体上天好生之德,准纳表贡,诏令班师,并御制《十全记》,颁示臣下。

予惟此视师,自进兵以来,山溪险夯,瘴雾毒淫,竟获履险如坦,不三月而藏绩,自非神佑不至此。凯旋之日,庙适落成。与诸公瞻仰殿庑,徘徊俎豆,深感大功速竣,维神之力而益欣,继自今前后卫藏之永永无虞也。是为记。

福康安(1754—1796),字瑶林,富察氏,清满洲镶黄旗人。清高宗孝贤皇后侄,大学士傅恒子。历任云贵、四川、闽浙、两广(广西、广东)总督,武英殿大学士兼军机大臣,贝子爵。

---

① 张雨新辑注:《清代喇嘛教碑文》,天津古籍出版社,1987年版,120页。

乾隆时以勋戚由侍卫授户部尚书、军机大臣，袭父封三等公。福康安19岁时，即以头等侍卫统兵征剿大金川，后指挥过平定台湾林爽文叛乱、击退廓尔喀入侵等重大战役。死后赠谥"文襄"，追赠嘉勇郡王，配享太庙。

重修呼兰关帝庙记[①]

依尔根觉罗·倭克津泰

　　国家崇德报功，特隆祀事，凡有维系世道人心，与夫御灾捍患，利赖民生者，皆按期致祭，煌煌巨典，至慎且重。固非若释氏佛祖、老氏诸天，以及山川、城社之神，仅为士庶人岁时伏腊，持瓣香罗拜祈福已也。直省郡县志乘详载，祠堂庙宇兴废修建，后世文献并征，故灼然在人耳目间。呼兰本塞外荒徼，历代因革无考。自乾隆纪元，置兵设防，建有关圣帝君庙，以为春秋二祭之所。

　　岁辛巳，余来镇是邦，睹其颓坏状，意欲新之，而未遑也。风剥雨蚀，倾圮日甚，众协佐请重加修葺，愿捐薪俸以为之倡，并告殷商齐氓，使各纳钱，参领乌公独肩是任，督率绅董庀材鸠工，越两年次第告竣。夫土木烦兴，不免有伤财之虑，而好善乐施者争先恐后，如《诗》所云："经之营之，不日成之。"圣灵昭著，功德在人，其孰能与于斯乎？忆同治丙寅马傻子倡乱，欲渡松花江侦探之贼，遥望北岸，若有千军万马然。光绪乙亥丛万金焚掠苏城，直扑呼兰，城守尉成公率兵迎击于罗家窝堡。贼火药忽焚，自云恍惚见神人，是以败。

　　夫呼兰地方始而设防，继而招垦，以言夫守城郭不完，以

[①]（清）黄维翰：《呼兰府志》，转引自胡小伟《关公信仰研究系列》，香港科华图书出版公司，2005年版，第5册，553页。

言夫战兵甲不多，百六十余年兵燹不经，良由人心质朴，风俗醇厚，故能变险为夷，易危为安。而官斯土者坐享安谧，皆神灵保佑之力多。今蒙皇上御赐"神功普佑"匾额一方颁赐前来，当即敬谨悬挂，因并记其事，后之来者触目惊心，实为向善，俗美化行，蒸蒸日上，共迓鸿庥，百世不替。苟非如此，瞻庙貌之巍焕，徒侈美观于一时，何足以持风教于不敝，溥乐利而无穷也。工役既竣，勒诸贞珉。反覆陈说，俾阖境军民又所儆惕，且兼为劝励云尔。是为记。

倭克津泰（？—1902年），字纶卿，姓依尔根觉罗，北京正蓝旗人，满族。光绪八年（1882年）以头等侍卫调任呼兰副都统。光绪二十六年（1900年）沙俄出兵东北，倭率全城仅百余名官兵凭呼兰河防守，给侵略者以沉重打击。闰八月十九日（10月12日），沙俄马队涌进呼兰城，由于倭的周旋，减少了百姓的生命财产损失。光绪二十七年（1901年）冬，因法国传教士在呼兰被杀案，倭被免职，于次年正月病逝。

参考资料

参考书目

[1] 左丘明:《左传》,中华书局2012年版。

[2] 范晔:《后汉书》,中华书局1965年版。

[3] 陈寿:《三国志》,中华书局2006年版。

[4] 萧子显:《南齐书》,中华书局1972年版。

[5] 李百药:《北齐书》,中华书局1992年版。

[6] 欧阳修等:《新唐书》,中华书局1975年版。

[7] 脱脱等:《宋史》,中华书局1977年版。

[8] 宋濂等:《元史》,中华书局1976年版。

[9] 张廷玉等:《明史》,中华书局1974年版。

[10] 赵尔巽等:《清史稿》,中华书局1977年版。

[11] 许慎:《说文解字》,万卷出版公司2009年版。

[12] 郦道元著,陈桥驿校证:《水经注校证》,中华书局2007年版。

[13] 董浩等:《全唐文》,中华书局1983年版。

[14] 段成式:《酉阳杂俎》,中华书局1985年版。

[15] 张鷟:《朝野佥载》,中华书局1979年版。

[16] 志磐撰,释道法校注:《佛祖统纪校注》,上海古籍出版社2012年版。

[17] 马端临:《文献通考》,中华书局1986年版。

[18] 徐松辑录,刘琳、刁忠民等校点:《宋会要辑稿》,上海古籍

[19] 杨仲良：《皇宋通鉴长编纪事本末》，江苏古籍出版社1988年版。

[20] 徐梦莘：《三朝北盟会编》，上海古籍出版社1987年版。

[21] 孟元老著，姜汉椿译注：《东京梦华录全译》，贵州人民出版社2009年版。

[22] 中华书局编辑部：《宋元方志丛刊》，中华书局1990年版。

[23] 不题撰人：《大宋宣和遗事》，上海商务印书馆1937年版。

[24] 兰立蓂：《汇校详注关汉卿集》，中华书局2006年版。

[25] 中国地方志集成编辑工作委员会：《中国地方志集成·乡镇志专辑》，江苏古籍出版社，上海书店，巴蜀书社1992年版。

[26] 罗贯中：《三国志通俗演义》，明嘉靖壬午（1522年）本。

[27] 李一氓：《藏外道书》，巴蜀书社1992年8月影印本。

[28] 唐顺之：《重刊荆川先生文集》，《四库别集》572部。

[29] 徐渭：《徐文长小品》，文化艺术出版社1996年版。

[30] 谢肇淛：《五杂俎》，中华书局1959年版。

[31] 张建业、刘幼生：《李贽文集》，社会科学文献出版社2000年版。

[32] 刘若愚：《酌中志》，北京古籍出版社1994年版。

[33] 文秉：《烈皇小识》，上海书店1982年版。

[34] 沈榜：《宛署杂记》，北京古籍出版社1983年版。

[35] 刘侗、于奕正：《帝京景物略》，北京古籍出版社1983年版。

[36] 廖鹭芬：《天一阁藏明代方志选刊》，上海古籍书店1981年版。

[37] 朱舜水：《舜水集》，中华书局1981年版。

[38] 不著撰人：《清太祖武皇帝实录》，故宫博物院排印本。

[39] 陈梦雷等：《古今图书集成》，中华书局影印本 1934 年版。

[40] 方拱乾：《绝域纪略》，上海书店 1994 年版。

[41] 赵翼著，王树民校证：《廿二史札记校证》，中华书局 1984 年版。

[42] 赵翼：《陔余丛考》，中华书局 1963 年版。

[43] 张镇：《解梁关帝志》，山西人民出版社 1992 年版。

[44] 于敏中：《钦定日下旧闻考》，北京古籍出版社 1983 年版。

[45] 不题撰人：《湖海新闻夷坚续志》，中华书局 1986 年版。

[46] 田易等：《雍正畿辅通志》，清《文渊阁四库全书》本。

[47] 雍正：《世宗宪皇帝御制文集》，清《文渊阁四库全书》本。

[48] 西藏社会科学院藏学汉文文献编辑室：《清代喇嘛教碑文》，天津古籍出版社 1986 年版。

[49] 吴长元辑：《宸垣识略》，北京古籍出版社 1983 年版。

[50] 兰第锡：《关帝圣迹图志全集》，台湾新文丰出版有限公司 2001 年版。

[51] 周家楣、缪荃孙等：《顺天府志》，清光绪本。

[52] 黄维翰：《呼兰府志》，呼兰县志办公室 1983 年版。

[53] 徐畅达：《关帝庙典礼》，楚北崇文书局，清同治十年（1871 年）版。

[54] 不著撰人：《利川县志》，清同治本。

[55] 政事堂礼制馆：《关岳合祀典礼》，政事堂礼制馆，1915 年版。

[56] 冯俊杰：《山西戏曲碑刻稽考》，中华书局 2002 年版。

[57] 李华：《明清以来北京工商碑刻选编》，文物出版社 1980 年版。

[58] 李洵、赵德贵、周毓方等校点：《八旗通志》，吉林文史出版社 2002 年版。

[59] 吴廷燮：《北京市志稿.金石志》，北京燕山出版社1998年版。

[60] 郑孝胥：《郑孝胥日记》，中华书局1993年版。

[61] 永瑢，纪昀等：《景印文渊阁四库全书》，台湾商务印书馆1986年版。

[62] 于敏中等：《景印摛藻堂四库全书荟要》，台湾世界书局1988年版。

[63] 不题撰人：《道藏》，文物出版社，上海书店，天津古籍出版社1988年版。

[64] 张雨新辑注：《清代喇嘛教碑文》，天津古籍出版社1987年版。

[65] 《古本小说集成》编委会：《古本小说集成》，上海古籍出版社1994年版。

[66] 中国社会科学院历史研究所文化史研究室编：《域外所见中国古史研究资料汇编·朝鲜汉籍篇》，西南师范大学出版社2013年版。

[67] 胡小伟：《关公信仰研究系列》五卷，香港科华图书出版公司2005年版。

[68] 胡小伟：《关公文化溯源》上下卷，北岳文艺出版社2009年版。

[69] 郭挺彩：《洛阳关林志》，三秦出版社2009年版。

[70] 王楚香：《古今楹联大观》，上海文明书局1920年版。

[71] 马昌仪：《关公传说》，中国社会出版社2006年版。

[72] 张志德、王成祖、郭学敏：《关公的传说》，山西人民出版社1986年版。

[73] 张志江：《关公》，中国社会出版社2009年版。

[74] 故宫博物院：《明清五百年·清代宫廷大事表·努尔哈赤》，

故宫博物院数字图书馆。

[75] 中国文物研究所:《出土文物研究》第四辑,中华书局 1998 年版。

[76] 富育光:《萨满教与神话》,辽宁大学出版社 1990 年版。

[77] 吕微:《近代中国民间的财神信仰》,学林出版社 1994 年版。

[78] 李春元:《榆林的关帝庙》,榆林市关公文化研究会 2010 年版。

[79] 朱正明:《走遍天下访关公》,企鹅出版社 2017 年版。

[80] 宋楚瑜、连战等监修,张丽堂等主修,刘宁颜总纂:《重修台湾省通志》,台湾省文献委员会 1998 年版。

[81] 刘伯骥:《美国华侨史》,台湾黎明文化事业公司 1976 年版。

[82] 顾颉刚:《顾颉刚读书笔记》,中华书局 2011 年版。

[83] 王古鲁著,苗怀明整理:《王古鲁小说戏曲论集》,中华书局 2013 年版。

[84] 吴晗辑:《朝鲜李氏实录中的中国史料》,中华书局 1980 年版。

[85] 中华书局编辑部:《学林漫录》第二集,中华书局 1981 年版。

[86] 龚鹏程:《儒学新思》,北京大学出版社 2009 年版。

[87] 《北京寺庙历史资料》编委会:《北京寺庙历史资料》,中国档案出版社 1997 年版。

[88] 吴占才辑录:《南澳县文物志》南澳县文普办 1985 年铅印版。

参考论文

[1] 潘天强:《论英雄主义——历史观中的光环和阴影》,载于《人文杂志》2007 年第 3 期。

[2] 李道和:《炎帝与关公的历时性传承》,载于《民族艺术研究》2005 年第 3 期。

[3] 李步嘉：《关羽始筑江陵城说辩误》，载于《华中师范大学学报（哲学社会科学版）》1997年第36卷第4期。

[4] 张雨新：《清朝对其保护神关羽的崇奉》，载于《出土文献研究》第4辑，中华书局1998年版。

[5] 齐清顺：《清代新疆的关羽崇拜》，载于《清史研究》1998年第3期。

[6] 田海林、李俊领：《"忠义"符号：论近代中国历史上的关岳祀典》，载于《山东师范大学学报（人文社会科学版）》2012年第1期。

[7] 罗晶：《浅析宋元时期的商德》，载于《伦理学研究》2012年第1期。

[8] 王琴美：《民俗视野中的禄丰高峰乡彝族大刀舞》，载于《楚雄师范学院学报》第27卷第4期。

[9] 郑协：《关公与晋商会馆》，载于《中国商界》2009年9月刊。

[10] 乔冉、李孟嘉：《春秋大刀在李洪春关公戏中的运用》，载于《体育科研》2016年第37卷第6期。

[11] 葛继勇、施梦嘉：《关帝信仰的形成、东传日本及其影响》，载于《浙江大学学报（人文社会科学版）》2004年第5期。

[12] 具银我：《首尔的关帝庙与关帝信仰》，载于《宗教学研究》2013年第3期。

[13] 阮光颖：《试论关公信仰文化在越南的传播》，载于《东南传播》2008年第4期。

[14] 谭志词：《关公崇拜在越南》，载于《宗教学研究》2006年第1期。

[15] 张龙海：《时代的思考与关怀——赵健秀的关公形象探究》，载于《外国文学研究》2016年第1期。

[16] 付飞亮:《关公形象在美国的变异》,载于《河南科技大学学报(社会科学版)》第 30 卷第 4 期,2012 年 8 月。

[17] 孟祥荣:《信仰、崇拜、价值、仪式——荆州地区关公文化断想》,收录于《2012 中国荆州·国际关公文化学高峰论坛论文汇编》。

后　记

　　多年以前，我在为一个海外归来的朋友接风时，听他聊起了一件事。他说在古老的阿兹特克神庙旁边，总能看到一些穿着传统服装，跳着古怪的舞蹈，做一些仪式性活动的人。这些人不是招揽游客的艺人，而是一些科研机构的学者。他们是想通过这些舞蹈和仪式唤醒那早已被遗忘的集体记忆，理解那种在今天已经失落的文明。然而，这些舞蹈和仪式其实都只是用现代的理念想象出来的，和真正的阿兹特克文明已经没有任何关系了。

　　朋友的话令我有些伤感。其实，中国传统文化的研究现状又何尝不是如此呢？当然，与阿兹特克文明相比，中华文明在今天保留着丰富的能够辨识的文献，每年也都有大量的学术专著和论文面世。但是，我们真的理解了祖先所创造的文明吗？

　　在很多情况下，我们也都是在用现代的思维来想象古代的文明，比如用现代文学、历史学的视角来审视关公文化。

　　关公，如果从文学视角来看，只是个丰满的文学形象；从历史学的角度来讲，只是个著名的历史人物。然而，仅凭这两个身份，又如何解释今日遍布世界的关帝庙以及血食千年、五洲焚香的盛况？所以，按照现代的学术思路，还要加上民俗学、宗教学、民族学等多种学科的研究方法才能基本将它解释清楚，但这种跨学科研究方法的难度之大是显而易见的。这种难度，我在2014年受邀编写《关公文化学》时已经感受到了。

因此，我一直希望能够尽量不受现代研究方法的约束，用传统思维来诠释关公文化。在这样一种想法的推动下，我开始着手创作《关公文化 1800 年》。

这本书能够顺利出版需要感谢很多人，包括中国文物保护基金会关公文化保护专项基金的列位同仁，西南交通大学出版社的众多师友，还有一直关心和爱护我的家人，是他们直接促成了本书的面世。

关公文化曾存在于中华民族的集体记忆之中，希望这本书能够为更多的人了解这种传统文化做出贡献。